沖浦和光著作集

第一巻

わが青春の時代

現代書館

刊行にあたって

二〇一五年七月八日、沖浦和光先生が亡くなった。巨星墜つ、という喪失感は計り知れないものがあるが、同時にその遺志を次代に繋ぐことも残された者たちの使命である。沖浦先生の仕事は、学生時代の革命運動にはじまり、マルクス主義による政治思想、部落差別への怒りと解放運動、漂泊の民や零細漁民などへの温かい眼差しとその生業への敬意を込めたフィールドワークなど多岐にわたっている。その活動の全貌をとらえエッセンスを残す「著作集」を編むことは、人類への大いなる遺産として残る事業である。

かくして生前のお元気だった頃から、沖浦先生の著作のうち、代表的なものを選びアンソロジーを編もうということが編集委員や沖浦先生の薫陶を受けた者たちの間で計画されていた。特に今では手に入らなくなった初期の著書や論文など、沖浦先生の思想形成の過程をうかがえるような「著作集」が必要と考え、沖浦先生とも相談しながら編集を進めてきた。その結果、次のような巻構成になった。

一巻　わが青春の時代
二巻　近代日本の文化変動と社会運動
三巻　現代文明の危機と人類の未来
四巻　遊芸・漂泊に生きる人びと
五巻　瀬戸内の民俗と差別
六巻　天皇制と被差別民——両極のタブー——

戦中世代だった沖浦先生は、敗戦時に奈良の二上山頂で自身の生きる指針を明確にし、戦後を全力疾走で生き抜くことになる。その青春時代の論考を集めたのが一巻である。戦後思想はマルクス主義との格闘でもあった。沖浦先生のマルクス主義のとらえ方を明らかにするとともに、また先生の近代日本民衆運動のとらえ方を表わした『近代日本の思想と社会運動』を所収したのが二巻である。今やなかなか手に入らない沖浦先生の初期の代表作である『近代の崩壊と人類史の未来』と、沖浦先生の後半生に決定的な影響を与えた高橋貞樹をめぐる論考を編んだのが三巻である。幼少時から沖浦先生が親しんでいた旅芸人の人たち、差別を受けながらも日本文化の重要な担い手であった漂泊遊芸民をめぐる論考が四巻である。沖浦先生の原郷は瀬戸内である。海賊の末裔を誇っていた先生による瀬戸内の民俗誌が五巻である。沖浦先生が生涯をかけて闘った天皇制と部落差別。その深層を考察した論集が六巻である。

編集体制について触れておく。沖浦先生と編集委員全員で議論をしたうえで、各巻の構成を決め、主として編集の任に当たる担当者を決めた。一、二巻は当初は桐村彰郎担当であった。桐村が亡くなったため、以後は笠松明広が編集を受け継いだ。三巻は遠藤比呂通、四、六巻は寺木伸明、五巻は川上隆志が担当した。

本著作集が、沖浦先生の思想を明らかにし、その精神を次代に受け継ぎ、沖浦先生の願っていた社会の実現への礎となることを願ってやまない。

沖浦和光著作集編集委員会（五〇音順）

遠藤比呂通／笠松明広（故人）／川上隆志／桐村彰郎（故人）／寺木伸明

第一巻　わが青春の時代＊目次

Ⅱ　近代主義とマルクス主義──127

凡例

*本著作集は雑誌などに掲載された著者の論文等で単行本に収録されていないもの、また現在、絶版本、入手困難と思われる単行本、並びに非売品の本を中心にテーマ別に編集し、全六巻として収めたものである。

*底本は基本的に初出を用いている。ただし、論文によっては一部、著者による加筆、修正がある。

*文字の表記は明らかな誤記、誤植、脱字などの訂正以外は底本の儘としたが、送り仮名、漢字、ひらがな、カタカナの統一などで、論文ごとに多少、手を加えているところがある。

*年号、年齢、数量などの数字については論文ごとに統一した。

*ルビは、適宜追加、削除した。

*登場者の職歴、地名などは発表当時の儘とした。

*（　）は底本の注、［　］は編集委員会の注である。

Ⅰ　思い出・ルポ

第一章　一九四五年・八月十五日前後——ダイハツ工場での一年有半——

新帝即位と大嘗祭

いま、「昭和」時代がいよいよ終わりになるという秒読みの段階にさしかかっているんですが、私自身が「昭和」時代と丸ごと重なっているわけです。なぜかというと、生まれたのが一九二七年の元旦です。一九二七年は昭和二年。大正天皇は、ご承知のように十二月二十五日に亡くなりまして、昭和元年というのは一週間もなかった。したがって、丸ごとの昭和というのは一九二七年から始まる。私はその元日に生まれているので、私の人生は丸ごと「昭和」時代と重なってるわけです。

さて、今日のようなテーマの話はホンネのところで語らないとダメでしょう。大体、私は、歌の文句にもありますように、生まれた年が悪いのか（笑）、生まれつき激しやすく燃えやすいタチなんで（笑）、ホンネ丸出しに喋らないとあまりはずまないんです。抑えて喋るとかえって調子が乱れますので、ズバズバと言わせていただくことにします。

昭和の終焉と新帝即位に際して、さまざまの儀式があいついで挙行されますが、たぶん一番問題になってくるのが大嘗祭でしょう。新帝が即位した最初の新嘗祭が大嘗祭になります。『文藝春秋』十一月号でしたか、「大嘗祭を国事行為としてぜひ大々的に挙行せよ」「違憲であるという反対の声をおそれて政府は弱腰である」「やるのかやらないのか」と凄味《すごみ》をきかした文章を何人かの学者、官僚、ジャーナリストが名前を伏せて発表しております。

大嘗祭についてはここでは深く立入りませんが、まとめていえば三つのマツリを綜合化した、朝廷が挙行する一世一代の最大の祭儀でした。その三つのマツリと言いますと、第一は五穀豊穣を祈り感謝する収穫祭。おそらく弥生時代の稲作が始まった頃から農民が行っていたであろう秋の収穫祭を、国土を征服したヤマト王権が宮廷にとりこんで国家儀礼化したものです。

第二は、新帝即位に際して、神武天皇以来の皇威を、改めて全国土に明らかにするための臣民の服属儀礼です。隼人《はやと》や国栖《くず》などの先住民族の芸能が、服属のあかしとして大々的に上演されました。

第三は、天皇霊の新帝への転移というアニミズム（animism）的呪術儀礼です。アニミズムとは、すべての事物には霊魂があって、万物が働くのはその霊魂の生命力にあるというきわめて原始的な精霊信仰です。天皇が天皇でありうるのは、天皇霊がその肉体に宿っているからであるとみるわけです。

こういう視点から大嘗祭を論じたのは民俗学者の折口信夫でしたが、一口でいえば〈天皇霊〉が亡くなった天皇から次の天皇にのりうつる儀式なんですね。真床追衾《まとこおうふすま》という布団みたいなものを被りまして、天照大神以来の神霊と同じ布団に同衾《どうきん》することによって天皇霊がのりうつるという儀式なんです。『古事記』でも、ニニギノミコトが真床追衾を身に被って天上から降りたと書かれていますが、その神話を呪術的に受け継いでいる儀式なんです。途中で中断していますが、天武天皇の時代から始まって、明治天皇即位の際に大々的に復活されます。

即位儀礼と大嘗祭とが新帝誕生の二大儀式とされている。しかし、戦後の新憲法で政教分離の原則が定められ、皇室典範も改正されて大嘗祭の規定は削除され、これは天皇家の私事であって国民全体が参加する国事行為ではなくなっている。したがって、政府が、即位儀礼と大嘗祭とを国事行為としてやるのかやらないのかというところに重大な問題性をはらんでいるわけです。

ところで、私はもともと芸能が好きなんですが、私が生まれて最初に踊ったのは、昭和天皇の御大典らしいのです。もちろん自分の記憶にはありませんが、踊らされたらしいのです。それが「ご大典だ、エッサッサ」（笑）。正確には、「ゴタンテンヤ、ホイ、バンザイ　ホイ、エライヤッチャ、ホイ」と叫びながら踊り歩いたらしい（笑）。

「ご大典だ、エッサッサ」のご大典というのは、一九二八年十一月に挙行された昭和天皇即位の大嘗祭なんですね。大嘗祭が京都で行われたのですが、その一連の行事をご大典とよびました。

それで多くの国民が国家の大祝祭日として、町内会などが総出で踊らされたらしく、当時二歳の私もまた踊ったらしいのであります。いま考えてみますと、なんともはやみっともないことだったと慙《ざん》愧《き》の念にたえません（笑）。そういうご大典というのが麗々しく古式に則ってやられたわけで、今回ははたしてどうなるかということが今後の天皇制のあり方とかかわって大きな問題になっているんです。

それぞれの天皇体験

さて、いま「昭和」時代の、天皇の戦争責任に関するスライドを見せていただきました。どういう規準で選ばれたのかは存じませんが、私に言わせれば、ここに出てくる場面はいずれもナマッチョロイものでありまして、私なんかの記憶では、戦争体験はこんなナマッチョロイものではなかった。日本だけではなく、朝鮮・中国をはじめ多くのアジアの無辜《むこ》の民が、無残にも家を焼かれ殺されていきました。一千万近い人間が、その生命、その人生を無惨にも奪われたのであって、もっとドス黒い、血の臭いがただよっていた。また、先ほどの集会［「他人事でなく政治を考える会」（於大阪）、一九八八年十二月十四日］の基調報告も非常にナマッチョロイ（笑）。奥歯に物がはさまったようなフワフワしたあんなものじゃ天皇制を論じたことにはならない。もっと深く突っ込まないとダメなんであります。これはやはり、それぞれの人生における戦争体験というか、天皇との出会い体験というか、年齢の差もあると思うんですね。

先週、私の大学で八人の先生が発起人になりまして「いま天皇制を語る」というシンポジウムを開き、それぞれが自分の考えを話した。あまり宣伝もしなかったんですが、学生も五百人ほどきました。予想を上回る参加者があり、三時間の予定が四時間まで延びました。

私どもの大学は社会人の方も聴講生として受け入れておりまして、その方たちも三十人ほど参加されていました。学生たちも発言しましたが、やはり戦争体験にしろ天皇体験にしろ、その身体や頭脳にからみついていて終生どうしても忘れられぬという原体験ではないんですね。だから、どうしても客観的な感想になってしまう。つまり、他人事として語るか、理屈でもって割り切るしかないんですね。もちろん、天皇制讃美の意見は全く出ませんでした。

社会人の方たちも発言されましたが、非常に興味深かったのは、ポツダム宣言を受諾した際の例のラジオ放送での天皇の声についての、ひとりの社会人の感想でした。先ほどのスライドでも、天皇が敗戦の詔勅を読む声が聞こえてきましたね。実際はあんな澄んだ声じゃなかったですね。我々の記憶ではザワザワした夾雑音《きょうざつおん》がまざった、なんかこうキンキンする声でまるで抑揚がなかった。つまり、あんまり人間的な感情のない、他人事を述べているという印象でした。

そのシンポで五十代半ばのひとりの方が、敗戦の時、中学一年生だったとおっしゃっていましたが、その自分史を語られ、「あのラジオ放送で天皇の声を聞いて、私、あくる日から不良少年になった」と言われたのです。自分は忠君愛国精神の固まりみたいな少年で、幼年学校に入って熱烈な天皇の軍人になって忠君愛国の道を励もうと思っておったが、あの天皇の声の無感情さと無責任さに絶望した。「深い挫折感を覚えた私は、その後、自暴自棄というか不良になり、そこから立ち直るのに人生の半分を費やした」とおっしゃいました。私はその話を非常に興味深くうかがったのです。

さて、ここに毎日新聞の八木晃介さんがひとりで書かれ独力で発行されている個人新聞がありますが、このなかで八木さんは、天皇の死についてひとりの知識人の手になる次のような文章を批判しているんですね。その文章は次のようなものです。

「人の死に際して、目出度いなどという不謹慎な感情を抱いたことなどさすがの私も初めてである。

なぜ目出度いのかなどという理屈抜きで、あのヤローもとうとうくたばったかと思うと、はらの底からフッフッフッと笑いがこみあげてくる。それにしてもしぶといヤツだ。どうせくたばるのだからひとおもいにさっさとくたばれがいいものを」——。

この文章に対して、八木さんは「嫌悪感が生じる」と書いておられる。八木さんも反天皇制の思想の持主なんだけれども、私は八木さんと考えが違う。考えというより感覚といった方が正確でしょう。

八木さんはこの文章を生理的になじまない、といっているんだけれども、私はそうではない。これでも物足りないと思うのは、「笑いがこみあげてくる」のではなくて、あの戦争で死んでいった何百万、何千万人の人びとの断末魔の苦しみと同じ苦しみをせめて同じ人間として追体験せよ、それがひとりの人間としての責任のとり方だという気持ちを抑えることができない。

また、『ゆきゆきて、神軍』というドキュメンタリー映画がありましたね。奥崎謙三さんを主人公にした映画ですが、その評価は私なんか非常に高いですね。私の高校生の息子と一緒に観たんですけれども、若い世代も非常に衝撃を受けておりますな、あれには。いまの若い世代は戦争体験がないから、そのオドロキを何と表現してよいかわからない。大学で聞いても、学生もたくさん観たようですが。大方の意見は、自分たちはやはり戦争体験がないから、やはりどう考えてよいのか戸惑ってしまう、ただ奥崎さんのあの怨念《おんねん》をみると、やはり何かあったんだなということはわかるというんですね。

私なんかはあのすごい迫力がよくわかるんです。戦争責任をとことん追及しようとする奥崎さんのあの気持ちが。「あれはヤラセや」というシッタカブリの声もあるんだけれども、ヤラセなんてナマヤサシイものじゃない。あれは奥崎さんの人生そのものの表現でしょう。この映画についてのさまざまな論評のなかで、思想家と称する四十歳代の研究者が「嫌悪感をもつ」「市民社会のルールから浮き上がっている」といった調子で書いているんですね。「あれにはついてはいけない」と。それを読んで、ハァーこれは年代の差なのかな、原体験の差なのかな、それとも人間としての熱っぽさの差なのかなと思いました。

この昭和史のなかでそれぞれの個人がどのように生きてきたのか、その人生に何がどのように刻みこまれているのか――そのことは天皇制との出会いや、戦争体験とそのまま重なっているんですが、非常にドロドロした血にまみれた原体験としていつまでも消え去らず、時にふれてオモテに露出してくるんですね。この体験は、私たちの世代にとっては永久に消えることがない。意識の上でも意識下でも、とうてい消えることはない。

私は一九三九年（昭和十四）に中学に入り、敗戦の前年の一九四四年に旧制高校［大阪府立浪速高校］に入りました。中学時代からいろんな強制労働をさせられました。キリスト教の桃山中学に通っていましたが、その近くの長居公園が一大高射砲陣地でした。そこには高射砲が数十台あって、その建設にしょっちゅう狩り出されました。それから一九四〇年の「紀元二千六百年」祭にも狩り出されて橿原神宮へ何回か行かされました。これには大阪、奈良の中学生がほとんど動員された。橿原神宮は神武天皇陵の横にある。当時はぺんぺん草が生えているだけの荒地でしたが、いまは鬱蒼たる森になっています。

ご承知のように、神武天皇伝説なんていうのは、ずっとあとで天武天皇の時代に作成された『古事記』『日本書紀』に出てくるフィクションでありまして、神話上の虚構の人物です。そして明治維新まで、江戸時代には神武天皇陵というのはもうどこにあるかもはっきりしないような状態になっていたのが、あそこらへんにたくさんある古墳のなかから、いまの御陵を制定したわけです。荒れ果てていた古墳の一つだった。

御陵のすぐ横の畝傍山の土手っ腹に、「洞《ほうら》」という大きな被差別部落がありました。神武天皇陵を見下ろす高い所にあるのは恐れ多いということで、米騒動の年に移転させるとかいろいろありました。橿原神宮は言ってみれば急ごしらえの神社でありまして、一八八九年（明治二十二）に建てられた新しい神社なんです。つまり、神武天皇を「王政復古」と同時に大々的に押し出し、御陵をいかめしく作りあげ、その隣に「大日本帝国憲法」の発布と前後して神宮を作り上げた。私なんかは勤労動員であそこに連れて行かれて木を植えさせられました。いま育っているのは我々が植えた木でありまして、その時一緒に動員に行った級友のひとりが、この間言っておりましたけど、いまでは引き抜きたい気持ちが強い（笑）。つまり、何も知らないままに歴史の捏造に加担させられたことになります。

小学校時代は、祝日と称する日にはいつも天皇の「ご真影」を拝まされる。校長がうやうやしく「教育勅語」を読む。その間、我々はずっと頭を下げている。意味が理解できない小学生にとっては、この何分間かは苦痛ですよ。それから、「ご真影」をまともに見ると目がダメになるとよくいわれた。〈聖〉なるモノを、俗人は見てはならない、つまりタブーですね。〈現人神《あらひとがみ》〉である天皇を見てはならない、タブーとされていたわけです。一度、私の通っていた小学校の前を皇族のひとりが通過するというので、全員校内の前の道路にズラリと並ばされたけど、その時も「お姿」を見てはいけないと伝達された。天皇と被差別民が両極におかれて、神聖なモノと卑賤なモノが両方ともタブーとされたんですね。古代身分制では、天皇と賤民はともに姓がなかった。いまでも天皇には姓はありません。

反戦運動弾圧後の昭和十年代

物心がついて、いろいろなことを感じる年代になりますと、もう十五年戦争に突入していました。すでに岩波文庫の白帯・青帯、つまり哲学・社会科学関係ですが、これがほとんど手に入らないという時代でした。もう当然、マルクスなんかは読めないわけでして、戦前の反戦運動が社会のオモテでぎりぎり最後まで残ったのが、昭和十二年です。この一九三七年で、オモテに出る社会運動は事実上終わった。徹底的に弾圧されてしまい、根こそぎやられてしまったのです。一九四〇年からは、「大政翼賛会」的なものだけが我物顔でやっていました。

私の記憶では、親父と歩いておった時に、ちょうど総選挙があって、電柱にいろんな選挙ポスターが貼ってありました。普通は大政翼賛というか戦争讃美的なビラばかりだったが、一つだけ際立って違うのが貼ってあったんですね。色が赤くて、ほかのとは少し違うんで、親父に「これはどういうものなんだ」と聞いた。「これは左翼といって、労働者、貧乏人の味方なんじゃ」ということで、ハァーと思ってしげしげと見た記憶があります。中学に入る前でしたから一九三七年頃の総選挙でしょう。その前に労農党をはじめとする反体制派がいくつかありましたが、これらも徹底的にやられて最後に残ったのは社会大衆党ですね。この一派だけが、あまりはっきりオモテに出すとすぐやられるから目立たぬ表現でしたが、反戦・反ファシズムを掲げて軍国主義に反対した。たしか東京一区の加藤勘十が第一位で当選した。それが最後で、これもまた地上から消されてしまう。もちろん、子供の私には、そういうことが全然わからなかった。

十七歳で高等学校に入りました。当時の旧制高校はなかなかマセていまして、カントだとかへーゲルだとかわけのわからんままに勉強しておりましたが、マルクスとかレーニンとかいう言葉は当然まったく出てまいりません。デモクラシーという言葉すら禁句でした。「鬼畜米英」「赤鬼ロシヤ」というのが世間一般で通用している時代ですから、民主主義や人権思想という言葉すら聞いたことがなかった。

私たちは文科と理科に分かれておりまして、文科も甲・乙があって、甲が英語専修で乙がドイツ語です。文科は、私の入った年から徴兵延期がなくなりました。英語も敵性語でダメということになって、入学試験にも出ない。試験は数学と国史と作文。いまでも覚えていますが、国史の試験の一題は、「大和魂の日本史における意義について述べよ」でした。作文は「日本刀」でした。私は将来、文学者になろうと考えていましたので、徴兵逃れのために理科に変わる気持ちはまったくなかった。しかし、理科に変わらないとすぐ兵隊にとられることは目に見えている。だから、理科に志望を変えたものがたくさんいた。しかし、私は、やむをえんと覚悟して、文科に入りました。三十人の文科のうち、甲類はわずか七人でした。あとはみなドイツ語なんですね。当時は日独伊三国同盟の時代ですから。

四月に入学して、六月から工場動員でした。それから敗戦まで学校に戻りませんでした。動員先は学校からすぐ近くの池田市のダイハツでした。最初は発動機の仕上げ工、そこで敗戦までの約一年三カ月ずっと発動機工場で、上陸用舟艇を造っておりました。

たしか一九八〇年の秋でしたが、たまたま新聞に、生物学者がニューギニアに昆虫採集に行ったルポが載っていました。ニューギニアの南端の小さな無人島に上陸したら、小さな赤さびた鉄舟が流れついているのを見た。ちょっと覗くと人骨が何体もそのまま残っている。どういう舟なのかと調べてみると、舷側に「ダイハツ」と書いてあったというのです。おそらく餓死でしょうが、日本兵の骨はそのまま辺境の孤島に流れついて残っていたのですね。その記事を読みまして、その日の講義に新聞を持っていって、学生諸君に「この舟は私たちが造っていた舟だ。そのなかで諸君とあまり年のちがわない日本兵が、まだニューギニアの孤島で骨を拾うものもないままに深い眠りについている」と語りました。みんなシーンとして聞いていました。もっとも、深い眠りについたかどうか、心安らかに眠っているとは私は思いませんけれども……。

ここでちょっと三島由紀夫について触れておきます。彼は戦後文学のなかで特異な位置を占める作家ですが、彼の晩年での天皇制ナショナリズムへの傾斜、傾斜というよりは陶酔といった方が適切かもしれませんが、彼の切腹自決を真に受けてはむしろ三島文学の本質を見間違うと私は考えています。その三島由紀夫の晩年の作ですが、『英霊の声』という小説があります。深い意味を持った小説です。

もうかなり前に読んだので正確には覚えていませんが、ざっとこんな粗筋でした。

一口で言えば、天皇のために海の藻屑《もくず》と消えていった兵隊の霊が、天皇を呪詛《じゅそ》するという小説ですね。呪詛とは、その人を恨み呪うことですね。英霊のなかから神がかりになったシャーマンらしいのが出てきて、海底からウラミの言葉を述べる。「お前はわしらを戦争に狩りだしておいて一体なんだ。神だ、神だというからわしらは信用して歓呼の声に送られて戦場に行った。そして神であるわが天皇のために死んだ。ところが戦争が終わってみると、アメリカの占領軍の頭領の前で今度は人間だと宣言している。一体どういうことなんだ。わしらは何のために死んだんだ」――まあ正確ではありませんが、おおよそこういうように天皇を恨むわけです。

これは三島の自決直前の作品で、私は興味深く読みました。三島由紀夫は、この昭和天皇は万世一系の神なる天皇が統治する日本の歴史を汚し、その万国無比の国体に傷をつけ、多くの民草を裏切ったと言いたかったのでしょう。ですから、彼が三島美学を完成させるためには、自分の部下に宝塚少女歌劇の兵隊みたいな服を着せて自衛隊へ突入して自決するんじゃなくて、宮城に突入すべきだったんです。方向が間違ったんですね、あれは。だから美学にはならないで、できそこないの劇画になっちゃったんです。私は三島の割腹自決をニュースで聞いたとたん、そこまで思いつめるなら、そうすべきであったと思いました。封鎖している大学に乗り込んで、全共闘に結集している新左翼の学生たちと真剣に対話したほど物事を突きつめて考える文学者でしたが、あれはまことに残念でみっともない最期でした。

戦時下の工場動員

話が横にズレましたけれども、私たちが働いた工場では、三交替制で二週間ごとに徹夜作業が回ってきました。食事も粗末なもので、オカズは芋の葉の煮たものが多く、それに薄い味噌汁だけでした。だからいつも腹が減っていた。徹夜のさい深夜に夜食がくばられるのが楽しみでしたが、それも麦パン一個でした。私は背丈はその当時も百七十センチはありましたが、体重は四十七キロしかありませんでした。ほとんどみなが半栄養失調でした。

そんな状況でしたけれど、昼休みにいろいろ研究会をやっていました。夏目漱石を読むとか、英語でサマセット・モームを読むなどの研究会をやっていました。戦争中でしたけれども、わがクラスには、あまり熱烈な天皇主義者はいなかった。当時でも天皇制思想に心底からいかれていたのはクラスで三人ほどでした。当時の東大に平泉澄《きよし》という皇国史観の鼓吹《こすい》者がおりまして、彼の弟子が国史の教師として私の高校にいました。天照大神を玄関に掲げ、日本刀を床の間に祀るような根っからのスーパー天皇主義者ですが、平泉澄の教えに影響を受けたんですね。だが、平泉教授の右翼思想にイカれたのはわがクラスでは少数で、大多数はそうじゃありませんでした。半分くらいは工場でも女の子を追っかけていた享楽派でした。残り半分はどちらかといえば西欧派でした。

私たちヨーロッパ派の当時の巣は、朝日会館でした。朝日新聞社［大阪本社］の五階にある当時としては最もモダンな劇場でした。その朝日会館が最後までヨーロッパ映画を上映していたんです。いつも学生たちで一杯でした。そこでフランス映画を主としたヨーロッパの映画を観ましたね。私たちがウーンとため息をついて観た最後の映画は『白鳥の死』というバレエ映画でした。美しいパリジェンヌが華麗な音楽にあわせて踊るのを観ながら、こういう世界もこの世にあるのか、とみんな口をアングリ開けて、なかば放心状態で観ておりましたね（笑）。

もちろん、普通の映画館は、『ハワイ・マレー沖海戦』『加藤隼戦闘隊』などの軍事物が主力でした。働いていたダイハツ工場で、ドイツの潜水艦が運んできた『急降下爆撃隊』という映画を観せられたこともあります。それから『世界の果てまで』でしたか題名はちょっと忘れましたが、今日アパルトヘイトで有名な南アフリカを植民化する際のボーア戦争ですね、あれをドイツ・ナチズムの立場から映画化した作品も上映され大ヒットになっていました。

読む小説もフローベルとかモーパッサン、バルザックなどのフランス自然主義文学、それにドストエフスキーとかトルストイとか、そういうものをみんなよく読んでおりました。あまりにゴリゴリの日本軍国主義的なものは、戦争中も読まれていなかった。本も配給制で、工場で最後に配給されたのが太宰治の『右大臣実朝』と島木健作の短編集でした。それも三十人に一冊ずつなんでくじ引きでした。

いまでも私の手元に残っておりますが、工場に入ってすぐに世論調査をしたことがあります。「尊敬する人物」「推薦する愛読書」の二問で、クラス三十人ですからわずかな票しか入りませんが、文学作品で漱石の『こころ』と倉田百三の『出家とその弟子』がトップ、その他漱石の『明暗』とか鷗外の『舞姫』、藤村の『夜明け前』とか、そんなのが上位に入っていました。武者小路実篤や志賀直哉など白樺派も高得点でした。外国文学では、ドストエフスキーの『罪と罰』とかトルストイの『復活』ですね。ボードレールやランボー、マラルメなども何票か入っています。私などもサンボリズムにいかれてそういう詩を書いたこともありました。あまりゴリゴリに天皇制に呪縛されていたという心証は、当時の読書調査から見る限り出てきていませんね。

「尊敬する人物」でも当時忠君愛国のカガミとされていた楠木正成なんていうのは一票しか入って

おりませんでした。いまから見直すと、案外、心の底までは天皇制ナショナリズムにとりこまれてはいなかったんではないかという気がします。西田幾多郎や田辺元、三木清なども入っています。ひとりだけ「マルクス」と書いたのがおりましたね。もちろん、これはシッタカブリのハッタリで書いたんで、マルサスと区別がつかなかったんですね。

工場に入りますと現場の労働者もひとり仲間に入れて一緒に同人雑誌を出しました。その誌名が『孤舟』、たしか七号まで出しました。手書きの原稿を集めて、表紙をつけただけのものですが、いまも現物が何冊か残っています。この名前からみても、やはり天皇制ファシズム下でポピュラーな名前とは大分ちがっていますね。小説あり、評論あり、短歌と詩もあるというゴッチャ、ゴッチャな編集でしたが、むろん、「今日のたたかいは聖戦である」という雰囲気は全体として色濃く出ております。そういう天皇制ファシズムの枠組みから逃れうるものを私たちは何も学んでいなかったのですから、そこから独力で抜け出す思想はもちろんなかったのですが……。

さて、敗戦の年の四月に入ると、池田のダイハツも毎日のように空襲でやられるのです。隣がいまの伊丹飛行場で、当時は陸軍の飛行場でした。そこに三十機ほど陸軍の飛行機がおりまして、戦争末期には空襲警報が鳴る前に全部日本海へ向かって飛び立って行きました。全部逃げて行くんです。空襲警報が解除されるとまた戻ってくる。なぜかというと、米軍の本土上陸のさいの特攻隊用に残しておったんですね、空中戦をやらせないで。敵機が見えなくなると、どこからか戻ってくる。末期には紀州沖の航空母艦から飛び発った米軍の艦上戦闘機がたくさん飛来して、池田の五月山からプロペラを止めてザァーッと急降下してくる。そのいきがけの駄賃でダイハツの工場はいつも機銃掃射を受けました。私のいた発動機工場第二課に都島工業［大阪市立都島高等工業学校］の若い生徒諸君も動員でいたのですが、何人かが私たちの目の前で一瞬のうちに殺されました。まだ十五、六歳の少年たちでした。

私は工場で働いている間、池田市内のお寺に泊まらせていただいていたんです。本願寺の寺で、奥さんはもう亡くなられていて、六十歳ほどの和尚さんひとりだった。龍谷大学に通っていた息子さんがいたんですが、私が訪れた時にはすでに二十三歳で戦死しておられました。そのひとり息子の部屋がそのままにしてありました。本やノートも出征当時そのままなんです。親父の和尚さんがちょいちょいその部屋に入って、ひとりでじっとしておられた。私もたまたまその部屋に通じる廊下を歩いていて、死んだ息子の椅子にじっと座っているそのうしろ姿を見て、ハッと息をのみました。ひとり静かに子ども時代を回想して泣いておられたんでしょう。息子さんが愛好されていたレコードが何枚か残されていました。ヨハン・シュトラウスの「ウィーンの森の物語」なんかよくかけて聞きました。高峰三枝子の「南の花嫁さん」なんかもありました。この前、四十年ぶりでそのお寺を探しあてて訪ねましたが、もうすっかり変わっておりました。和尚さんもとっくに亡くなって、家も断絶したんじゃないかと思います。

「八月十五日」の光景

そういう末期状態がずっと続いていましたが、八月十四日に明日正午に天皇の玉音放送があるとラジオで布告が出ました。もうその頃は何回かの空襲で大阪の中心部は全部焼け、私の工場も五月山の谷間に機械を運び込んでいました。クラスではこの天皇の放送について大分議論しました。〈ポツダム宣言〉が出ていることは知っていましたから。アメリカの飛行機がビラをまいておりましたから。工場内の憲兵は「敵性ビラを拾うな」と言って見張っておりましたが、拾うなといわれると拾いたくなるのが人情で（笑）、みんな拾って便所に隠れて読んだ。

クラスの意見は二つに分かれました。クラスといっても、三十人いたのが当時残っていたのはたった八人でした。そのうち三人は結核で、私を含めてあとの五人は早生まれか中学四修でまだ満十八歳になってなかったので召集がきてなかったんですね。しかし、この年の二月に徴兵検査があっていつ召集がくるかわからん情勢でしたので、みんな奉公袋を用意していました。奉公袋というのは、軍隊に入営する時に必要な日用品一式を入れた袋です。

さて玉音放送ですが、クラスでは、おそれ多くも陛下が国民に直接呼びかけられるのだから、ポツダム宣言を受諾するのだろうという意見が出ました。もう一つは、一億国民最後まで力をあわせて神国を護るべしと激励演説をやられるのであろうという結論でした。後者の意見の方が多く、敗戦説は少数でした。

家へ帰ってから親父の意見を訊ねると、「これはもう負けじゃよ、いや、負けた方がええ。これ以上やってもムダな犠牲が増えるだけじゃ」とはっきり断言しました。父は若い時から演劇運動一筋で、終生定職をもたなかった自由主義者でしたから腹はすわっていました。

ついでに言っておきますと、父には二人の弟（つまり私の叔父）がいましたが、二人とも満州と朝鮮に兵隊に召集されて、結局返ってきませんでした。ひとりはシベリア抑留で亡くなりました。戦後二人の蔵書の整理を私がやりましたが、二人とも京都大学出でリベラル派だったんでしょう、右翼的な本は一冊も見当たりませんでした。

六日に広島に原爆が落とされたことは、我々もすぐに知りました。政府は原爆とはいわないで、

「特殊高性能爆弾」といって、それが落ちたことは二日後に小さな記事で発表されておりました。私たちも原爆というものを知っていました。それからは、B29がたった一機でやってきても、みな防空壕に逃げ込みました。それまでは一機だけの空襲警報ならば、いちいち逃げてはキリがないので、真上に爆音が聞こえるまでは防空壕に入らなかったのです。

日本も原爆を一所懸命に開発しているという話は、配属将校なんかも語っていました。「日本は神国であるから、いざという時には必ず神風が吹く」その「神風」とは何であるか、高性能の軍事技術が開発されている現代で、蒙古襲来時の台風を想い浮かべる者はいませんでした。それで、現代の神風とは、それは「原爆」であるというように話が出ていました。

当時の教師は、ズバリ言わせていただくとみんな腑《ふ》抜《ぬ》けておりましたな。つまり、戦争に反対した気骨のある先生方はすでに人民戦線事件などでやめさせられておりましたから。軍国主義万歳の教師は少なかったけれど、無気力な人ばかりになっていました。ただし、積極的に戦場へ行って天皇陛下のために死んでこいといった教説は先に述べた教師の外からはほとんど聞きませんでした。たったひとり、社会科学の先生で生産力理論の立場から、日本は敗北するんではないかと間接的に予言された先生かおりました。みんな軍部のいいなりというか、体制順応型の教師でしたね。ああいう教師が多かったから日本はダメになり大勢の若者が死んでいったんだな、といまよくわかります。

ダイハツでも、労働運動の生き残りが何人かいまして、私たちにあからさまではなかったが、戦争に行ったら生命を大事にして生きて帰ってこいよと言っていました。暗に反戦をほのめかしていたんですね。そういう動きが当局に漏れたのか、ある日、大熊、岡田という——いまでもよく覚えていますが——三十五、六歳の熟練工の二人が憲兵に引っ張られていきました。

当時の工場は、大半が勤労学生と強制的に狩り出された婦女子で、ほとんどの労働者は戦場に行っていました。それでは工場の機械が動かなくなるので、ポツンポツンと点のように熟練労働者を兵隊にとらないで残していたんですね。戦後にダイハツへ行った際に、工場長にその二人のことを訊ねたんですが、その後の消息はわからないとの話でした。硫黄島に連れていかれて、あそこで玉砕したという噂もあると聞きました。

さて、八月十五日は工場が休みの日でしたので、私は母親が疎開しておりました大和の二上山の裾野にある二上村に行きました。そこの馬小屋を借りまして、母親と弟、妹が疎開しておりました。弟は学童疎開で金剛山の麓のお寺に行っていました。馬も人間と同じく、召集されて戦場に連れていかれて馬小屋が空いていたんですね。

当時、私は大阪市内の田辺に住んでおりまして、まだ戦争が続くかもわからんので、なけなしの本を疎開させようと思ったのです。二上村に着いたのがちょうど正午直前でして、村の広場に二〇〇人くらい集まっていました。その真ん中にラジオが一台おいてある。当時、若い人なんか全然おりませんで、お年寄りと子供ばっかりでした。

たまたま私があらわれたもんだから、「いまから天皇陛下の玉音放送がある。どうせむずかしいことを言いはるやろう、学生さん、あんたならわかるやろうから、みなを代表して聞いてくれ」というわけです。いまのように何百万と学生がいるわけではなく、当時の学生はやはりインテリのはしくれだと見られていたんですね。そして、正午きっかりに玉音放送が始まった。

みな気をつけをして一所懸命に聞いている、万世一系の尊い血筋をひかれている〈現人神《あらひとがみ》〉の声をはじめて聞くわけですから。ところが、先ほど述べたように夾雑音《きょうざつおん》がまじっていてよく聞きとれない。

神国不滅とアジテーションをやるなら、まさに神がかりのこの世の声ならぬ声で、肺腑《はいふ》を抉《えぐ》る痛切な叫びになるだろう、ポツダム宣言を受諾してこれで負けたというならば声にならんような悲痛な声になるだろうと予測しますよね。ところがそのどちらでもなかった。全然抑揚がないし、他人事のようにたんたんと語られていく。なにか書いた物を棒読みしているように感じられる。しかも意味が聞きとれない。これは一体どうなってんのかと思いましたね。おそらく全国民がそういう印象をもったでしょう。

ようやくわかったのは「堪え難きを堪え、忍び難きを忍び」という言葉がかすかに聞きとれた時です。それで私は、「戦争は終わりました」と大声で叫んだ。そうしたらきちんと列んでいた村人たちの円陣はたちまち崩れてザワめきだし、私にいろんな声が返ってきた。まず「勝ったんか負けたんか、どっちや」(笑)。「日本が負けることなんかあれへんやろ」「ほんまか」と二、三人が問い返すけれども、あとはみな気抜けしたように呆然としてもう声にならない。

私は、「日本が負けた」「戦争に敗れた」と言ったとたんに、みんなワッと泣きだしてすさまじいことになるんじゃないかと、心のどこかで一瞬判断しながら敗戦を告げたんです。ところが、私が想像していたよりもはるかに平静で泣き出す人なんかひとりもいなかった。一瞬、間があって、今度はおじいちゃん、おばあちゃんが一斉に質問を始めたんですね。

どういう質問がきたか、私はいまも生々しく覚えております。インテリのはしくれとしての私は、「これから日本はどうなるのか」とか、「天皇陛下様はどうなるのか」というような質問が当然くるだろうと思っていたのですが、そういう天下国家についての質問なんか全然ない。「フィリピンに行っている息子はいつ帰ってこれるやろか?」とか、「うちのおとうちゃんはニューギニアやけど、もう帰ってこれんやろか?」とか、そういう質問ばっかりでした。つまり、肉親のことばかりで、天下国家や天皇のことはゼロ。

私はまともな答えもできないまま、その日の午後、すぐ近くの二上山に登りました。当麻寺《たいまでら》の横から登ったが、戦争中、山に入る人もなく道は荒れ果て草茫々。あの日は日本中、雲ひとつない晴天。ふるような蟬しぐれだけで、全山静まりかえっていました。苔むした大津皇子《みこ》の墓がひっそりとある頂上で、「日本はこれからどうなるのか」「自分たちの運命はどうなるのか」と、はるかに大和の山なみを望見しながらしばし考え込んでいました。その場面を、まだ昨日のことのように覚えています。

戦後への出発

その夜から、数年続いた灯火管制がなくなりました。ウチワを片手に出てくる、男はみんなステテコ姿でしたね。汗だくになって猛暑でも身につけていた防火頭巾も、鉄カブトも、ゲートルも、みな脱ぎ捨てました。長屋住まいの庶民の間には、悲愴感といったものはあまりありませんでした。これで本土決戦もなくなり毎夜の空襲もなくなるという安堵感が先行していました。早速、縁台将棋も始まる。近郊に疎開していた婦女子が帰ってきたので、いっぺんに賑やかになりました。まあ、なんとか生き延びたという安堵感がみなぎっていました。そのように、わりあいアッケラカンと戦後に移りました。

九月一日から学校が始まった。教室はまだガランとしていて、学徒動員でまだ兵隊に行ったままで、学校に出てこれない者もいた。そして、家が焼けて住む所がなく、田舎に帰ったままの者も何人かいました。クラス三十人中病人の三人を除いて五人だけ兵隊に行かずに残っていました。私は野球をやっておりましたが、私（ショート）とコンビを組んでいたサードの大北禎一君は永久に帰ってきませんでした。中国大陸の奥地から、『万葉集』を行軍の合間に読んでいると伝えてきたハガキが最初で最後の便りでした。

二週間もすると、夜店も始まりました。その夜店に古本がどっと出回りました。戦争中の禁書がズラリと並んでいます。新聞も報道がガラッと変わりました。そうすると私たち若い世代が知らなかった世界がいっぺんに開けてきたんですね。そうだったのか、戦争前は反戦運動もすごくあったのか、労農運動、学生運動なんてこともだんだんわかってきました。最後まで抵抗して獄中につながれていた反戦の闘士もいた、ということも新聞に大きく出た。そういうことは一度も教えられたことはなかった。ですから、みんなオドロキですね。そうです、敗戦後の二カ月はオドロキの連続でした。

戦争中には高かった西田哲学などの本が安くなって、これまで陽の目をみなかった本がひどく高い値段になっている。河上肇の『貧乏物語』など、そういう本を古本で買ってきてみんな競って読みました。目からウロコが落ちるというのはこのことでしょう。一番苦悩していたのは、やはり、天皇万歳をやってミソギなどしていた連中です。クラスにいた三人の天皇主義者、日本神国論者は、みんなに「お前、まだ切腹しないのか」と言われ、ベソをかいていました（笑）。

天皇制の問題を正面から考えていかねばならないという問題意識を最初に持ちだしたのは、クラスの私たち西欧派ですね。勤労動員のさなかでも女の子を追っかけておった連中は戦後も同じでございました。こういうタイプは、いつの時代になってもあまり変わりませんな（笑）。地獄の底に落ちても同じで、やはり女の鬼を追っかけるんじゃないか（笑）。そういう人間の性《さが》は、あまり世界観の大転換とは関係がないようですな（笑）。我々西欧派は、戦後すぐ文学研究会を作りました。そういう研究会が、学校全体で雨後の竹の子のように生まれました。みんな本当の知識に飢えていたんですな。

十月に社会科学研究会［社研］もできました。まず手始めにマルクスの『ドイツ・イデオロギー』から読みだしたんですが、どうもさっぱりわからない。哲学や科学の論理の展開になじんでいませんでしたから。教師を呼んできても、これもうまくいかない。そこへ理科の北村君というのが入ってきたんですが、彼は戦争中から反戦派だった。一九四三（昭和十八）年まで『真理《プラウダ》』という非合法誌を出していた大阪商大（現大阪市立大学）の反戦グループの影響を受けて、戦争中からそういう文献をひそかに読んでいたんです。

社研はまだ数人でしたが、そういう研究会を基盤にして学生自治会が十月に発足した。教師連中はただもう黙っているだけで、積極的な対応は何もありません。突然の敗戦で、みんなもう茫然自失の状態です。学校の運営は、みんな学生主導型で、一種のアナーキーな状態でした。自治会ができると、早速全学で教師の戦争犯罪についての投票をやり、その結果を一覧表にしてわれわれが通学している阪急電車の梅田駅と石橋駅に張り出した。

戦争中ずっと非転向で牢獄に抑留されておった戦前の闘士が、解放されてシャバに出てきた。彼らが大阪の中之島にある中央公会堂で講演会をやるという話を聞きました。あの戦争中に最後まで天皇制ファシズムに抗してたたかった人がおったという事実は、当時の私たちにとってやっぱりひとつの希望の星でしたよ。敗戦の年の十月二十六日だったと思いますが、たまたま社会科の時間だったので、戦争中ただひとり、敗北を予言していた落合先生ですが、その先生にクラス全部で講演を聞きにいきたいと申し入れてみんなで電車に乗って行きました。

すごい雰囲気でした。戦前の左翼がみな集まってるんです。「赤色防衛隊」と書いた腕章をつけて右翼の襲撃を警戒していた何十人の中に、私が桃山中学（桃山中学は戦前、最後まで朝鮮人を受け入れた学校なんです）にいたころの高君という朝鮮人の同級生がおりました。つまり、彼は戦争中からはっきりした思想を持っていたんですな。そうでなければ、戦後一カ月で左翼の決起集会に出てくるはずがない。お互いにびっくりしましたが、私と仲の良かった高君の方も驚いた。彼はなかなかの秀才で、英語と歴史が特に得意でよく彼にわからん所を教えてもらっていました。「ヤァー、なんでお前こんなところにいるんや」と不審顔でした。それはそうでしょう。会場には私たちのような十代はまったく見当たらなかった。

会場に入りましたが、私たちは一番うしろにおそるおそる座った。徳田球一をはじめ、獄中戦士数人が手を高く上げて一列になって出てきました。そうすると何人かが壇の前に走っていって泣きながら何か言っている。その時はよくわからなかったが、戦争中弾圧に屈服して転向した人たちなんですね。

さて、徳田球一の第一声は、「天皇制打倒」でした。そうしたら、「もう古い！」という鋭いヤジが飛びました。これはいわゆる労農派、いまの社会党系の元祖の人たちなんですね。「労農派」は戦前から、主敵はむしろ天皇制をかついだ独占資本主義と軍部だと見ていましたからね。一方、共産党系はいわゆる「講座派」で、主敵は封建遺制としての天皇制と見ていました。この論争は戦前から非常に活発だった。それが、もうその場で火を噴いているわけです。私たちには何のことかさっぱりわからない。労農派や講座派というのも、もちろんあとから勉強してわかったわけです。「それは古い、問題はアメリカ占領軍じゃ、問題は」という声がまた出ました。そうすると徳球〔徳田球一〕が壇上から「つまみ出せ！」と指さす。赤色防衛隊がワッとかけ寄ってきて場外に連れ出しました。これはえらいとこじゃと思いましたね。それから、「河上肇が死にかけてる、義捐金を出そう」とさかさまにした帽子も回ってきました。アピールしたのが黒木重徳でした。十八歳の私にとっては見るも聞くも、すべてがショックでした。

ただ、いまから思えば、もっとすばらしい、知的で思想的にも胸にズシンとくるような鋭い演説という期待があったんだけど、実際はそうじゃなかった。

その時は適当な表現が見つからなかったけど、どちらかと言えば期待はずれだった。この人たちが獄中十数年も反戦でたたかってきた人たちなのか、そういう印象が最後まで残りましたね。理性的にも感情的にもなんとなく違和感があった。しっくりと溶け込んでいく気持ちになれなかった。思想的にもなんだか荒っぽくて、もっと高尚なものを予期していた私たちの気持ちにそぐわなかった。なぜなのか、その時はよくわからなかった。最後は、「天皇制打倒！　賛成者起立」ですよ。

私たちはまだ天皇制打倒というところまではいっていない。天皇制はどうもおかしいんじゃないか、天皇の戦争責任の問題を中心にそういう討論はクラス内でも始まっていたんですが、理屈抜きで、「打倒！　起立」でしょ。「立たんとえらいこっちゃ、ともかくみな、立て」というわけです。あの広い会場で、戦後派で参加していたのは私たちだけなんです。あとは全部戦前派。私たちだけが腰が定まらず、中腰になってフラフラしていたのです。終わって全員でデモに出発していきました。楽隊を先頭に立てて、千数百名はいたでしょうか。大阪で、戦争中の抵抗運動、反戦運動に参加した人の何割かが集まったんでしょう。仏教徒の方もおられましたですよ。黒衣を着て参加されていた。

とてもデモの中に入る気はしない。私らはそのあとをじっと見送ってました。

まだあちこちの焼跡がそのままになっている御堂筋を通って梅田駅まで歩いて帰ったんだけど、みんなおしだまって歩いて声がなかった。黙々とそれぞれの思いを噛みしめながら歩きました。これから何をどう考え、何をやって、どうやって生きていくのか……。それが私たちの戦後のスタートでした（拍手）。

第二章　ルポ・乾いた街――戦争の遺したもの――

戦争と犯罪

戦争は多くの罪悪を人類にもたらす。間接的にせよ直接的にせよ、戦争は人間に重大な影響を与え、人間形成の過程に、また人間内容そのものに大きな変化をもたらす。

ことに青少年層にあっては、その影響は著しい。社会的自我は未成熟であり、歴史的なものごと、社会的なものごとに対する自己の世界観を持たず、独自で生きていく生活能力はまだない。人間関係において被保護者という立場にある彼らは、戦争による環境の変化を鋭敏かつ深刻に受ける。

まだ精神的肉体的に自立していない彼らは、いわば彫像される前の生《なま》の素材である。戦前から戦後にかけての社会経済構造の激しい変化、彼らはそのなかで力のかぎり生きようとし、新しい時代に自己を適用させようともがいている。

お母さんは
どうしてぼくを
日本にうんだんだ

——そして
こんなびんぼうの家へ
僕をうんだんだ。
（大阪府泉大津小学校澤田謙）

この詩は、小学校四年生が作文の時間に書いたものである。この悲しい歌に対して、その率直な問いかけに対して、現代の大人たち、ことに「ぼくをうんだ」日本の指導者たちは、どのような答えを用意しているのであろうか。

次代の日本を背負う少年を論じようとする場合、各方面において注目されている最近の「少年犯罪の激増とその悪質化」は、重要な素材を提供する。敗戦以来の刑法犯検挙人員数は、一般犯罪においては緩い上昇カーブを示しているが、少年犯においては、年次ごとの小偏差はあっても、ほぼ四五度の急カーブを描いて上昇している。

戦争と犯罪の相関関係の研究のうえで古典との名声をえているエクスナーの『オーストリアにおける戦争と犯罪』は、第一次大戦後の同国における犯罪現象を研究したものであり、特に少年犯罪に重点をおいている。戦前戦後を四期にわけ、犯罪増加の主要因を、敗戦による国家社会体制の混乱、政治的経済的基盤の崩壊にもとづく環境の変化に求めている。ドイツのリープマンも大著『ドイツにおける戦争と犯罪』において、多くの論証によって少年犯罪と戦争の連関性を科学的に究明している。ところで興味深いことに、ドイツ、オーストリア両敗戦国の犯罪統計表と第二次大戦後の日本のそれは酷似《こくじ》している。やはり少年犯罪のみが急カーブを描いて上昇している。今次大戦後におけるバーデルやロウエッジの研究調査資料を見てもこの相関関係は同じである。アメリカ、フランス、イギリスなどの戦勝国では、かなり相違した統計がえられているが、いまはそれに触れる余裕はない。

従来の少年犯罪原因論では、アメリカによって代表される社会心理学的方法、またドイツに始まる犯罪生物学的方法が両極に対置される。その結果、環境説と素質説が対立し、日本では精神医学的犯罪観が主導権を握っていたのであるが、戦後はアメリカの諸学問の輸入により社会心理学的方法が急激にとり入れられている。一九四九年に制定された「少年法」及び「少年院法」の法制化に際しても、この傾向は顕著である。犯罪を生み出した社会的な根源への追究を回避し、結果と処置ばかりを論じている。このような方法は、社会環境とパーソナリティを平面的に対置させることによって問題の本質をそらし、その階級的意味に目を蔽うことによって、まさにブルジョア体制の維持に貢献している。

転落の手記

生まれながらにして犯罪者であるという人間は、この世にはいない。非行少年にしても、それぞれが非行を犯す社会的きっかけ、心理的環境的にそれを誘発した要因が存在したのである。試みに一九五二年度六月、東京練馬少年鑑別所に収容された非行少年および少女についての個人面接、紙面調査によってえられた資料にもとづいて、非行の直接的間接的要因となった諸点を私なりに整理してみると次のようになる。

一、経済的貧困(失業・食糧事情の窮迫)
一、戦争による両親との離別(戦死・戦災死・死別)
一、家庭状況の不良(親の離婚などによる家庭崩壊)
一、住居の焼失・狭溢等による生活の破壊

一、学童疎開や家庭解体などによる教育上の放任

これらの要因が複雑にからみ合っている場合が多い。そしてこれらの要因の基底には、すべて戦争が大きい底流となって流れているのだ。彼らの「手記」の抜萃を二、三例示しよう（原文のまま）。

「僕は今より過去自分の一番なやましかった事をかきたいと思います。話は昭和十七年、父が戦死した頃より始まる。僕の父は同年七月五日にソロモン群島で戦死した。其時僕は三年生でした。その内年月もたち僕が六年の終戦の年であった。福島の実家を人に売り、新潟の現在の家に引越した。学校が変ったので始めの内は意地の悪い友達に言葉のことや何かで色々といじめられ、その頃より僕の気持ちは悪い方に悪い方にと向くように成ってしまったのです。それに家に帰るとラジオや新聞のニュースで、外地からの引揚げの事が種々とでております。その頃はまだ、僕も母も、父はいつかは生きて帰って来る物と信じて居ったのです。その内一年たち二年たち、いよいよ死んだとわかると、母はなんとなくそわそわしてきて、僕には何も話もせずに他の男と妹をつれて再婚してしまったのです。僕は前よりも一層気がちって、親という物にたいして信用出来なく成ってしまいました。それで僕は家を出て転々と歩きました。そしていたる所で人々のめいわくに成る様なことばかりして歩いて居ったのです。そしてこうなって始めて自分の行は非常にあやまっていることに気が付きました。時すでにおそかったのです。何んでももっと早く、心がいれかわってくれなかったのかと、自分で自分が哀れに成ってしまいます」（T・Y十八歳）

「可愛いい妹。姉さんはとうとうこんなけがれた女になりました。はずかしい女です。でも幸子、

私をうらまないで下さい。私はうちのぎせいになったのです。だがぎせいは私だけでたくさんです。幸子。あなたは立派な女になって年おいたおっかさんを安心させてください。私は毎晩楽しかった小さいころのうちのけしきを思います。夢にみます」（T・K十七歳）

「ぼくは小学校にあがり四年生になった時、戦争で群馬県の磯部に学童そかいをしました。その時私は始めて人のものを盗むことをおぼえました。なぜかといいますと、食物がすくないので腹が減ってしようがないからでした。終戦後も時々人の物を盗ったことがあります。今から考えますと、学童そかいに行かない方がよかったと思っております」（R・T十七歳）

「私しは小さな時、というても九歳になる内に家を出て、あてもなく汽車に乗っていましたが、その内に一ノ関でひろわれて他人の家へ行きました。その家は父と母、子供が三人いましたが、その内の子供にいやなことをいったりしたで、とうとうその家をでました。そして又汽車にのり、上野の山でくつみがきをしたりして毎日の日をおくっていました。その後ふろしやがり（浮浪者狩り）で、上野そうだん所に行きましたが、みなにいじめられたりしたので先生にいいました。が先生はただそうかといったきりで、あとはなにもいわなかった。僕はこんな社会のつめたさに、よその家の物をとったりしているうちに今のような人になってしまった。」（K・I十五歳）

「この十七年の間の年月、母という愛情というものは全然ない。この間は世の中の冷い戦乱の中で自分という者は見はなされ大変苦しかった。終戦後はもっとひどかった。継母にさんざんな目に合されて家を出た時、その時ほど母の事を思いつめたのは始めてだ。何んで僕の母は死んでしまったのだろう。学校に行っても父兄会の時、一度だって母に来てもらった事がない。継母は自分の子供しか見ないのだろう。一家は暗い生活で何事も十分でなかった。ああもっとよい母がほしい。世の中の人とはこのような人ばかりだろうか、そうだ、ぼくにはそうとしか思われない。ただ墓地のなかで母が安らかに眠っているのではないかと自分できめてしまった。でも今はかような所に入っているが、やがて出たら、墓地に眠る母にも喜んでもらえる日が遠くはないだろうと思う。」（O・Y十七歳）

何百枚にのぼる手記を読んで、第一に感じたのは、欠損家庭の出身者が多いことである。母の愛情、暖かい家庭の雰囲気が、子供の生育環境にいかに不可欠であるかを、痛感せざるをえなかった。政府統計によっても、一九五一年度に全国の鑑別所に収容された一万一三三三名のうち、両親の健在なのは僅か四〇％という数が報告されている。東京都中学校生徒の推定平均八〇％に比してきわめて低率である。先述の手記を書いた三二一名についての調査では、両親のない者四八名、父のない者三十四名、母のない者二十九名となっている。亡父者のうち、戦死による者二二％、戦災死一二％、亡母者のうち二一％が戦災死による。

「女が淫売婦になるのは、飢死するよりはちょっとばかりましだからです。男が泥棒になるのは、国家の制度が彼らから法律の保護を奪っているからです。」（ハワード・ファースト『アメリカ人』）という言葉は、日本の場合にもそのままあてはまりそうだ。最高裁家庭局少年関係特殊統計によれば、一九五一年度の非行少年一五万二四八四名のうち、階級別にみて、上流社会に属する者一％、中流社会に属する者三二%、下層社会に属する者四八%、極貧階層七%、不明一三%と報告されている。このうち不明の大部が家出、浮浪少年であるから、ほとんど下層階級以下に属することになる。したがって中流以上の者は全体の三二%を占めるに過ぎない。一九五二年度、奈良家庭裁判所扱いの一〇九二名についてみると、上流〇・一%、中流二〇%、下流五八%、極貧一九%となっている。

彼らが検挙された時の職業別調査では、(男子)労働者三十八名、農民五名、職人十九名、事務員七名、店員二十二名、その他十三名、失業者二十五名、(女子)女中五名、女工三名、接客婦四名、オンリー二名、女店員二名、ダンサー一名、失業者十名である。労働時間の調査では、労基法で規定されている八時間以内のものは、僅かに二六%、他は全部違法労働を強制されており、平均十一時間労働であり、最高は十九時間というのが一名、十八時間が五名もいた。十八歳未満の者は夜十時以後の深夜業が禁止されているにもかかわらず、男子二十四名、女子十八名が深夜業に従事させられていた。女子で八時間以内というのは接客婦、ダンサーのみであった。

彼らの三四%が十二歳以前から労働に従事し、七六%が十四歳以前に就職している。家庭貧困のために自分で生活費を稼がねばならなかったのである。非行少年のほとんどが幼少時に家庭を離れているが、酷使《こくし》状態のなかでの労働は彼らの精神と身体の発育を妨げ、健全な社会常識と理性を養う上で大きな障害になっている。

一九五一年度に全国の鑑別所で行われた非行少年の精神鑑別では、二万五五八六名のうち、正常者六三%、精神病質またはその疑いあるもの二二%、神経病質またはその疑いあるもの一・五%、精神薄弱者一二%、精神病〇・三%、その他一%となっている。まだ知能検査においても一般少年のグラフより、やや劣っている。内因性犯罪因子の存在を唱える素質論者は「犯罪は潜在的な精神=身体的人格の実現である」という観念論を足場にして、先天説を主張し、はては犯罪人は「特異な人類学的類型」と規定する。わが国でも犯罪少年を「病気」だとし、精神医学の対象にしてしまう傾向が強い。とすれば戦争と少年犯罪の相関関係を説明する場合に、犯罪因子を先天的にもった子供が、戦争時には多く生まれるとでも言うのであろうか。われわれは、何が彼らを精神薄弱にし、異常性格にしてしまったかを考えねばならぬ。たんに生育過程における環境を問題にするばかりではなく、その子を生んだ母親の生活身体状況にまでさかのぼらなければならない。

下層社会と児童憲章

「浜の真砂は絶ゆるとも世に貧民は消滅せず、今宮天王寺の細民窟にては、うようよぞよぞよ聾者跛者足なし一寸法師等の襤褸《ぼろ》漢が呻めき居候ぞかし……年若き女は前垂れを下紐に代へ真ッ裸体になりてどすくろき唇を開いて語らへるもあり。」これは日本社会政策史研究における不滅の古典と称されている横山源之助の『日本の下層社会』の一節であり、彼の大坂貧民街探訪記の抜萃である。彼がこの本を著したのは明治三十一年である。俗称「釜ヶ崎」の名で有名なこの「今宮天王寺の細民窟」は、古い歴史を持っている。

関西線、南海本線、天王寺線、平野線の四線路に囲まれたこの「釜ヶ崎」は、僅か二丁四方のスラム街であるが、東京の四谷鮫河橋、下谷万年町と並んで日本屈指の貧民街である。林芙美子『めし』に登場して一躍名を売った「ジャンジャン横丁」はこの「釜ヶ崎」の突起点になる。その横丁のすぐ横にある地下鉄動物園前駅から、古着屋、靴屋、めし屋、御宿が軒並に続いている。異臭が鼻をつく焼跡のバラック街を抜けて行くこと約三分、スラム街風景にまったくそぐわない白い壁と緑の屋根、その上に円型の塔のあるエキゾチックな三階だての建物が目に映る。ここは、棄子を収容する乳児院と満十八歳までの児童の養護施設をかねた社会福祉法人四恩学園である。

この建物は、一九二〇（大正九）年現在の林園長夫妻の手によって「セッツルメント」として創設された。米騒動の大阪の中心地の一つが釜ヶ崎であったが、その直後に社会事業としての貧民救済運動に飛び込まれたのであった。以来、労働者宿泊所、不就学児童教育所、授産場、消費組合等の社会事業を戦災で焼けるまで継続していたのである。一九四七年に乳児院として再建され現在に至っている。

夫妻とも京都の浄土宗の寺の出身と聞いていたが、戦後は財政難で私有地を売ってまで再建にあてられた。（後記・林文雄園長は学生時代から当時の社会主義運動に関心をもたれて大杉栄のもとに出入りされていた。水平社の理論的リーダーであった高橋貞樹もこの四恩学園に数カ月かくまわれて、名著『特殊部落一千年史』を執筆したと園長は語られていた）。

戦前、織田作之助がこの地帯をテーマにして『十銭芸者』という小説を書き、また武田麟太郎や林芙美子も小説の取材にこの学園を訪れたことがある。だが、「書かれたものを見ても、釜ヶ崎の実態にはまったく触れておられませんでした」と夫人は残念そうに語られた。みんな貧乏だったけれど、「それはもう、上流社会にみられぬ人間としての情とやさしがありました。」

焼けるまではこの狭い地帯に、三畳二間に電灯一個という式の木賃宿が実に七十二軒もあり、若い衆に大きい日傘を持たせて肩で風を切って歩き、家には逃走を防ぐために片腕を切って落して身請された美人芸者を侍らせているボスが支配していたという。住民二万、ほとんど失業、疾病、事故で職場を追われ、再就業の機会もないままに労働階級から脱落した極貧者やルンペン層が多かった。彼らの生業はバタ屋、香具師はまだいい方で、大半はバクチなどで一日を送る「失われた人びと」であった。

ボスの収入の大口は人身売買である。女の赤ん坊を貰いうけ小学校を出るとすぐ叩き売る。最初は奈良の郡山遊廓、それから福岡、上海とルートも大体一定しており、大陸で果は戦場慰安婦と化すのだ。そして貰い子の仲立ちをするのが警察官で、めし屋、古着屋の裏口が人身売買の取引所であったそうだ。「而して一家夫婦なりと称する者を見るに、正式に媒介者を得て夫婦となりたるは極めて少し（中略）一ト長屋、僅に警官の手帳に記名ありて、区役所の帳簿に上らざる児童それ幾十人ぞ、成人して尚《な》ほ国籍なく、日本人にして日本人民ならざるもの亦《ま》た多かるべし、貧窟に国籍なき児童多きは、蓋《けだ》し野合して私生児産れ中途にして婦女の逃走するもの多きより生ず。」（『日本の下層社会』）

戦後四、五年の空白時代を経て、再びこの傾向は復活しつつある。多くの安宿が新築され、浮浪者が密集し始め、ここにも復古調の波が漂っている、現にこの乳児院にも近所の安宿で置き去りにされた棄児が相当数収容されている。

現在学院には乳児院四十三名（〇歳〜二歳）、養護施設七十八名（一歳〜十八歳）、計百二十一名がいる。収容理由は棄児が最高率を占め、全体の半数近い。棄児された地域を調べてみると、地元の西成警察署管内の三三％をはじめ、隣接の天王寺、浪速両警察管内のスラム地域がこれに次ぎ、三者で七〇％を占める。それでは生後幾日位で棄児されているかというと、生後十五日以内が四一％、一カ月以内が二二％、五カ月以内が一八％、一年以上は皆無で、最高で八カ月である。産んで直ぐ棄てた子がやはり半数近いのである。もっとも棄児の場合は親の存在はたいてい不明だから、棄児の理由は調査困難である。しかし大半は貧困と不義とみて間違いはない。アメリカ兵との混血児が二名いる。

そのうちの一名は女子大出のインテリ女性と陸軍大尉との間にできた子供である。

家庭破壊の大半は、両親の離婚による。保護者の受刑による者も二名いる。資料を見せてもらったが、備考欄から二、三特徴的なのを抜萃してみよう。
女（六歳）父戦死、母精神異常病院収容
女（五歳）父行方不明、母病弱
女（三歳）父戦死、母の生んだ私生児
男（三歳）父行方不明、母精神異常
男（三歳）父多子貧困、母精神病
男（十一歳）両親戦災死
女（十三歳）父復員後死亡、母精神異常
このようなケースが大半であって、戦争の直接的影響によるものがやはり圧倒的である。
乳児たちは、奥まった日当りのよい南向きの木造建に収容され、ずらりと並んだ白いベッドの上で保母によって育てられる。専属医師もいる。子供の室はなかなか立派で三流アパートは足元にも及ばぬ。各自ベッドを持ち、最年長の部屋長が小さい子の着換えやフトンの始末をしてやる。地下の自習室には蛍光灯が輝き、サンルーム、調乳室、洗濯室、図書室など、それぞれ整った設備である。一週間の献立表を見せてもらったが、ちゃんと間食もあり、カロリーは中流家庭なみといったところ。バレーや音楽の指導もあり、映画、紙芝居も毎週のようにある。夏はナイター見物ということもあるそうだ。サラリーマン気質でやっている公立の職員と違って、園長自らが先覚者であるという主体的条件が大きく作用しているように思われる。
収容児が学校へ上がると、やはり「あの子は孤児院の子や」と後ろ指をさされることは絶えないそうである。学校で何か事件が起こると、真っ先に疑いをかけられるのはこの学園の子供たちである。

そのためでもなかろうが、園長夫人が父兄会には必ず出席されるとのことであった。しかし社会には、ここに収容しきれぬ何千何万の暗い境遇の子がいることを忘れてはならない。児童福祉法の制定を、「アメリカさんが日本に残した最大かつ唯一の功績」であるとされる園長の次の言葉はすこぶる暗示的であった。「所詮《しょせん》こんな数少ない施設では焼石に水ですよ。ここを出てからの将来だって思いやられます。世間の目はいつも斜視的で、子供がかわいそうですよ。社会そのものが変わらん限り、どうにも解決しようがない問題ですな」。

一歩外に出れば「釜ヶ崎」がこの四恩学園をとりまいている。ニコヨン階級、バタヤ、香具師、ニセ白衣軍人、ニセ学生、パンパンに交って、いたいけな子供たちが群れをなして遊んでいる。再び人身売買は復活しているのであろうか。「すべての児童は、心身ともに健やかにうまれ育てられ、その生活を保障される」という児童憲章の文句を、私は改めて想い出してみるのだった。

一九五三年版『みかえりの塔』

戦前の映画で、清水宏監督作品『みかえりの塔』（一九四一）の名を記憶されている方は少くないであろう。不良少年をテーマとした日本で唯一のこの映画が、多大の感銘をもって世に迎えられて以来、この「見かえりの塔」は名所にまで昇格（?）している。近畿日本鉄道国分駅の名所案内には、「大阪府立修徳学院—見かえりの塔—北方約〇・七粁」とある。

信貴・葛城・金剛など歴史に深い由縁《ゆかり》をもつ諸峯を含む金剛山脈は、法隆寺のそばで大和川の流れに中断される。そのあたりの丘陵地、四万五千坪にわたる山林一帯に「みかえりの塔」のそびえる修徳学院がある。当時は矯正院であったこの学院も戦後の少年院法制定によって、現在は公立中等少年院となっており教護院も併置されている。ここは他の同種の少年院と異って、寮生活ではなく家庭生活の形態を採用している。塔をふり仰ぐ花畠が点綴《てんてい》する傾斜地に、生垣に囲まれた十五坪ばかりの住宅――戦後のバラック小屋の比ではない立派な住宅が十八戸あり、仮の「父母」である教官と共に子供たちは生活している。現在は二百数十名の小学校四年生を最低として、満十八歳までの要保護少年を収容している。彼らは家庭裁判所で「少年院送致」の決定をうけた、窃盗、スリ、掻払《かっぱら》い等の不良行為を行った少年少女である。

この学院は入院者の「不良性」を除去することを目的とし、この線に沿って子供たちの日常生活は規制されている。「不良性」とは「反社会性」であると定義づけ、「法律を遵守して違《たが》えない人間の養成」が教官の目標とされている。私の目に映った範囲では、この学院の特殊性――それがこの学院を有名たらしめた要因でもあるのだが――は道徳教育にある。

月の始めに「立志の日」があり、この日毎月の標語にちなんだ院長の長時間にわたる訓話がある。二、三を引用してみよう。

三月―「世の中の人におくれをとりぬべし進まん時に進まざりせば」（明治天皇）

四月―「桜の花の如くに執着心を捨てよ」

五月―「孝順心を忘れるな」

一見してこれらの文句は戦時中の「修身」の臭いが濃い。復古調の一つでもあるのだろうか。それと指摘せず質問してみたところ、教護課長の先生は「夫婦相和し、朋友相信じ、あの精神ですな」と言われた。毎朝一時間、講堂に全員を集め、水を打った静けさのなかで精神教育が行われる。教官諸氏の主観的意図に水をさすつもりはないが、私が訊ねてみた一人の子供は、「何を云っているかよくわからないが、静かにしていないと後が怖い」と述べた。「不良性の除去が先決問題で学業は二の次」になっているそうだが、それにしても基礎学課に関する授業はお粗末でひどい。この学院に二カ年在院し現在高校に進学している子供の例では、普通の学校に復帰したとき学力の差がひどく、学年を二年下げねばならなかった。午後は作業にあてられた授業時間は午前中の三時間のみであるが、家庭環境そのものが整備されていないことも大きい原因の一つである。

教官が「父母」になるという生活形態は、子供たちの乾《かわ》いた心に家庭生活の潤《うるお》いをもたらすためにとられた措置であり、確かに理想的であろう。だがそれは外観だけの話で、一歩家の中に入って私の期待は裏切られた。ここにも貧困はつきまとっている。この学院に入院する子供の保護者は、月額三千六百円を弁償金の名目で収めねばならない。だが現在全額を収めているものは一人もなく、五百円―百円位を無理して払っているのが大半という現状だ。そして全額免除者、つまり保護者のない子と保護者に経済的負担能力のない子は全員の七割にのぼる。この数字によっても、彼らがどのような社会に生まれ育ったのか、容易に想像しうる。この三千六百円が衣食住および学費を含めた全生活費である。彼らの十畳余の居室には、ラジオ一台、将棋二組、バット一本、その他に坐机が十ばかり。ここに十余人が住む。図書室はあるそうだが、新刊書などは雑誌を含めて一冊も見当らなかった。

それにも劣らず子供たちに必要な、また彼らの求めているものは愛情である。示されたデータによれば、実に父母のあるものは九％しかなく、天涯の孤児も二十一名いるのだ。かつて院児三百名に対して母の有無を調査したところ、母を失ってその顔さえ想起できない者が百七十五名もおり、七割は死別児、二割は生別の身の上、あとの一割は行方不明であった。母の愛の大きさはこの数字のうえにも反映しているようだ。そして、戦死、戦災死で両親を失った子がやはり数的には最大である。

悲しいな父さん戦争でなくなった
　母さんどこかに行ってしまった（恵子十一歳）

この僕は忘れてならぬあの戦争
　母をばあの世にさらって行った（留男十四歳）

今迄は写真の母がいたけれど
　罹災で焼けて僕は悲しい（薫十三歳）

地下足袋をはいて車をひく母の
　白髪のふえた陽にやけた顔（禮通十三歳）

戦争が二カ月早くすんでたら
　僕の母さん生きているのに（清十四歳）

アイタイナ　エンニスワツテオモイマス
　リサイノマエノカアサンオモウ（茂子十二歳）

戦死した父に代って母さんは
　今日も職場でたたかっている（恵子十一歳）

学院で発行されている『母に捧ぐる歌』からここに抜き書きしてみたが、もちろん私はその芸術的価値を問うているのではない。

「父母」となる教官にはなるべく子供のない夫婦を採用しているが、「そこはどうしても人工的ですからな」という教護課長の嘆息にいつわりはない。教官の待遇改善も重大な問題である。彼らとてその日に追われる下級官吏に過ぎないのだ。「父母」も夕食後など一緒にいてやればよいのだが、自分たちの別室にいて余り交ってやらない。私はこういう言葉を耳にした。子供たちは自分らの食事は自炊でやるのだが、「あの子たちのこしらえたものは汚なくって」とお母さんが言うのである。人工愛の哀しさであろう。

参観者が非常に多いことも教育上すこぶるマイナスの要因になっている。かつて皇后の妹、本願寺の大谷智子裏方が見学にきた。まず子供たちは授業を放棄して大和川の砂利を運び、彼女が自動車で通る坂道に砂を入れねばならなかった。そして「ハレの日」に、多数の大人どもを従えたこのやんごとなき女性の前で、楽しくお遊戯をして真剣に勉強し、勤労する喜びを演じるための予行演習が何日も繰り返されたのであった。彼女らの一行が至極満悦して帰った後で、子供たちはやっと夕食にありついたが、子供たちの貧しい食卓に並んだものは、華やかな一行の晩餐の残り物であった。

［本文中に、現在の人権の視点からすれば、「パンパン」、「私生児」など、不適切と考えられる用語が含まれているが、この論文そのものが歴史的意味を持っているので、原本を尊重して、その儘とした］

第三章　全学連結成の心と力

（上）

（きき手本誌・宇佐美承）

全学連――その正式名称「全日本学生自治会総連合」が示すように、そのタテマエは代議制民主主義の理念である。現にいま日共が支持するいわゆる〝民青系全学連〟はこのタテマエを主張し、全共闘運動はそれへのアンチテーゼとして登場した。では、その全学連をつくった〝戦後二期生〟をささえた心情と論理は――。

編集部　学生運動については、このシリーズ〔激動の大学・戦後の証言〕の第二回で舟橋尚道〔労働法学者。一九四七年、東大法学部卒。大原社会問題研究所長、法政大学名誉教授〕さんが「復員学生の苦渋と高揚」を語られました。舟橋さんの言葉を借りれば、自分らは戦後第一期生、そして全学連結成の主役を果したのは第二期生ということになります。そこで二期生の代表の一人であり、一九四七年十月から四九年四月まで共産党東大細胞の責任者だった沖浦さんに、全学連結成を中心にお話し願いたい。まず、敗戦の受けとり方から……。

沖浦　ぼくは、敗戦のとき一八歳で浪高（旧制大阪府立浪速高校）二年。舟橋さんの世代などよりもっと純粋に天皇制ファシズムの中で培養されてきた部隊です。しかし、思想内容もまったくそれ一色で統合されていたわけでなく、三つぐらいの類型に分かれていたと思う。

戦争中は科学としての学問は存在しない段階で、そのかわりの機能を果たしていたのは、やはり文学だった。工場動員の最中でも、よく読まれていたのは、日本の近代作家以外では、トルストイやドストエフスキーであり、フランスのリアリズム小説とランボーらのサンボリズムであった。文学が人間の問題を考える一つの思想的土壌としてあって、それが戦後へつなぐなにかの役割を果たしたのです。

第二のタイプは、戦争と自己の問題をあまりつきつめて考えないで、ひそかに女学生を追っていたような享楽派で、ささやかな自由をさがし求めた部隊。第三が、平泉澄《きよし》の歴史学や西田哲学右派の〝世界史の哲学〟などを読みふけって純粋にファシズムに傾斜していた部分です。それが八・一五で歴史の方向指示器が一夜にしてひっくりかえる。占領軍が入ってくる。

《戦前》と《戦後》の、敗戦革命ともよぶべき断絶と継承の複雑な移行過程にもう一歩深く踏みこんでみると、つぎの二つの点を見過ごすわけにはいかない。

これは当時の学生だけにかぎられたものでしょうが、ウルトラ・ナショナリズムの思想はけっして普遍的なものとしてはうけいれられていなかったという事実です。むしろヨーロッパ近代にたいするコンプレックスのほうが強い底流としてあった。政治の論理としては天皇制を否定するものに接する機会をついにもたなかったが、それにふさわしい精神内容をびっしり身にまとうことはなかった。その間隙からいろんなすきま風が吹き込んできた。

もう一つは命が助かったという実感の大きさですね。ぼくの文科系クラスでは、すでにほとんどが兵隊にとられ五人しか残っていなかった。十五日の夜に、パッと電灯がついたときの奇妙な解放感の底にあったものはいったい何であったのか。

外部で激しい変動が始まり、既成のものがすべて音を立てて崩れてゆく。自分の思想構造を制約していた天皇制の枠組がゆるんでくるに比例して、ぼくをふくめて文学グループが、戦争とはいったい何であったのかということを自分の問題として考えようという意識をまず持ち出したのです。

八・一五の思想解禁は、ぼくたちをむさぼるような新知識の吸収にむかわせた。警察に押収されていた本が古本屋で一挙に売り出された。それを手に入れ、十月ごろから研究会を一〇人ばかりでやり始めた。

どう生きるのか！

編集部　戦前的なものからの断絶といった点からみれば、その問題意識はどういう方向……。

沖浦　ぼくらがまず衝撃をうけたのは、一つは「獄中十八年」という抵抗部隊が日本にもあり得たということです。この部隊が、マルキシズムという強固な思想体系をもち、それを土台に戦争に抵抗したと知って非常に驚いた。だから、いままでわれわれを制圧してきたファシズムの崩壊を前にして、それの最大の対抗軸としてあったマルクス主義思想の提起するものを考えねば、今後の日本の政治的・社会的針路を語れないんじゃないかという問題意識をもたざるをえなかった。

第二のインパクトは、『近代文学』同人の、とくに荒正人や平野謙が出した《第二の青春》というスローガンです。そこで語られている時代の社会的背景を理解するにはまだしばらくの時間が必要だったが、このコトバのもつニュアンスは、わたしたちの世代でも共有できるものだった。ことに軍隊にあって、いったん死を決意させられたものにとっては。

第三は、ヨーロッパと比較した場合の日本の知識人のあり方、とくに戦争責任の問題。われわれをとらえていたのは十九世紀のフランス文学、その後継者たちがやはりレジスタンスを行っていたという事実ですね。そこから、アラゴン、カミュ、サルトルなどの問題意識がすぐ紹介されるなど、戦後思想の対象領域がインターナショナルなレベルで拡大してゆく。それとくらべて日本のインテリゲンチアは何をなしえたのか。そこに左からの《戦争責任論》のキャンペーンが自分の問題意識としてもかさなるわけです。

そういうように次第に左へ左へと、自己形成が、かなりつま先立った形で行われてくる。自分の主体がいかに空無であったかという自省と、「遅れて来た青年」としてのあせりがそうさせた。そういう点では非常に大きな問題があとあとまで残るわけですが、そういう中で共産党が、明確な旗印を掲げて出てくる。

徳球の姿にすすり泣き

編集部　具体的にそれは？

沖浦　敗戦の年の十月中旬でしたが、徳田球一出席の解放大会があり、ぼくのクラスは休講を要求して、全員で見に行ったんです。大阪中央公会堂で二千人、超満員。半分は朝鮮人。そのとき中学時代の同級生で仲良くしていた高君という朝鮮人の青年が、赤色防衛隊という腕章を巻いておりました。ぼくはハッとして、彼の名前を呼んだが、チラッと見ただけで返事もしないで冷たい視線がかえってきた。ショックでした。

やがて、徳田球一、黒木重徳ら数人の非転向組が順番に手をあげて出てきた。日本式じゃない。もっともぼくにはどれが徳球［徳田球一］かわからない。全員が壇上に出そろったときに満場が泣きだした。すすり泣きです。そのときに、一〇人ほどが壇の下へ走り寄ってひれ伏した。「われわれここまで生きてきた」という声と、「裏切ってすまなかった」という声、転向者ですね。ぼくら、それをいったいどう意味づけてよいかわからない。ともかく、あの暗い戦争の長い谷間に何か巨大なものがあったのだということだけが情感で理解できた。

徳球の演説が始まる。猛烈なアジテーションです。仰天しました。「天皇制反対」とぶったときに、「それはもう古い」というヤジがとびました。おそらく旧労農派系の人で、今後の敵は日本独占、あるいはアメリカ占領軍だという意図だったんでしょう。そうするとただちに「つまみ出せ」という指令が出ました。赤色防衛隊が行って放り出す、それもまた衝撃だった。

最後に「天皇制絶対反対起立‼」を採決したが、ぼくらまだすっくと立てる思想状況じゃなかった。立たなければ放り出されるふんいきだったから、やむを得ず立った。そのあと全部威勢よくデモに出ていったけど、ようついていきません。駅まで一五分間ぐらい、全員何も話さないで各自で印象をかみしめながら帰りました。

そこから、《党》というものをはじめて実体として見て、それをどう考えるかを正面に据えなければ、自分たちを含めて戦後の日本がどう生きていくのかを見きわめることはできないという大きな問題が前に現出してきた。

編集部　それからあとどういうふうに党に接近……。

沖浦　ちょうどぼくの隣のクラスで、戦争中マルクス主義の本を読んでいた北村君というのがいた。

これは当時三高にいた力石定一君（法政大教授）にずっとあとに聞いたのですが、彼は工場でも反戦オルグをやりエンゲルスを読めと力石にすすめていたそうです。その彼がぼくの学校でオルグを開始した。戦後すぐ共産党員になっていた。しかし、ぼくなんか、戦争中は象徴詩なんか書いていた文学青年で、とくに芸術理論では小林秀雄のあれだったから、そんなに一挙に思想転回なんかできっこない。

当時、昭和十八年の大阪商科大学［現大阪市立大学］の「真理」事件で——おそらく学生運動では最後のものでしょう——検挙されて出獄してきた諸君が社研［社会科学研究会］活動をはじめた。それに積極的にわれわれのサークルも参加してかなり激烈なポレミイクをやった。蔵原惟人の『芸術論』や宮本顕治の『敗北の文学』を読んでから出直せと批判されたのを覚えています。

一方ではマルクスやレーニンの古典を読みながら、自分の既成の論理を詰めていった。科学のレベルでは、やはりマルキシズム以外には今日的状況を解明しつつ未来への展望を打ちだせるものはないんじゃないか、戦争の総括についても、帝国主義戦争という視点は正しいだろうと、次第に煮つまってきた。

「インター」の声を追って

そういう中で「青共（日本青年共産同盟）に入れ」とまずきたが、なかなか入れたものじゃない。一生をかけるという気持ちでなければね。つまり戦前の党の実態を見ているし、占領軍がおるでしょう。それに「アカ」というレッテルですね。周囲がまだもって全部戦前の市民社会ですから。何回も説得にきて、ぼくはいろんな口実を出す。たとえばソビエト軍の満州侵略、あれは何をしたんだ、というようなことを何回もやりました。そうすると、理論と実践の統一、あるいはプチブル意識の自己否定ということをいう。きみはいったい今後どういうイデオロギーで生きてゆくつもりなのかという形で問題が鋭くつきつけられる。

北村君はまもなく結核で倒れてしまうのですが、「もういい、きみとはこれ以上もう話をしない」といって、〝インターナショナル〟を歌いながら、帰っていった。じっとしていても汗の出る真夏の暑い深夜です。インターの声がずっと響いてくる。その声をたよりにぼくは追いかけていって、「入るぞ」といった。そういう状況があちこちでかなりあったんじゃないか。

編集部　あのころ、サークル活動で得たものが媒介になって運動に加わるという例も多かった。

沖浦　サークルはいろんな領域のものがスタートしました。みな、本当の知識を学びとることに飢えていたんです。学校の教育内容は戦後もほとんど変化がない。変化せしめるような主体的な教師は見当たらなかった。だからサークルでも三つぐらいに参加するというようなことは当り前だった。その意欲と左翼的なものを志向するということがほぼかさなりあう。

編集部　同時に人によってはわりあい安直に入党した人もいた。

沖浦　安直かどうかわからないけど、大量入党という形が出てきたのは昭和二十二（一九四七）年の二・一スト以後からですね。それ以前は右翼反動は占領軍からパージされるし、戦後輩出してきた雑誌を見ても、インテリゲンチャの世界では、非転向をシンボルとする共産党がまかり通る、という状況があった。

そこでちょっとふれておきたいのは、先にのべた『近代文学』なんかの戦中派の問題意識がわれわれにどう作用したかという点ですね。荒［正人］さんなんかの主張は、かいつまんでいえば、四〇歳代は、あの戦争中に何をしていたんだ、最後には全部算を乱して逃走したじゃないか、それがいま自己の厳密な思想的点検と政治路線の十分な総括をぬきにして共産党の旗をあげて出てきたってダメだ。そこをきちんと総括してから出てこいという論点なんです。非転向だけはもちろん別にしておりますよ。

もう一つの論点は、とくに小林多喜二を名ざしにした、『党生活者』に出てくる共産主義者の私生活面でのプチブル性の指摘です。もうすこしひろげていえば、プチブル意識の全的否定と政治実践によるプロレタリア意識の自己獲得という抜きがたい課題が、小市民的知識人にとってはたして可能かという設問ですね。この二つの論点は、倫理の面で切り捨てるのは簡単なようでも、実感としては最後まで心の基底に残ったですね。

第一の点についていえば、それじゃ三〇代は戦争中はどうだったんだと投げかえすしかなかった。第二の点は、荒さんなんかの「エゴイズムを通じてヒューマニズムへ」「自己否定ではなく自己肯定を」という主張も、なにかプチブル原罪観の裏がえし的発想みたいなところがあって、歴史的経験をもたぬぼくたちに正当に理解されないままに、逆に作用したということもありました。

そういった問題を内包しながらも、社会的な状況が大きく変わった契機は、二・一ストですね。二・一ストではじめて、戦後の共産党もたんに時流にのった思想じゃなく、日本の進路を自立的にきりひらく受難を覚悟した思想だというので、そこで踏み切った人も多かった。

要するにみな複雑な矛盾を含みながら組織人になっていく。はじめは青共ですが、それが次第に各地の学校の核となって結成されてくる。それで舟橋［尚道］さん的世代とわれわれ新しい世代との合一が始まり、各地で自然発生的に組織づくりが始まるのです。

自治会、続々と自然発生

編集部　その組織のでき方は、学校によって、実にいろいろだったですね。

沖浦　ぼくの高等学校では、敗戦の年の十月に戦犯教授の講義は受けないという下からの運動をもり上げた。まず全学投票して戦犯一覧表をはり出し、「これが教壇に立つなら、試験はボイコットする」ということをやった。つまり、教育者としての戦争責任の問題を解決しないで、われわれに何を教授するのかと問うたわけです。

そういう中で自治会の結成方向へ乗り出していった。その運動を、当時の教授会は全く規制できない。非常に無気力ですね。だから、戦後の教育をどうやっていくかというイニシアチブは、むしろ革新的な意見を持ちはじめた学生を中心に推進されることになる。

編集部　戦争責任追及以外にモチーフは。

沖浦　具体的には、さっきいったサークルがあちこちでスタートし、そのサークル連合から、まず最初そういう問題意識が芽ばえてきた。つぎは、旧制高校の自治寮ですね。ここで奪われていた自治の復活が共通の目標になった。それからやはり、いろいろな歴史的資料を直接見聞して、戦前の灰色の青春、暗い谷間、具体的には河合（栄治郎）事件、滝川（幸辰）事件（いずれも『朝日ジャーナル』一九六九年十月五日号「葬られた戦争責任」参照）が語られ、そのときに失われた自治を復元させようということだった。戦前の日本の左翼の温床だったわけでしょう、高等学校の自治というのは。

三番目は、学生生活の困窮、栄養失調者も大勢いましたからね。そこで勉強できるような食糧をよこせ、自治体に要求してわれわれが獲得しよう、そのためにはやはり運動組織がなければ動きにならないという問題意識がありましたね。そういったいろいろなモーメントが噴出してきて、いよいよ自立した運動実体を自分たちで建設しようということで、水がわき出るごとく自治会が形成されてきた。

共産党に方針なし

編集部　労働組合が敗戦直後から、澎湃《ほうはい》としてつくられる。それとの照応関係はなかったでしょう。

沖浦　全然関係なし。極論すれば労働運動には目もくれなかったし関心もなかった。自治会のでき方は、各学校ばらばらだったが、その全部が自然発生的なものです。それを背景に各地方の連絡協議会が二十一年には出そろってくる。党の、つまり上からの指導によって一定の組織方針が出るのは、二十三年になってからです。当時の共産党は全学連の結成という問題意識は全くもっていなかったのです。学生というのは小ブルジョア・インテリゲンチャだという抜きがたい前提があったからです。共産党が、主に考えたことは、食糧委員会、農民委員会、工代会議です。日農の結成にも共産党は初めはクレームをつけていますよ。社会民主主義者は昔流のトレードユニオニズムでくるが、こちらは革命的な工代会議でいくというコミンテルンの運動組織方針の延長なんです。

ぼくたちの前の世代はそれにある面では乗っかっている。つまり、全国的な性格をもった自治会をつくって学生層としての独自の政治闘争を全国的にやるよりも、学内では文化運動、サークル運動を中心にイデオロギー的に影響を拡大しながら、一方で前衛部隊はブ・ナロードという意識で、地域や工場や他学へオルグに行くわけです。

なにしろ、党にはまだ教育復興テーゼもなかった。教育文化政策全般について明確な方針なしです。六・三制による教育改革のときもそうです。ぼくらは、旧制高校は一方では日本の天皇制官僚とイデオローグの養成機関であったが、他方では自由を追求した抵抗運動の温床でもあったと考えた。そこへ、アメリカのプラグマティズムを導入して一挙に学制改革をやる。これについて一体、党はどういう政策を出すのかと関西地方委員会に言ったら、「いまのところ、占領軍は解放軍である。この規定に従って、人民に対する教育そのものの普遍化という点では、プラスと認める」と志田重男が出て来て答えた。そういう一面的な評価だけでいいのかと突っ込んで、独自に各高校に呼びかけて組織づくりをやったことを覚えていますね。

編集部　しかし、そのころには、各大学ではすでに細胞はあったでしょう。

沖浦　本格的に細胞が整備されるのは昭和二十二年からですね。あったとしてもバラバラに機能していて統一的な方針をもっていない。それまでに自治会がどんどんできていてその自然発生性にむしろ押されていたといえるでしょう。ところが戦犯教授追放運動もGHQ指令で放り出されてしまって、学園民主化闘争も二十一年末から停滞しだし、何をやるかを提起する指導的組織がなかったという状況です。

東大は、末広（巌太郎）さん問題（『朝日ジャーナル』一九六九年十月十二日号「復員学生の苦渋と高揚」参照）が出たから、かろうじて何かやったという程度で、私が入学した二二年春には、運動も形骸化しようとしていた。明確な方針と路線をもった大衆運動をどう組織し、それを担う責任部隊をいかに編成してゆくかという運動構造の原理がつかめていなかった。だからほとんど下では動いていなかった。

編集部　自治会結成の第一段のときはノンセクト、全国的な運動形成が開始される第二段階のときは細胞のイニシアチブというわけですか。

沖浦　そう図式的にはいえませんね。細胞がオルグに入って自治会を上からつくったのでなく、当時はなんらの組織のないところでもほとんど全員が集まる大衆集会をいつでも持てる条件があった。闘争でオルグに入って闘う態勢を可決すると、そこから必然的に自治会の生成に向かう。全体的な組織づくりを期待する動きが、下から成熟しつつあったわけですね。

編集部　それはそれとして細胞の伸びは当時すごいものでしたね。

沖浦　一九四七年当初の段階では大きい大学を除いてはまだあまりなかった。一校あたりの人数も少なかった。だが、ぼくが一九四八年八月に武井昭夫君（全学連初代委員長）と九州・中国地方にオルグにいったときには、細胞のない大学・高専はまずめずらしかった。

新旧激突の論理

沖浦　そういう共産党を中心とした核づくりが全国各地に進んできて、最初の全国学校細胞代表者会議が、昭和二十二年の二・一ストの一週間前に東大で行われた。三八番教室に三分の一もいなかったから、約一五〇人くらい集まったかな。学校数も三〇をこえてなかったと思う。これは三一書房の『資料戦後学生運動』を見てもいっさい記録がないが、非常に重要な会議だった。

党中央の招集で今後本格約に日本の学生運動を目的意識的に形成してゆく第一歩だという。六・三制による大学制度の根本的変革、戦後における文化・学問のあり方、今後の革命運動における学生の細胞の役割などをふくめたテーゼをはじめてここで出したわけです。テーゼは、本部の中央委員会と東大細胞の合作です。そのときの主報告者は東大の阿部君、彼は一九五〇年代に自殺したと聞いています。この会議で舟橋さんたちの世代と、今後の学生運動全般の基本方針についての最初の激突があった。このテーゼ草案と議事録はまだどこかにあるはずです。

編集部　衝突の内容は？

沖浦　地方から来ている若い戦後派が、この方針は全部修正主義的だと猛烈に批判した。つまり、大阪を中心とする地方の代表対東大細胞の対立だった。採決の結果は原案提出者がかなりの差で敗れたと記憶しています。

文化主義へ反旗

編集部　文化運動か政治闘争かということですか。

沖浦　必ずしもそう簡明に断定はできない。資料が手元にないので記憶をたどって大まかにいえば次のようなところです。だいたいあのころは、組織方針としてはサークル主義で、文化運動が全盛時代だった。文化といっても幅広いわけで、ダンス研究会をも含めた左翼文化運動ですよ。唯研〔唯物論研究会〕や社研〔社会科学研究会〕の活動が組織活動の中心になり、高い次元での政治闘争への志向はない。それに対して、学生運動の一義的課題は何かという問題を鋭く問うたのがわれわれだったわけです。

それは全国レベルでの教育闘争を軸とした対政府政治闘争にありとし、革命の中心課題を学生戦線独自の任務の中に位置づけて、そこへの結集のために細胞は全力を注がねばならないと主張したわけです。結局、大阪勢を中心に反旗がひるがえって、地方がみな賛成した。本部提案は、いまいった文化主義であったばかりか、占領軍の評価も甘いし、六・三制による教育改革の評価についても問題があった。学園の具体的復興プランについてもほとんど積極的な提案がなかった。

最後に中央委員会からやってきて「諸君たちは、われわれの提案を否決した。重大問題をはらむ」と宣告、さらに志賀義雄が大演説をぶって幕となった。「この二・一ストによって、来たるべき日本革命の第一歩が始まる。諸君帰って二・一ストに散れ」と。それで地方にワーッと帰っていった。

編集部　その対立はその後どう？

沖浦　ぼくら若い造反派（？）は二カ月後には大学へすすむ。旧世代は、はじめからかまえていた。まず四月の最初の細胞総会、正面衝突になった。それまでの細胞の出してきた学生運動方針は根本的に間違いであるとわれわれは主張した。戦略的にも文化革命論的偏向であり、サークル主義だといってたたいた。基本的には、日本革命の戦略構想の甘さ。学生運動の基本路線をどう考え、どう組織化していくかという点が全くない、「エゴ論争」が細胞の第一議題であってどうどうめぐりのスコラ的主体性論にあけくれ、実践よりまず主体獲得のための思想習得が先行する、そういう話ばかりで新入生は嫌気がさして出てこない、これは全面的に思想的に腐敗しているじゃないか、これでは荒廃した学園の再建もなければ、アルバイトに追われ生活苦の中で拡散している学生の意識的糾合もかちとれない、前衛部隊としての政治責任をどうはたすのだと、全面反対論をぶったわけです。こちらは〝極左〟だというレッテルを張られながらも、積極的に対決点をおし出すという形での全面対決。初めからそう数多くはなかったが、一年生は大部分われわれに結集して、古い世代はタジタジになってきた。

編集部　反撃があったでしょう。

沖浦　正面からの反撃はあまりなく、旧指導部の一部は「新人会」〔戦前に東京帝国大学を中心とする学生運動団体。一九一八年に結成、一九二九年に解散〕をつくって外部での組織活動を始めだしました。たとえば、壁新聞に「主体性なき東欧バルカン革命の悲劇を見よ」。それを見て、これは一体何だ、人民民主主義革命への挑戦だ、などといったりした。いまからすれば、評価はまた違うでしょうが。また一部の人は三田村四郎［労働運動家・社会主義者、一八九六～一九六四年］などとも連絡をとったりしていた。

無理な飛躍の罪を負う

編集部　「主体性」論争をもう少し……。

沖浦　当時の俗流化されたレベルでの「主体性」論をたたいたのは運動の発展のために不可避だったわけで、当然だったといまでも思っています。かれらの論理は、極論すれば日和見主義への逃げ口上にすぎなかった。

それと同時に、ぼくらは、主体という規定をレーニン＝スターリンの弁証法的唯物論の規定で全部客観的な土台の問題と歴史法則の必然性の認識の次元に流しこんで、哲学の根本的な深化に迫らなかった。たとえば、客観的な運動過程として展開する社会発展の法則性を認識し、その実現のために政治実践に全力をあげることによってのみ革命的主体は成立するんだという具合に。そうして強引に政治的課題にすべてを直結させる。しかもまず、そこから確認してかからねばならない自分の実感は、プチブル性の自己否定として強引に切りすてる。一種の思想的ピューリタニズムですね。

また戦前のコミュニズム運動の揚棄すべき点を、舌足らずではあったが鋭くついていた『近代文学』派などの主張をぼくら一人一人実感としてはもちながら、たてまえとしては切ってしまった。それがあとになって、それぞれその罪を背負うことになる。無理な飛躍が、あとになって歴史の復讐をうけるわけです。

編集部　禁欲したがゆえに、リアクションもひどかった？

沖浦　組織解体がそのまま自己解体に直結するわけですね、歯止めとして自分の思想的核が未形成だから。したがって一九五〇年代での組織崩壊と同時にすごく暗い孤独な谷間がくるわけです。

編集部　それはそれとして、当時はそうした切り方で新旧の交代が行われた。

沖浦　あれはたしか昭和二十二年十月、東大細胞の新役員選挙で、新一年生の側が勝った。そこで交代が行われ運動方針も根本的に変わる。ケルンをつくったのは七人、わたしをふくめて力石、武井、広岡治哉君（法政大教授）などです。統制委員会に連絡をとりまして、断固たる闘争を行うが、委員会としてはどうかと。当時の委員会の議長である宮本顕治が党内論争として正面からやるべきだという。議長が直接総会にのりこんできたが表決がすむまで発言は控えていた。修正主義的部分を批判する表決はたしか三八対三六だった。

編集部　そのあと細胞解散……。

沖浦　その暮れです。いまいったような過程で、東大細胞はマルクス主義者の集団として、修正主義的逸脱を行っている、もはや部分的除名ではだめだから、解散・再登録、と党中央委で決定される。

一二人ばかりが再建細胞の核として残った。当時、ぼくの記憶では約八〇人くらい党員がおりましたが、その人たちも実践面その他についての明確な自己批判をして、ほとんど全員が一カ月ばかりで再入党した。

戦術転換しゼネストへ

編集部　再建後、いよいよ本格的政治闘争、それと学生運動全体の組織づくりにのりだす。

沖浦　まず、再建のときの細胞の主要な思想的課題は、哲学領域での「主体性」論、文学領域での『近代文学』の世代論やエゴ論争の影響、それから歴史学におけるウェーバー理論の系譜をひいている大塚史学、サルトルの実存主義、それらをイデオロギー的に克服することが当面の目標だった。ともかく連日連夜のように戦略会議をかさねて、層としての学生運動を日本革命の有力な構成部分として、どう組織するかを追求していった。国学連を強化し、高校（旧制）連、各領域での高専連を発展させるなど着々と進める。この方面は武井君が指導する。ここらあたりからは細胞が積極的にイニシアチブをとる。

そのときはまだ地方学連もバラバラで、国学連、私学連など重層構造のままです。実際上、再建細胞のぼくと力石、武井、大久保博司の四人が主体になって、中央指導部をつくるという形になって、全国的な指導が可能な段階になった。昭和二十三年の四月です。そこへ、堤清二（西武百貨店社長）、安東仁兵衛（現代の理論社）、上田耕一郎（日共政策委員長）、木下素夫（早大教授）、木村勝造（桃山学院大助教授）、銀林浩（明大助教授）、芝田進午（法政大教授）等々の新しい部隊が五〇人ほど入学してきて、全部で一三〇人くらいの強力な部隊になった。ここで政治闘争の全国的プログラムを成熟させながら、つぎの闘争段階へ入っていった。

払えても払わん

編集部　闘争課題は？

沖浦　再建以来それを追求してきたところへ、授業料三倍値上げを政府が発表した。「それで行け」。国立大の問題だから国学連の直井寿君とか高橋英典君とかが先頭に立った。ところが、すぐ行きづまってしまうんです。つまり、最初は「食えないのに三倍値上げは、けしからん」といっていた。ところがもう一つ運動が発展しない。総括過程で、「いままでの運動方針では自然発生性に依拠した経済主義的闘争だ。払える学生でも払わん、ということでなければダメだ。レーニンの『何をなすべきか』の目的意識性、政治的課題の優先という命題の上に立って、運動構造の全面的な転換をはからねばならない」ということになった。

そこへ占領軍から大学理事会法案、いわゆるB・T案（Board of Trustees）が出てきた。しかし、その政治的意味を即座には読めなくて、やはりまだ経済闘争を主軸にして考えていたわけです。ところがわかないのですね。これはいかん、というので、B・T案をかなりぶち出した。これで大学の自治が占領軍と資本家によって根本的に破壊されるというやつをやった。そうすると、そっちの方でわっとくる。

そこで東京に戻って、五月三十日東大図書館の屋上で、それまでの運動構造の全面的な総括を行いつつ、方針の根本的転換のうえに立った全国ストをぼくが提起した。その内容は『資料戦後学生運動』にも出ている「政略の転換に関して」というビラに詳しいですが、これはぼくが書いた。みなゼネストはとてもじゃないという。それで明日党本部で討議の結着をつけようということになった。翌六月一日は全関東規模の「教育復興学生けっ起大会」で日比谷公園で二万人が集まった。画期的な人数だった。

その晩に党本部に東大細胞の指導部が全員集まった。党本部の青対からも何人か出てきた。そこで、理事会法案反対闘争を中心とした反占領軍闘争への転換を図りつつ、教育復興計画の対政府要求を基軸とした全国スト方針を提案した。激論の末にその方針が決定された。反対者は安東仁兵衛君と上田耕一郎君の二人でした。前日、東大で全員が反対していたから、当然のこととして反対したのでしょう。安東君の話では帰りに二人で党本部の横の喫茶店で水っぽいカルピスをすすって「俺たちはもうあかんなあ」としみじみ語ったということですが、本当に彼らは指導部からはずされました。

『暗い絵』を読んだか

編集部　そこで党中央は？

沖浦　本部では、ただちにそれを中央委員会に申し入れた。そのとき初めて徳球〔徳田球一〕と直接に対面した。徳球は「ウーム」といって、青対部長の宮本顕治にまかしてあるからよく相談して決めろ、その結果をもう一度中央委員会で相談するという。そこで力石〔定一〕と二人で宮顕〔宮本顕治〕のところにいった。宮顕は、「とてもじゃないが、ムリだろう。せっかく拡大しつつある各大学の細胞も弾圧をうけて崩壊してしまうかもしれん」と積極的じゃない。そこでもう一度宮顕の家に二人で乗りこみ夜中の三時ごろまでねばった。そこで、「ぼくらはみなオルグにいってきてはじめて、大衆はその方向を追求する強力な可能性をもっていることを自覚したのだ。それを党が指導できないというのは、大衆にたいする裏切りであり、セクト・エゴイズムによる日和見主義だ」と、説得した。最後には、三〇校入ればいいが、それ以下なら細胞は全面的に弾圧でやられてしまうという話になってきた。ぼくらは、「五〇校前後は少なくともいけるだろう」「責任がもてるか」「もちます」。それで戻ってきた。全面的な戦略転換が決まり、運動が開始された。

編集部　ストの結果は？

沖浦　各地方に行ったオルグからは圧倒的な支持だという報告が上がって来ました。組織のない学校でも、先進的な意識をもった中央のリーダーということでほとんど無条件に学生大会に受け入れるわけです。当時、東大細胞約二〇〇人、半分以上が地方オルグにゆきました。オルグにいった連中から「どこどこスト」という電報が入る。経友会に衝立てを出して、全国地図に〇印をつけていく。よく知らない名の学校からも入ってくる。結局スト参加一三六校、二五万人です。

そのときのスト決定大会で、文学部では、やっぱり五〇〇人ぐらい学生大会に集まりました。在籍者のほとんど全員です。中野好夫、林健太郎の両教授が学生部委員で傍聴していた。教員の発言も認めたが、林さんはスト反対論を勇敢にぶって中野さんに洋服のソデを引っ張られていました。野間宏がその大会に傍聴人としてうしろに立っていた。スト決議のとき、ストをうてば学生の本分はどうなるんだ、とかいろいろ出ました。そこで最後に「諸君、戦争の暗い谷間をまだわれわれは昨日のことのようにおぼえている。『暗い絵』を読まれたか、あのファシズムの時代を諸君はどう考えているんだ。ここに野間宏もいるが、諸君は大学の自治を破壊しようとする来たるべき占領軍ファシズムの攻勢にどう対応するのか」とぶった。全員が野間さんを振り返りましたよ。採決したら反対はたしか一票。他学部もかなり大差でした。しかし、法学部は僅差で敗れ、工学部は運動の組織化も困難でした。

(下)

学生は、行動でつねに先駆的であり、同時に新しい論理・思想を創造しようともする。そこから、ややもすれば旧時代への蔑視がおこる。「ナーンセンス」と。が、そうした「創造への努力」は、いわゆる第一次全学連結成にさいしてもおこなわれていた。新しいものはつねに乗り越えられるべきものとして存在する、ということであろうか。

編集部　一九四八年の六・二六ゼネスト〈上〉参照）と前後して反占領軍闘争の内容が規定されるわけですが、その内容は……。

沖浦　一口でいえば、反帝反ファシズムの民主民族戦線の一環として教育復興闘争を位置づける視点です。（上）で述べた㊙の「戦略の転換に関して」という文書は、アメリカ帝国主義のアジア侵略政策の一翼として日本ブルジョアジーを買弁化しようとしていること、ブルジョア民主主義の仮面をかぶった帝国主義者の教育支配を粉砕せねばならぬという基調で貫かれている。「日本をアメリカの軍事基地化しようとする占領方針に反対せよ」という中国学生運動のスローガンにわれわれは注目せねばならぬ、とも書きました。

だから、細胞会議でもそのへんのところ「ノートにとるのをやめよ、ここから先は口頭でいく」というわけです。すでにこの段階では、労働運動に対する弾圧が開始されていた。ところが党の基本線はまだ解放軍規定のままだった。第六回大会でなしくずしの転換がなされていたというものの、ずるずるべったり。明確に反占領軍闘争を提起したのは学生運動が最初でしょう。

編集部　いわゆる主流派と国際派の対立といわれている徳田路線と宮本路線の矛盾が学生運動レベルで顕在化してきたのもそのころからですね。

「中央突破」で一瀉千里

沖浦　六・二六ゼネストのころから、しだいにはっきり対立しだしてきた。対立点をかいつまんでいいますと、三点ほどある。第一は、反ファシズム・民族独立を軸として、反占領軍闘争を中心課題に設定するかどうかという点。第二は、戦術形態としての地域人民闘争をめぐってです。つまり、二・一ストのあとの共産党の方針は、地域ブロックに比重をおいた人民闘争です。それに対して、それでは階級闘争として国家権力の中央突破はできない、労働運動も、学生運動も、ゼネストで闘え、という方針を出した。第三は、インテリゲンチア運動の独自性を認めるかどうか。当時、宮本顕治と徳田派のイデオローグとのあいだで『前衛』誌上で公開論争をやっています。

編集部　そのインテリゲンチア運動というのは具体的にいうと……。

沖浦　大学関係では南原ラインのようなリベラリスト左派とか岩波文化グループとかがもっている反体制的機能を、相対的にですが一応は評価する。反ファシズムの学問・文化運動の一翼として積極的に組み入れる。人民戦線戦術の延長戦上にある発想ですね。また理論・思想運動でも、すべての知識人の活動を党の方針に連結すべきでなく、相対的にその自由を認めて、独自の活動領域を拡充するなかで反帝民主主義戦線の機能を高める。

　徳田派の方は、結局インテリゲンチアはどこまでいっても小ブルジョアで労働者階級に奉仕すべき階層で、独自性なんてありえないという単純な論理だった。学校細胞などは地域人民闘争に奉仕する機能をもつだけだというわけです。

　一九四九年にかけてこの矛盾が激化し、やがて宮本顕治は九州地方委員会に左遷され、徳田派の志田重男が青対部長になり、われわれとの直接的な激突が始まるわけです。いたるところの会議で衝突したが、それは猛烈なものだった。四九年末には本部にデモをかけるところにまで対立が発展する。

編集部　そういった矛盾を内包しながら、すでに四八年の六・二六を頂点にして学生運動は経済闘争から教育復興闘争という学生の中央突破闘争に切りかえられていく。

沖浦　授業料不払いの経済闘争から教育復興の中央政治闘争へというのが第一段階、そのつぎに教育復興闘争から、Ｂ・Ｔ案を軸とした新大学法にもとづく教育の植民地的再編成粉砕という積極的な政治闘争の次元へ進んでゆく。

編集部　教育復興闘争の中身は？

沖浦　全面的だった。経済的要求だけじゃなく、全人民的要求としての教育復興のプランをかかげて中央政治闘争へ進出していった。たとえば、教育予算の大幅増額、教育委員会を中心とする植民地的文教政策粉砕、大学の自治と学問の自由の問題、私学に対する外資導入反対から学割定期や奨学金といった身近な問題、それに予算の組みかえ案みたいなものも具体的につくった。政府の大学政策に対して、全学連でも「大学法学生案要綱」を作成し、これに対置します。いうまでもなく、この闘争は個別大学レベルでの改革案ではない。四八年末からは運動目標を新大学法案粉砕にしぼって、積極的に大学の民主化を対置する。しかもその運動形態はゼネストです。中央国家権力と全学生層の正面対決なしには、この諸要求をかちとれない、それはまた当然占領軍権力とも衝突する。

「占領軍を刺激するな」

編集部　で、全学連結成への運動、理論、組織の三面の一応の全国的な前提ができた。

沖浦　運動の過程でしだいにその前提条件が整ってきたのです。

編集部　教授会というか、大学の方の占領軍に対する考え方はどうでした。

沖浦　非常に甘かったというか、非常に弱腰だった。南原さんなんか、学生が「Ｂ・Ｔ案反対とか民族独立とかいってへたに刺激するな」というわけで、政治工作で上部で解決するという方針だった。南原さんの本意ではなかったでしょうが、ストをやった学生はばさばさ切られた。東大では、細胞は一九五〇年三月までは公認団体で部屋も確保していたのですが、マッカーサー書簡によった政令二〇一号［一九四八年、マッカーサーから芦田均首相あての書簡にもとづいて発せられた政令。従来の労働三権で保障されていた公務員の団結権のみを残し、団体交渉権と争議権を奪った政令］の公布いらい、しだいに政治的自由が抑圧されていった。

編集部　それにもひるまず、一路全学連結成へ……。

沖浦　そう、六・二六から九月十八日の結成大会までは一瀉千里でした。が、その過程で、もう一つ特筆すべきは労働組合に対する連帯の呼びかけです。日教組、国鉄、全逓、産別関係ほとんどやった。文書をつくったり、組合大会や支部会議で発言させてもらったり。国鉄の労組では学生運動についてのパンフを独自に作成していました。労学提携という点ではかなり大きな規模でした。上からではあったが……。

編集部　それと地域人民闘争との相違点は。

沖浦　地域人民闘争の実体というのは、細胞が地域で、主として税金闘争や不正摘発闘争を通じて労組も学生も住民と結合した運動をやるということです。

二・一ストのあと、労働運動はゼネストどころではなかった。党の指導方針のたび重なる失敗と政策の貧困もあって、首切り反対を軸とした反合理化闘争も有効に組織しえず、民同［民主化同盟］に追いまくられ、せいぜい山ネコスト程度で、それがかえって組合員大衆との離反を招いて、労働運動は全般的に後退するのです。山ネコによる職場離脱者をわれわれがかくまったりしたが、それは悲惨な状況でした。
その中で学生だけは立てる条件があったから、学生運動がゼネストを戦い抜いて労働運動にインパクトをあたえる、そういう構想もあった。

編集部　一種の先駆性論。

沖浦　そういってもいいでしょうね。しかし今日のそれとは条件も状況も違うから単純に同質のものとはいえない。
ゼネストをやった組織を結集して、全国単一組織としての全学連へと必然的な形で進む。成功するかどうだろうか、という意識はまるでありませんでしたね。全学生層の意識を結集した闘争を積み上げてつくった組織の強みですね。

現代的なその意義

編集部　九月全学連結成の意味を少し……。

沖浦　決定的意味は、やはり二・一スト以降の後退につぐ後退の運動の中で、逆に攻勢に転じて、占領軍に奪われたストライキという武器を階級闘争の中にあらためて提出しえた、ということでしょう。
政令二〇一号とか、徳球暗殺未遂事件、公安条令の設定など一連の反動化の中で、中国革命の嵐のような進展という国際的背景もあって、アメリカ占領軍が対日占領方針を全面的に転換しつつあった。それに対して、学生運動だけが、一応正面から対抗しえたのではないか。全学連結成大会の宣言でも、反ファシズム・戦争反対という問題意識をはじめて公然と提出した。
第二には、戦前の学生運動は、いくつかの大衆的闘争があったとしても、「新人会」などをみてもなんといっても、インテリゲンチアとしての思想運動が主軸だった。学生運動の基盤が、イデオロギーの次元での階級闘争の一翼という役割に、かなり限定されていた。

それと比較して、全学連結成のエネルギーを主体的に担った学生運動では、学生の生活のあり方と学問・文化への要求の全体性において、層として反体制勢力の一翼たりうるという規定のもとに、大衆闘争としての学生運動への転換に成功することができた。

三つめには、運動の大衆性です。それも闘争過程の中で必然的に生成されてきたという点です。とにかく五〇万ほどの学生のうち、二五万人がストに入ったのですから。官僚的引き回しや、形骸化された決議ではこれほどのスケールにはなりません。

またつけ加えれば、共産党細胞がまぎれもなく指導していたのですが、大衆的な組織づくりに成功しえた根本的理由は、直接民主主義的な形態をかなり重要視して、学生大会の決定に運動の根源をおいていたことですね。もちろん不十分なところも多々あったわけですが、運動の内発性が保証され、それにささえられて全国的な展望を切り開いていったということはいえると思う。だから、昨今よくいわれているポツダム民主主義とかポツダム自治会論という枠組で、全学連結成段階の学生の自治運動を裁断するのは事実に反しますね。運動の形骸化がはっきりしてくるのは一九五〇年代——それも五十二、三年ごろ——に入ってからでしょう。

編集部　党中央はどんな反応を示しましたか。

沖浦　ほとんど問題にならなかった。既成事実にのみ込まれたというか、直接指導するほどの能力もなかった。ゼネストの予想外の成功で、当然われわれの運動方針・組織論で押しきれた。

「わだつみ」意識が原点

編集部　これはいまの問題としても重要だと思いますが、なぜ学生だけがやれたかということについて……。

沖浦　学生層全体の三分の一は戦場・軍隊からの帰還者です。誤れるイデオロギーをたたきこまれて帝国主義戦争にコミットしたという自分の原体験に照らして、戦後の生き方を追求しようとする強烈な《戦後意識》があった。それより若い世代も、戦争中の教育がいかに欺瞞的犯罪的なものであったかという痛切な経験をもっている。

大学では、つねに科学とイデオロギーの両側面からそれらの古い諸矛盾をどう克服してゆくかという問題を、自分のものとしてとらえる諸条件があります。それを、理論・思想の問題として対象化して考えるという点では、他の階層とは異なった立場にある。

後進国型学生運動からの転換という問題意識もあった。これまでは世界史的にみても、学生運動はロシアのヴ・ナロードいらいの伝統や中国の五・四運動をモデルとして考えられていた。大正末年からの日本の学生運動も、類型からいえばその系譜の中でとらえられていた。

そのような伝統的理解を根本的に断ち切って、運動構造の大転換をはかろうという問題意識ですね。その根拠は何か。天皇制ファシズムから新しい型の民主主義社会への転換期にあって、かつてないスケールで学生層独自のイデオロギー的文化的使命がきわめて大衆的な次元で自己認識されてきたこと、同時にまた、戦後の荒廃した生活基盤において、これまでのエリートとしての社会的地位をかなり保証されていた小ブルジョアジーとしての学生層が、まさに解体の危機に瀕し、実際上プロレタリア化しつつある状況に運動の一つの根拠を見出す……。

編集部　ある意味ではまさに現代的ですね。

沖浦　戦前的な社会構造と生産諸関係がかなり大幅に解体されつつある中で、就職もできない現実が目の前にあった。自分たちが学んだ学問をいったいどこで発揮できるのか。未来への展望すら明確でないこの混迷した戦後社会の中で、いったいわれわれの主体をどう生かすのかというさし迫った問題意識ですね。

もう一つは戦争からのインパクトですね。どのクラスでも戦死者を出しているし、過去についての痛苦が頭をもたげてくる。だから「聞けわだつみの声」に代表される反戦運動が、全学連結成の不可欠の媒体であったことは事実です。というよりも、それが運動全体の思想的なキイ・ノートとしてあった、といった方が正確です。

教授たちとの複雑な関係

編集部　結成後の話に移りましょう。レッドパージ反対闘争は別の機会にやるとして、B・T法案から大学法へ発展する問題はその後も続きますね。あの法案について確定的な解釈がつかなかったということでしたが、この法案の源流は国立大学の地方移譲ということで、精神からいえば教育委員会と通じている。その意味で民主的なわけでしょう。

沖浦　ところが当時、学生だけでなく、みな反対したんです。右も。この問題は教授会の自治とセットで語られなければならないのですが、あのとき理事会には財界、OB、学内からそれぞれ数人出て、これが全権を握るということだった。市民社会による大学管理という名で。そこでわれわれは大学の自治に国家からの直接規制がかかると思ったのです。それにたいして全学連はいちはやく学生の主体的参加を主張しています。教授会、教職組、学生の三者の平等な権利のもとに全学中央評議会をつくり、そこが最高決議機関となる。しかし反対闘争の基本理念は、まだアカデミック・フリーダムの限界を大きくのりこえてはいなかった。

根源に切り込まず

編集部　すると教授会とアベック？

沖浦　いやそうではない。ストの場合でも「絶対主義的大学体制粉砕」というスローガンを出していた。戦前に教授は学生が弾圧されるのを見ながら、自分たちだけを守ろうとして崩れたじゃないか、教授会はそこを自己批判せよ、という論理を立てた。しかしいま問われているように、教授会自治を根源から洗おうという意識はなかった。これは事実だ。

もちろん、眼前にある教授会の自治の実体を即自的に肯定したというわけではない。しかし結局、アカデミック・フリーダムに依拠する教授会の自治を中心とした旧来の大学管理体制の基本論理を根底的にのりこえる論理を創造できなかった。それは、いまの全共闘運動の問いかけで、いろいろ過去をふりかえってみても、たしかにそうだった。

なぜそのような問題意識が生まれなかったか、という点ですが、一つには教授のかなりの部分が、戦争中逮捕されていて、それに対する潜在的な連帯感があったことも作用している。

編集部　それは主として経済学部でしょう。

沖浦　そうですが、極右派がパージされたあとの東大の実質上のヘゲモニーは、大内〔兵衛〕さん、有沢〔広巳〕さん以下の労農派にあった。南原〔繁〕さん、矢内原〔忠雄〕さんをはじめ各学部には、戦争中抵抗をした良心派がいた。

それにこの方が重要なんですが、自分たちがはたして、大学の既成の教育とか学問内容を変革しうる創造的な知的能力と全体的な展望をもっているかどうか、という点で確信がなかったということもある。六・三制全体を批判し、のりこえる教育体系を実質的にはつくりだしえなかった。

要するに、占領軍プラス国家権力の上からの大学再編政策に対して、大学自治防衛闘争に力を集中せざるをえなかった。こちらもいろんな積極的な対案を出していたが、実際は防戦にいとまなしという実感だった。大学問題の根源へ深く切り込んでゆくだけの視点がなかった。責任のがれではないが、問題状況の歴史的制約ということもある。

編集部　とはいっても、一方では、イチョウ並木での第一次「矢内原君」事件など、教授への攻撃はあったのですね。

沖浦　あれはハプニングですよ。意図的な発言ではなかった。個々の教授に対する人間的な不信とか憎悪なんてものはあまりなかった。しかし、教授会の実体規定は、ストのときの看板にも出したが、「絶対主義的教授会打倒」なんです。今日のような管理者うんぬんという視点はなかったが、教授会は、官僚主義的なフューダリズムだと規定した。戦前の戦犯派はいないが、いまの教授会ではだめだ、と考えた。それもつきつめてみれば、共産党の線は入っていないし、コミュニストのヘゲモニーはないということが大きい理由だった。つまり、社民主義打撃論というコミンテルン＝スターリン型の党の戦略方針にのっていたわけですね。東大の経済学部に労農派、法学部に川島武宜、丸山真男等々がいる、これはみんな社民の線だというわけです。ここにイデオロギー批判の集中砲火を浴びせた。Ｅ（経済学部）班では、学生大会で有沢さんを名ざしで、「有沢先生は、最初はコミュニストだったが、それが社会民主主義者になった。戦争中は社会ファシストになった。いまや社会という名をかなぐりすててファシストになりさがろうとしている」ということもやった。いまから考えれば冷や汗がでますがね。

しかしいまやられているような、学問についての基本姿勢はどうかを個々に問うというような批判はやっていない。さきに述べた戦略方針からくるイデオロギー批判としての側面が正面に出ていた。文学部でも、中野好夫、渡辺一夫、手塚富雄さんなどの当時としては進歩派の線も批判したが、個人的には家に行ったりして決して敵対的ではなかった。それに教授会のアカデミック・フリーダムは最低線として擁護しようという論理がからまっていた。教授会の自治のもとにおける学問の自由をともかく擁護するという姿勢の中には、進歩的インテリゲンチア運動の相対的独自性をリベラルな教授をも含めて、反ファシズム統一戦線の中で位置づけてゆかねばいかんのだ、という問題意識があったわけです。

「民主主義」より反権力

編集部　民主主義について、どう考えておられたか聞きたいのですが、まず自治会内の実態は？

沖浦　学生大会は、いわば直接民主主義そのものなんです。全員が一堂に集まって議論し投票する。たとえば、アルバイトに行っている学生も全員集める。アルバイト学生は絶対スト賛成ということもあってね。「東大アルバイト学生集まれ！」というのをあちこちにビラ張りに行きました。労組の青年部なんかにご苦労さんとよくいわれました。ものすごく集まりましたね。そんなわけで形だけ集めて、決議だけはこちらがいただく、といった議会制民主主義みたいな意識はなかった。
文学部や理学部なんか典型的だと思うが、ストのときには各学科の研究室会議でまずやる。そのほかいろんなサークルや研究会があり、そこでも議論する。われわれの影響下にあるサークルだけでも五〇以上あり、民主文化団体協議会というのを結成していた。その人数だけでもざっと一五〇〇人で全学生の五分の一に近かった。そういう積み重ねのうえで、学生大会を開く。だから議会制民主主義のアナロジーでいえば、ふだんはせいぜい上からビラをまくだけで何もしなくて、ある日学生大会の告示があって、それで批准するだけ、というようなものではなかった。
それから大事なのは完全立候補制。共産党代表とか社会党代表とか、所属をみな明らかにする。立会演説会も参加者が多かった。投票数も全員の三分の二をこえていた。もちろん中間派、右派も堂々と立候補する。その結果は学部でかなりの差があったが、E（経済）、L（文）、S（理）などはつねに全体の半数以上を細胞からの立候補者が獲得していた。

編集部　大会の状況は……。

沖浦　戦争中に基本的人権すら奪われていたという意識があるから、相手の権利意識も認めましたね。まず人のいうことを聞く。ヤジは飛ぶが、寸鉄、人を刺すのでなければいいかん。音量で封殺しようとしたら「共産ファッショ」と反発を食う。

編集部　学内細胞と自治会の関係を……。

沖浦　指導中枢部を中心に半数は細胞活動専従。自治会やサークルに出る人は別に機能づけ、あくまで大衆団体員としてやるという形態です。もちろん細胞でフラクションとして総括していましたが、機能分担は明確でした。

当時は細胞指導部選出も全員の無記名直接選挙です。しかしスターリニズム型の上からの官僚的指導という意味では、いまから見ても自己批判すべき点も多い。

一九五六年のスターリン批判の衝撃を、あらためてわれわれも無縁でなかったものとしてとらえなおすとき、政治よりむしろ思想のレベルでの責任性を自覚します。

六〇年安保の夏に当時の連中が一〇〇人ばかり一〇年ぶりに本郷の古びた旅館に集まった。安東仁兵衛君のように在獄中の者は奥さんが代理で出た。転向者はいないが、マルクス主義内部での思想的分岐はさまざまだった。その時もまず自主的に当時の指導部の自己批判から始めたわけです。このへんについては、また後の人が語るでしょうから……。

読みもしなかった憲法

編集部　議会制民主主義のアナロジーでないことはわかりましたが、じゃ議会制民主主義そのものについてはどう考えておられた……。

沖浦　国会が権力機構だという想定はなかった。議会にも働きかけたが、いまでいえば、地方自治体に請願するくらいの感じ。

編集部　憲法は……。

沖浦　まあいえば、読みもしないというところです。

編集部　さきに「後進国型学生運動からの転換」ということを語られましたが、先進国でありながら占領されているという状態をどうとらえたか。

沖浦　当時は、まだ先進国意識はないのです。《講座派》寄りの解釈が支配的でしたね。つまり日本には天皇制の強大な権力があった。明治維新はブルジョア革命じゃなくて、依然として半封建的支配が続いていた。そこへ突如として敗戦。占領軍が入ってきて、絶対権力を奪った。そうした戦後体制の枠組の中に充填するものとして、憲法による戦後民主主義の拡充・発展という方向はあまり考えなかったんです。

編集部 そこで充填物は革命？

沖浦 先進国意識が出てきたのは一九四九年夏ごろからです。それまでも党の方針に対する批判の第一点は占領軍闘争をやるか、やらぬかということだったんですが、四九年の春から夏にかけて東大細胞の中で、戦前のコミンテルンから人民戦線へかけて、さらに戦後の人民民主主義革命の研究という形で精力的にやったわけです。日本革命は社会主義革命じゃないかという問題意識がかなりでてきた。そこで、戦後日本社会の本質規定、国家権力論と独占資本主義の構造規定がそれまでなかったじゃないかという意識が出てくる。

憲法についてですが、反戦・平和の意識は非常にありました。しかし民主主義についていえば、ファシズムの対抗理念として民主主義が出てくるだけで、民主主義自体を内在的に戦後意識の基本原理としてとらえる、ということはなかったですね。それで四九年に民主主義学生同盟をつくるが、反ファシズム学生同盟という位置づけですよ。帝国主義と積極的に対抗しつつ、新しい革命のために戦後民主主義を創造するということではなかった。

編集部 そうするとさっきの充填物は社会主義革命？

沖浦 いや、まだそう明確には規定できなかった。充填するためには占領軍とそれに結びついた政府と闘うのが第一。それで平和と言論結社の自由をまず確保すること。基本的人権すら奪われているような段階ですから。それをはね返す闘いとしてのみ民主主義は実現しうるという意識ですよ。だから、ふってわいたような新憲法は意識に上らなかったのです。『展望』で小田実が、戦後意識について、一九四七年の二・一ストでは強烈な印象があるが、四八年の憲法制定ではそんなことはなかった、といってますが本当だと思う。

価値意識として民主主義がすでに定着していたわけではない。憲法によって、上から規定された戦後体制の、資本の側との真の充塡闘争はまさにこれから始まるところだった。生活危機打開、自由と平和への希求、文化的、知的欲求にささえられた大衆的闘争の積み重ねこそが、より高次の民主主義意識を社会的に定着させうるものであった。

ところが、戦略的な誤謬のもとにアイマイな二段革命コースによる上からのアミ打ち方式で革命近しの錯覚に溺れていた戦前左翼は、まもなく一挙に火炎ビン戦術による極左方針に転進する。そして大衆運動との決定的な離反の中で自滅ともいえるかたちで、一九五〇年以降の政治過程における主導権を独占にゆずり渡すわけですね。

そういった戦後社会の移行過程の精密な内容分析と総括をぬきにして、戦後民主主義一般について軽々しく語ることはできないと考えます。

編集部　戦後民主主義論は、今日の若い世代の学園闘争の一つの核になっているわけで、これはいずれまた沖浦さんの後輩に語ってもらいましょう。

第四章　戦後民主主義と戦後世代の思想

一　はじめに

戦後日本の変貌の実体をとらえようとするばあい、国家や社会のフレームの変化は、かなりハッキリした目モリでとらえられる。技術革新による生産力の発展や産業構造の近代化に物質的根拠をもとめ、天皇制ヒエラルヒーの解体、政治的民主主義の展開、教育の改革と普及、マス・コミの急速な発展による大衆文化の噴出などに、社会構造の先進国化の指標を見いだすことは容易である。

社会構造の変化は、そのなかで生活する人間の社会的性格や思想方法を新しく規制する。したがって、戦後的環境のなかで新憲法を軸とする価値体系によって教育をうけた戦後世代が、〈大日本帝国ハ万世一系ノ天皇之ヲ統治ス〉〈天皇ハ神聖ニシテ侵スヘカラス〉というタテマエをもった明治憲法の社会的規範のなかで育った戦前型の人間像と、いろんな意味で異質の人間類型として出現してきたのは当然である。

しかし、この新しいタイプの社会的性格・意識・イデオロギーをどうとらえるか、複雑で重層的なメカニズムを形成している現代日本の精神構造のなかでそれはどのような位置をしめているのか、戦後世代の漸増による人口動態の変動が今日の思想状況にいかなる変化をあたえつつあるのか、ということになれば、これは明確な数値的回答を期待できぬ問題である。《戦後世代》論が、いろいろ分析視角を変えながら、この二〇年間、持続的な関心をもって追求されてきたのは、以上のことと無関係ではない。

さて、戦後世代を論ずるばあいに、戦後日本が先進国型の社会構造に転形したからといって、西欧諸国をモデルとしてそこから一定の市民社会型の人間像をひきだして、それとの比較検討からはじめるわけにもゆかぬ。その理由は二つある。

第一は、日本の近代から現代への過渡において、その展開・発展のプロセスに作用してきた、特殊日本的な歴史的諸要因とその社会的結果が、凝縮されたかたちで戦後過程にも投影しているからだ。複雑で屈折した構造をもつ階級関係を中心とした歴史のタテ軸をぬきにして、同時代的なヨコの類推だけで問題を解明できないことはいうまでもない。

第二は、戦後世代の志向性や方向感覚をどうとらえるかという問題は、日本だけではなく、むしろ西欧先進国共通の問題でもあるからだ。かならずしも同質ではないが、大英帝国的《エスタブリッシュメント》価値体系への感覚的反発を内にひそめたイギリスの《怒れる若者たち《アングリー・ヤング・メン》》、巨大な大衆社会のなかでの精神的飽和状態にあきあきしたアメリカの《ビート・ゼネレイション》の出現*なども、わが国の問題状況とかなり似かよった側面もある。アルジェリア独立いらいの一時的な国家的緊張緩和のなかでのフランス青年の〈非政治化〉について、サルトルは興味深い意見をのべているが、それをみても、かなり類似した現象を安保闘争以後のわれわれの周辺にも見いだせるようだ（サルトル「青年は非政治化したか」『朝日ジャーナル』一九六五年一月十七日）。ソヴェトでも、三〇年ちかいスターリン体制の崩壊のあとで成長した若い世代が、資本主義社会とはまた別の角度から問題をなげかけている。**「今日、世代間の分離は、東側でも西側でも、危険な状態にまで重大化している」というサルトルの指摘を、たんなる誇張として片づけることはできない。

＊アメリカの戦後に育った一九五〇年代の青年たちは、政治には無関心であり世間の大状況と関わる発言はほとんどなかった。「沈黙の世代」といわれたほどだった。ところがこの四月のワシントン広場を埋めた学生一万五千のベトナム戦争反対デモは、予想外のものだった。「北爆停止」や「ヤンキー・カムホーム」のプラカードをもったカストロひげのへい衣破帽やざんばら髪を、新聞はビート族をもじってピース族とよんだ。「……それはともかくとして、外国人記者の一人として抱かれずにいなかった実感は、米国もついにその内部に〝反抗の世代〟を生み、世間なみの国になったのではないか、ということだった。」「五十代のおとなは大不況、四十代は第二次大戦、三十代は朝鮮戦争の苦しみをそれぞれ味わっただけに、〝繁栄の中でぬくぬくと育った若ものが何を生意気な〟といった投書も多い。しかし〝世代の断層〟が、このような行動主義でいろどられたことは、三十年来かつてなかったことである。」（「アメリカにも反抗の世代」『朝日新聞』一九六五年五月二日）。

＊＊資本主義国が、その全般的危機の社会的成熟が必然的にうみだすものとして〝若い世代〟の問題をかかえているのにたいして、ソヴェトのそれは、社会主義的民主主義の拡充次元の問題としてあらわれている。したがって、世代間の断層をもたらした境界線をもとめるとするならば、第二次大戦よりもむしろスターリン体制の崩壊であろう。

「細いズボンをはきジャズを口ずさみ、ヘミングウェーを読み、ピカソを肯定する」若い世代――かれらを、人間としての自律的なイニシアティヴを喪失した《統計的平均値型の人間》になりきってしまうことを拒否する若い世代の、閉ざされた体系からぬけきれぬ古い潮流にたいするひとつの抵抗的姿勢とみることができる。そのような現象をすべて西側の退廃的イデオロギーの腐蝕作用と判断するのは、先行世代の責任をタナ上げするいがいのなにものでもない。かれらも社会主義を本質的には肯定しているのであって、ただその新鮮な感受性が、鋭い創造的知性とまだ十分に結びついていないだけである。

二　戦後民主主義の出発

「歴史とは個々の世代の継起にほかならず……」といったのはマルクス*だが、「世代《ゼネレーション》」という概念は、マルクス主義において、かならずしも科学的に定立されたカテゴリーではない。もちろん、世代というモメントは、歴史が継起する直接の原因ではなくて、むしろその結果にぞくするひとつの社会現象である。

この世で生きていくと同時代人としての歴史的体験が、その生活感情や思想形成のうえにおよぼす共通の歴史の刻み目は意外に根深い。「革命」とか「戦争」とか、あるいは「大恐慌」のようなドラスティックな出来事がその境界線にはさみこまれているときはとくにそうである。世代間の違和感を誇大化するのは間違っているが、社会発展のテンポや人間像の変化を考えるばあいに、ひとつの媒介項として世代というカテゴリーを用いることは有効である。

一般的にいって、世代間の順調な歴史的接続関係が破壊され、先行世代と後続世代のあいだにギャップが生まれるケースは二つ考えられる。

第一は、戦争（＝外圧）や内発的な革命によって、一国の支配体制に大きな変化がおこり、階級関係が構造約に変動するばあいである。あるいは、基本的な階級関係には決定的な変化がなくても、

（たとえば今度の敗戦革命といわれる諸変革にみられるように）社会構造に広汎な変化がおこり、いままでの伝統的諸様式や価値意識の体系に断層的な亀裂が生じ、それ以後に育った若い世代が旧来の社会秩序やモラルを過去のものとして無視し、しだいに新しい価値意識が定着し始めたばあいだ。

もうひとつのケースは、支配階級の体制支配が固定化し、それにたいする下からの変革をめざす新しいヘゲモニー集団が有効に機能せず、《歴史の弁証法》が正常に作用しなくなったばあいだ。

そのような困難な過渡期に入るとそこでは、若い世代の要求や憤まんが組織的に表現されず、抑止されたままよどんでいる。そして政府与党も野党的立場もふくめて、旧世代全体にたいする不信感が、潜在的に青年層や少年層にひろがる。質的にもまた量的にも、問題状況はけっして同じではなかろうが、アメリカやイギリス、西ドイツ、フランスなどの、歴史的ダイナミクスに欠けている爛熟した市民社会にみられる、戦前派と戦後派の世代的違和感はこのケースである。

ところが日本では、第一と第二の契機が二重うつしになって作用しているので、そのために戦後世代の問題は、とくに複雑で重層的な構造をかたちづくっているといえる。

たしかに、第一の契機にあたる敗戦直後の諸変革は、形式からみれば外圧的であった。だが明治憲法八〇年の末期的段階においては、基本的人権、思想・言論・結社の自由を奪われることによって下からの変革のモメントはほぼ完全につみとられ、天皇制ファシズムの純粋培養基のなかで後続世代が再生産される段階にたっしていたのである。外部からの反ファシズム勢力の介入によって、敗戦という形態でもってしか、平和と自由を手にすることができなかったのは、戦争を未然に阻止できなかった革新派の責任をもふくめて、明治いらいの日本帝国主義のいわば必然的な帰結でもあった。

支配階級のせん動にのせられ侵略戦争へ加担した事実への理性的反省を媒介として、当時における歴史的叡智の総括として、戦争のない未来を展望した民主主義憲法を国民はうけいれたのである。

多くの他民族を殺りくし、みずからも三百万人の死者をだした国民は、平和と民主主義の大前提には異論はなかったが、体制の変革にただちに対応できるようにその人間内容を急速に変えることは不可能であった。長いあいだ日本帝国主義が流しだしていた思想的毒素は、国民の背骨探く浸透し、各個人のゆるぎない価値体系として民主主義憲法が定着するには、かなりの歴史的時間が必要だった。

一般的にいうならば、物質的基盤のみならず、旧社会内部における意識的要素の成熟があってはじめて、新しい社会の制度的表現としての政治体制が成立するが、この敗戦革命という特殊な形態では、まず体制が上から規制され、内容の充塡はそれから始まったのである。

もちろん明治憲法八〇年のなかで、人間としての自由と平和をもとめてたえず存続していた反権力的な批判精神の延長・発展という側面が、たとえ細い糸であれそこに作用していたことも忘れてはならぬ。

しかし、戦争直後の社会的荒廃、失業、飢餓のなかから立ち上がった大衆運動は、科学的な思想性にささえられた民主主義意識を広汎に媒介としたものであるよりも、〈ダマサレタ戦争ダッタ〉〈食エナイ現実ヲドウシテクレル〉という、精神的な挫折感と生活的危機が直接的憤激となってふきあげたものであって、どの方向からであれ、危機を緩和する作用がはじまれば、その高揚性はしだいに消えてゆく、かなり一過性の強いものであった。

このような直接的要求と行動は、より高次の民主主義意識を国民のなかに定着させる重要な萌芽であったが、戦前からの一本の細い糸として戦後の政治局面で画期的なヘゲモニーを発揮する条件にめぐまれた左翼勢力が、急速度に移行する戦後の政治的社会的情勢の把握と指導に失敗してしまったので、大衆的高揚はまさに文字通り一過性のものとなった。

ここでそれについて評論する余裕はないが、非転向十八年の倫理性で国民の注目を集め、労働運動をはじめ大衆運動の指導権をにぎり、思想・文化の領域でも最大のシェアを誇っていた日本共産党が、占領軍のもつ帝国主義的側面を見誤り、戦後国家の基本的階級関係においても前近代的残存物に主要打撃をむけて独占資本を過小評価し、後進国型のアイマイな二段革命コースによる上からのアミ打ち方式で革命近しの錯覚に溺れたのは、戦後民主主義の方向に重大なマイナス作用となった。このような戦略的対応のアヤマリは、指導部の尾てい骨にからみついていた家父長的非民主性と自立的思想性のない権威主義にウラ打ちされることによって、大衆運動を解体し分裂させる方向に機能した。そして一九五〇年代に入って、中国革命コースをひきうつした農民パルチザン闘争型の極左方針を採用することによって大衆から孤立し、復活・自立過程を進みつつある独占に大きく時をかせがしてしまった。

かくして、体制の内容充塡競争においては同時にスタートをきり有利な状況が広く存在していたにもかかわらず、戦前派左翼は自滅ともいえるかたちで独占に主導権をゆずり渡した。そして、かつては癒着し利用した古い諸要素をきりすてて、より純粋な階級支配を貫徹しようとする独占ブルジョアジーのペースで、五〇年以降の新しい社会的状況が開始された。

六・三制教育をうけた純粋戦後派が、大量に社会の第一線に登場してくるのは、以上のような戦後初期の政治的屈折がほぼ終了し、「もはや戦後は終った」という警句に戦前派がドキリとし、保守支配の安定化のための基礎工事がほぼ完了に近づいた五〇年代中期であった。

そしてそこには、さきにあげた第二の契機が、大手をひろげて若い世代を待ちうけていたのである。

＊マルクス『ドイツ・イデオロギー』（岩波文庫版六四ページ）この書では、マルクスはかなり世代というカテゴリーを使用している。たとえば「……かれをとりまく感性的世界は、直接に永遠の昔からあたえられたところのつねに自己同一な事物ではなく、産業と社会状態との産物であるということ。しかもこのことは、この感性的世界が一つの歴史的な産物であり、ひきつづく諸世代の活動の成果であってこれら世代のうちのいずれもがこれに先行するものをうけつぎ、その産業とその交通とをさらに発達させ、その社会的秩序を欲望の変化に応じて変更したという意味だということ。」（同書六〇ページ）

三　異質な面貌

《アプレ・ゲール》《太陽族》《怒れる若者たち》《抵抗の世代》《現代っ子》……その呼称もいろいろちがってきたが、あとからあとから無限におしよせる異質な面貌をもった若い世代を見て、戦後の急激な転換がうみだした畸型的な精神現象であるとか、高度成長のヒズミによる一時的な副産物にすぎぬ、といってすましておれないことが、おとなの側にもしだいにわかってきたのは、一九五〇年代後半に入るころからである。

後続の世代に、いずれ歴史的にのりこえられることぐらいはわかっているが、かれらがいかなる方向をめざし、どのようなかたちでのりこえようとしているのか、ということになると、どうも具体的につかめない、それとともに、さきにあげた俗称の意味するものが、たんなる偶発的現象でもなく、一部のアウトサイダーだけのものでもなく、若い日本人ぜんたいの思想状況や精神構造と本質的に連関しているのではないのか、という疑惑が、かなり一般化してきたのもこのころからである。

さて、戦後世代の社会構造はどうなっているか。その頭部に《ゼンガクレン》のイメージで代表される先鋭な部分をもち、胴体にはテスト体制のなかで平準型人間像をめざして隣の人を蹴落とすべくしんぎんしている厖大な層をかかえ、その非人間的競争からも疎外されたものは、変革への行動を選択するか、さもなくば非行のチャンスが潜伏する社会の暗い底辺をさまよわねばならない、という危険な内部構造をもった混成部隊なのである。しかもこのメカニズムは、下から上へ、上から下へとたえず流動し浸透しあいひしめきあいながら飽和状態へとふくれあがってゆく。いまのところは、まだ相互に十分な血液が通いあっているとはいえないが、ひとたび強烈なインパクトが作用し、内部から知性と情熱をかねそなえた有機的なヘゲモニー集団が噴出してくれば、現実への批判を媒介として三位一体の統合が実現し、強力な三段ロケットとして推進しないという保証はない。なぜなら、どの部分をおさえてみても、今日的状況にたいする欲求不満が、求心的なサイクルをかたちづくりながら渦まいているからだ。

保守の側からすれば、その体制支配の恒久化のためには、毎年百万から二百万の単位で政治に参加する若い世代を、自分のほうに誘導することは絶対的な必要条件である。また不均等発展が激化する開放体制下での、技術革新と国際競争の時代にふさわしい、安価で良質の労働力である若い世代の資質と動向が、日本資本主義の将来を左右する最重要の問題であることもはっきりしている。

革新にとっても、青年たちが、たえず新しい形態での疎外を強制する独占との闘争において、もっとも高い戦闘力を発揮する可能性を内に秘めていることは承知している。しかし、「青年よ、ハッスルせよ」とよびかけてはいるものの、一方では、一九五〇年代後半からの泰平ムードのなかにあって青年は保守化しつつあるのではないかという推測が流布し、他方では、新しい未来への現実的な脱出口を見いだそうとあせっている若い世代も、あまり革新派のおとなたちには期待をいだいていない、という二重の危機に、革新派は直面している。

このような状況について、これまでも多くの診断書がだされている。わたしなりに概括すれば、ざっとこういうぐあいである。
① 戦後世代には、民主主義的理念がいちおう定着している。だが、独占支配下の大衆社会状況のなかでそれはしだいに空洞化し、いまや私的領域《プライバシー》の侵略にたいする抗議権のレベルまで退化し、戦後初期の新鮮な革新性はうしなわれてしまった。
② かれらの思想方法は、私生活中心に物事を考える実証主義である。具象的発想を抽象的思考にまで高める能力は弱い。天下国家を論ずる理念型よりも、〈私〉にかんするものには鋭敏なリアリズムを発揮する実利型の優位である。
③ このような傾向は、政治意識のうえでは、政治的無関心、消極的な保守感覚となってあらわれる。自己の生活を保証し充実させてくれるものであれば、保守でも革新でもよい。イデオロギーで問題や状況をわりきるのではなく、現実政治がもたらす実際的な結果によって価値判断しようとする即物的な相対主義である。
もちろんわたくしも、この種の診断書の有効性を否定するわけではない。しかし、そこには、みずからが後続世代とのあいだに一線をかくしたうえで、厚いガラス越しに遠隔操作で処方箋を作成しているかまえが見られないとはいえぬ。若い世代にそのような傾向がまん延してきているのは、かれらじしんのなかに原因があるのか、それともかれらをとりまく他のものに原因があるのか。そこにあらわれている本質的でない一時的なものと、客観的な因果関係にもとづく普遍的なものとをあきらかにしながら、先行世代としての責任の領域を明示しつつ、後続世代の思想構造を内部から把握し分析し

たものでなければならないだろう。

四　ドコニモゾクシテイナイ

ゾクシテイナイ？　それはなんのことだ、と僕はたずねた。

《属シテイナイ、ダ。朝、新聞を読む、除名された共産党員が新しい党をつくる、と出ている。そこでおれは、自分が共産党にも、その分派にも、属シテイナイと、独り言をいう。革命がおこったなら、おれはヒヤメシをくうだろうと思う。もっとも、おれは右翼にも、保守党にも、属シテイナイ。選挙では、無所属の、感じのいいやつに投票する。

会社への電車のなかで、おれは週刊誌を眺める、創価学会の大運動会のグラビアがある。そこでおれは、自分が創価学会に、属シテイナイ、と考える。次の選挙で、おれの気にいっている無所属の候補者は、公明党にはじきだされるだろう、という気がする。だからといって、おれは自分の一票よりほかの、いかなる票に働きかけてみる気持もないというわけだ。天皇家のグラビアもある。おれは天皇家を頂点とする感情的なピラミッドに、属シテイナイ。

仕事をやっている時にも、自分は本当には、この会社に属シテイナイ、と感じるし、北朝鮮の映画を見る集いにひっぱってゆかれたりすると、この新しい朝鮮人たちがその国家に属しているように、おれは日本に属シテイナイ、と思うのさ。おれはジャイアンツのファンだが、後援会には属シテイナイ。いったいおれのような、属シテイナイ・ノイローゼは特別かね、もっとも、ノイローゼが昂じて、首をくくるようなタイプにも、属シテイナイ》

この独白は、いちばんありふれた〈小市民〉のひとりである若い友人の弁として、大江健三郎が紹介しているものだ（「日本に愛想づかしする権利」『サンデー毎日』一九六五年八号）。

これは、たんなる文学的フィクションではないのか、あるいは大江氏じしんの心情の模写ではないのか、というようなつまらぬセンサクは、ここでは問題にしない。おれは、どこにも《属シテイナイ》ぞ、とたえず小声で、反芻することによって、かろうじて自分の存在を確かめることができる人間が、今日の若い日本人の平準的タイプである、と断言しても、自信のある反論は、あまりでそうにもない。その意味では、大江氏の描写力は、きわめて精度の高いものである。

大江氏のように「日本に愛想づかしする権利」を堂々と主張できる、換言すれば、《属シテイナイ》ことをじたいが、（左右をふくめて）既成の体制への批判的行動であることを自覚している部分を頂点に、世論調査ではきまって、「やむをえない」「わからない」「どちらともいえない」の箇所に力のない〇印をうつ部分を底辺に、この《属シテイナイ》種族は、大きいピラミッドを形成している。小さな砂が無数にかたまりあってできたこのピラミッドは、日本のどこでも眺められる巨大な像となって、戦後の現実のなかに突っ立っている。

この《属シテイナイ》人間に共通の属性は、私的生活にかかわりあうもの以外には、無関心、情熱の喪失、不信、懐疑をしか示さないことだ、といわれている。表側だけを見ればそうかもしれない。だが、一歩ピラミッドの中へ立ち入って、意外に複雑なその内部構造を見れば、どこかに《属シテイル》人間が、どこにも《属シテイナイ》人間のアパシー、シニズム、ニヒリズムを、嘲笑したり憐れんだりする勇気はなくなるだろう。

《シテイナイ》状態は、もちろん流動的だ。属スルに値いするものがない、かつて属シタが見きりをつけて離脱したというケースも多い。日常的次元でも、ばくぜんたる疎外感にたえず脅かされている現代において、保守にしろ革新にしろ巨大な傘の下に入らないでひとりわが道を行くには、それなりの孤独を覚悟せねばならぬ。どこから湧いてくるかわからないような不安感があるうえに、身を寄せる軒先もないとすれば、その疎外感は二重である。それなのになぜかれらはどこにも属そうとしないのだろうか。

そのばあい、まず自民党は、そもそも属スル対象とは考えられていないことにあらためて注意しておく必要がある。その前近代的な派閥政治は、どうみても一にぎりのおとなたちの利益集団であって、若い世代には、たとえ一票を投ずる者でも自分たちが主体的に均質化してゆく理想型使命集団とはとうていみなされないのである。

革新派にしても、戦後に共産党に一度は属したものは数十万を下らない。それがいままでは常時十万ほどで、しかも逆新陳代謝が進むばかりで老廃物が滞積している。社会党にしても、入党者と離脱者がプラスマイナス零に近い状態が続いてきた。かなりスケールの似た資本主義国であるフランス、イタリアと比較して、革新政党への組織率がわずかに前者の二〇％弱、後者の七％という状態は何を物語るのであろうか（人口比でゆけば、その比率はさらに減少する）。戦前からわが国の社会主義運動の深部に内在し、骨がらみの状況を呈しているマイナスの諸要因が、いまもって強く作用していることは否定できない。この視点を欠いた〝青年保守化〟論は、現象の表だけをなでていることになりかねない。狼はつねに前門からあらわれるとはかぎらないのである。

若い世代のいわゆる保守化現象を、イデオロギーの面で構造的に規定している社会的要因としては、次のようなものをあげることができよう。

第一は、独占の復活・自立の過程で、資本主義の組織化、階級支配の合理化が進行し、社会流動性《ソーシャル・モビリティ》が固定化してきたことである。少数の《パワー・エリート》を頂点にした国家独占資本主義のピラミッドは、後発型の資本主義社会がその初期に花を咲かせた立身出世型ロマンティシズムの基盤を一掃した。夢の可能性の限界が子供心にわきまえられるほど、体制の組織化と規範化は末端まで浸透してきた。

第二は、独占ブルジョアジーの主導下での市民社会の成熟である。そこでの市民意識の成長は、基本的人権→国民主権→民主共和制のコースと、個人の自由→私有財産制の肯定→現存体制の擁護のコースをたどるばあいの二つに分類できる。そしてこの両者の境界線は、かならずしも明確に意識されない。

第三は、新時代に適合すべく独占がおしすすめている教育構造の改革である。体制の管理職候補者だけを《ハイ・タレント》としてエリート大学で養成し、経済的にチャンスのないもの、受験戦争でそのレールに乗れなかったその他大勢は、「生産現場」と「消費市場」での操作対象として、その能力に応じて配置される。教育政策では「人づくり」体制として、教育内容では〈テスト体制型人間像〉としてあらわれているのがこれである。

第四は、「近代化」論を中心としたイデオロギー政策による泰平ムードの定着である。独占は、近代化のもたらす生産力の発展という客観的側面を有効に利用した――資本主義の経済合理性によって生産される富は、大量消費による欲望の充足と余暇の増大を保証する。産業構造の高度化は就業構造を変え、青年の失業はなくなり、年功序列制にかわる職務給の導入は青年の能力を正当に評価する。階級対立や人間疎外は、生産力が巨大になれば自動的に解決される。すこしの不平等や矛盾には目をとじて、分けまえを大きくするためにまずパイを大きくしようではないか——そこでは技術が神であり、イデオロギーの終焉が宣告される。かくして、技術決定論的な生産力理論と、海外市場でのシェアの拡大を背景におく大国ナショナリズムが《福祉国家》のイメージのなかで統合され、泰平ムードの思想的基盤が設定される。

だが、この泰平ムードにしても、いったん核兵器が使用されれば、人類が絶滅するという世界戦争への恐怖感、不安定な景気循環にたえず脅かされている慢性的な危機意識と背中あわせに存在しているのである。「まことに今日の日本は天下泰平である。といえば、人はベトナムの戦争はどうか、世の中は不景気ではないか、というであろう。しかし、戦争は他人の戦争であり、不景気は街を行く自動車の数を減らしてはいない。そして現実に日本人の命を奪っているのは、ベトナムの戦争ではなくて街を行く自動車のほうである」(江藤淳「明治百年と戦後二十年」『朝日新聞』一九六五年四月二十一日)。いかに太平天国のぬるま湯のなかにひたりきっているものでも、このような小手先のフィクションでゴマかされるほどおめでたくはないし、各個人をとりまく現実の緊張関係はそれほどいいかげんなものではない。

「……かつての国体の不可侵性が敗戦によって一片のフィクションと化するのを、私は幸にしてこの目で見た。〝聖戦完遂〟の錦の御旗が上がっていた同じ旗ざおに、こんどは〝平和〟と〝民主主義〟という新しい錦の御旗が掲げられたところで、だれがそれをもうひとつのフィクション以上のものと信じ得るか」(同前)。いったい、何を根拠に〝同じ旗ざお〟といえるのだろうか。幸いにして「この目」を今日まで延長し、二〇年前には口にすら出せなかった「民主主義という政治秩序は、価値の相対性、あるいは多元性の感覚をお互いに認めあうところにしか成立しないものである」(同前)

といった意見を遠慮なく発言できる状況は、何がもたらしたのであろうか。戦後民主主義を「フィクション以上のものと信じ得」ないのは氏の勝手であるが、平和と民主主義の旗がないところには、フィクションの自由すらなかったことはたしかである。

こういう安易な俗流相対主義の横行を「イデオロギーの終焉」というのではない。終焉説を主張する近代化論は、こういったいいかげんなフィクションよりは、はるかに実証性と論理整合性をともなったものであったからこそ、戦前派左翼の手に負えなかったのだ。

五　保守化現象とはなにか

六〇年の安保闘争以後、若い世代の〝脱革新化〟傾向は、ますます激しくなっているといわれている。はたしてそうであろうか。かれらは高度成長経済の中で、いったい何を満喫してきたというのであろうか。

生活的実態からみても、一九六三年度の国民一人あたりの所得は、米国をふくめた先進七カ国平均の三七％である（一九六四年度『国民生活白書』）。消費ブームといわれるが、個人消費は七カ国平均の三二％にすぎぬ。個人資産は米国の十分の一、住宅資産にいたっては一人あたり四万九千円しかない。利己的な私有財産保有思想のまん延といってみたところで、そもそも固守すべき私有財産がないのである。

「大企業に入社して、郊外に赤い瓦の小住宅を建て、マイカーのある小じんまりした生活」――よくいわれる三マイ主義にしても、いちがいに私生活逃避型と非難できない。禁欲主義者でもないかぎり、マイホーム、マイワイフをもって人なみの生活をしたいのは当然だ。明治、大正期の立身出世型理想主義をささえた物質的基盤の消滅によって、そのスケールが小さくなり姿を変えただけのことである。乗用車にしてもこの一〇年間に生産力が八倍ちかく上昇し年間六〇万台も生産しているのに、働く青年に一生無縁のものであってよいわけはない。

生産力の普遍的発展は、人間の欲望を高度化する。直接的な人間的本性から生じる欲求充足への意志は、燃えつきない火と同じである。人間は「その社会的秩序を欲望の変化に応じて変更して」（マルクス）きたのである。搾取率二五〇％（欧米は約一五〇％）という超過利潤による高蓄積と、社会資本の充実をサボリ独占本位の経済政策に熱中している政府に、かれらは何を期待できるのだろうか。

子供が生まれると追い出されるアパートの一室から脱出して、狭くても自分の家に住みたいというギリギリの欲求を科学的政策と行動のもとに組織しえない革新の側に、むしろ問題がのこる。どちらもダメなら頼れるのは自分だけだ、営々と働いてなんとかするよりしかたがない、このアキラメがしだいに政治的アパシーにつらなってゆく。「反対ばかりしていて、現実的、積極的なプログラムがいったい革新にあるのか」という声は、やがて消極的な保守意識に合流する。

つぎに政治意識の面からみてみよう。〝静かな地滑り〟はいつからはじまり、どの時代の青年と比較して保守化したというのだろうか。「青年は革新的である」という一種の予見を規準にしての話なのか、あるいは戦後初期の変革の時代の青年と比較しての話なのか。

青年が革新的であるというのは、旧い世代がしだいに老化現象を呈し停滞状況に陥るのに反して、若い未完成の人間は、現実の新しい進展にダイナミックに対応できる多くの可能性を内包していることを意味するにすぎない。地位や、身分が固定化せず体制のメカニズムにまだ完全に組みこまれていない彼らは、特定の階級への帰属意識が未定着であり、したがってそこには、既成の権威にとらわれずにみずからの信ずる思想・理論にもとづいて行動できる条件が広汎に存在する。正義心、真理追求意欲もゆたかであり、柔軟な思想的感受性をもっている。しかしかれらが、アプリオリに革新思想を支持するものだという保証は、実はどこにもないのだ。もしも左翼が、現実の歴史的発展の方向を正しく洞察し未来への具体的な展望をさししめすならば、若い世代がそれを支持する可能性は大きい、というだけのことである。青年が、左翼を支持せねばならぬ義理はどこにもない。

青年のあいだに欲求不満が充満し、しかも目標喪失状況が一般化しているとき、支配階級がみずからの目標をナショナル・シンボル化し国家の諸機関をつうじて徹底的な方向規制を加えるとき、それを否定しつつ新しい未来を現実的方法とともに提示する強力なヘゲモニー集団が存在しないとき、まだ思想的に未熟な青年たちが政府のペースで大量に動員される可能性は大きい。一九三〇年代のナチズムやファシズムの成立過程で、青年層がどういう動きをしめしたかは、まだわれわれの記憶に新しい。

最後に、いわゆる〝地滑り〟現象について考察してみよう。戦後の総選挙の得票数の推移をみても、若い世代が急速に保守支持に移行したという明確な徴候は見あたらない。むしろ、戦争直後の啓蒙

第1図　議席と得票（衆議院）

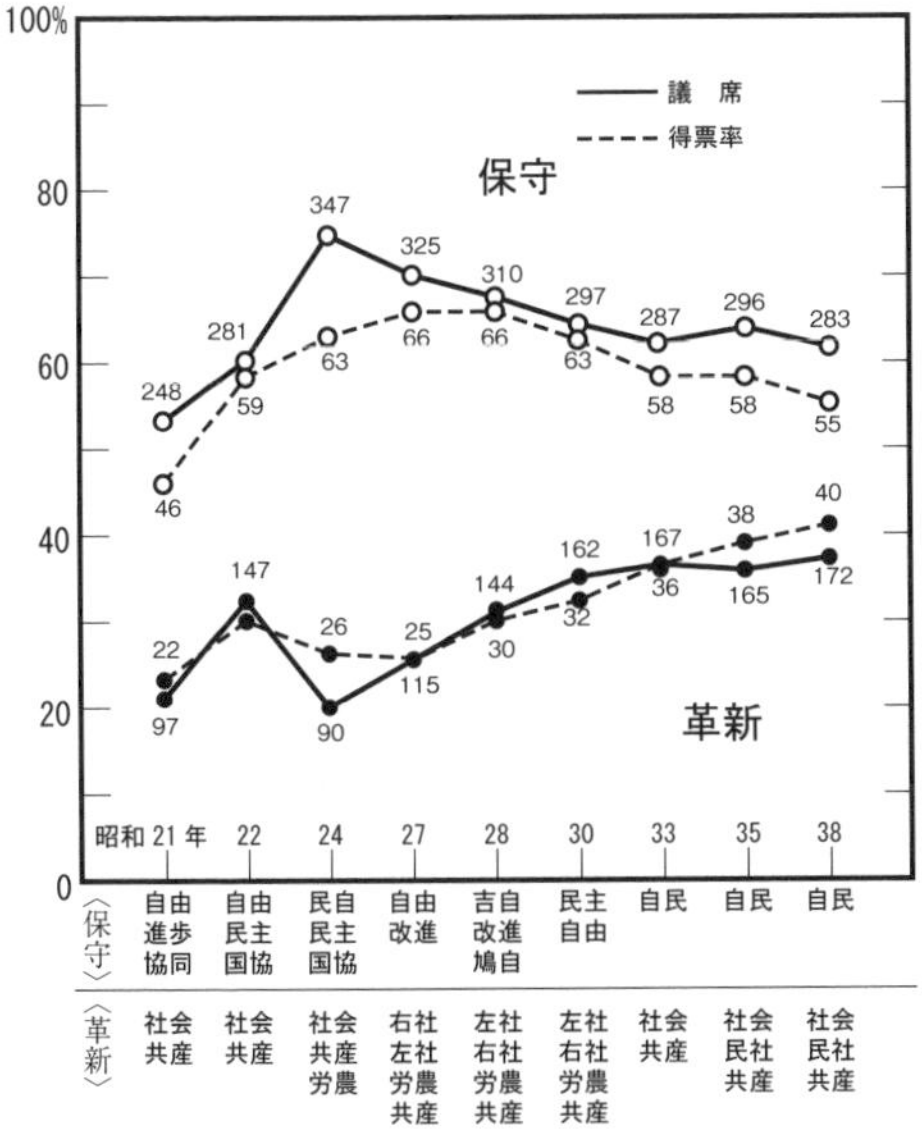

期民主主義の時代のほうが、意外に革新支持がすくなく（その理由は二でのべた）、逆に、独占の支配が安定化しはじめた一九五〇年代に入ってから革新は漸増の線をたどっている（第1図参照）。若い世代の革新支持率にしても、いくらかのジグザグは世論調査のうえにもあらわれているが、やはりほぼこれと同じ傾向にあるといえよう（第2図参照）。ここで詳しい統計を紹介する余裕はないが、わたしが見た十数大学の調査では、ここ数年でやや漸増しているのは「支持政党なし」であり、自民と革新支持率は、それぞれ一進一退で顕著な地滑り現象はない。特徴的なのは、上級生になるほど保守支持が減っていく傾向がかなりみられることである。最近の構造的基盤の大衆化にともなう、いわゆる真理派の減退、実利派と教養派の圧倒的比重を考えるとき、これはむしろ意外なほどである。

このように、保守支持漸増傾向といわれるものも、きわめてムード的なもので、強固な体制支配の思想的基盤を自民党がもっているわけではない。つまり知的道徳的なヘゲモニーによる安定支配ではなく、案外にその地盤はモロイといえよう。

第２図　革新政党の支持率（朝日新聞社・全国世論調査）

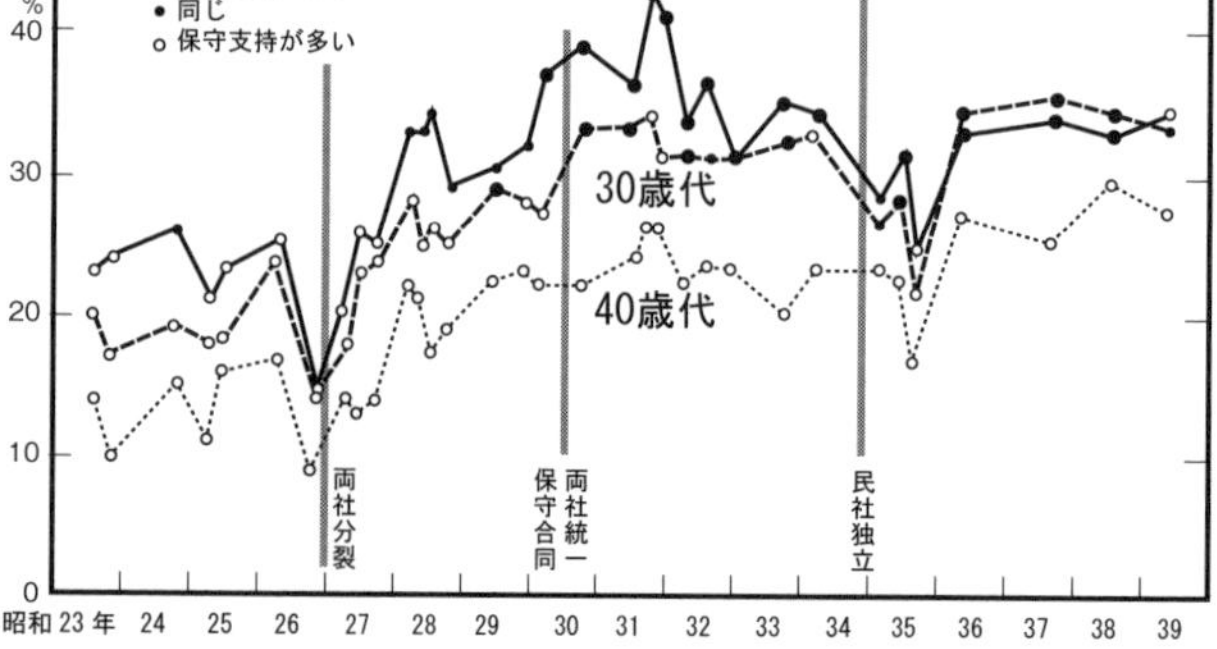

たとえば、高度成長経済の破綻によって構造的な経済危機が社会化し、一〇年以上も続いた学生の就職好況に終止符が打たれ、若者労働者にもその影響が及んでくれば、自民支持の漸増傾向もたちまちその方向を変えてしまうだろう（第3図をそのさきばしりとみることもできる）。また、保守と革新のもっとも重要な争点である憲法第九条の改正や、基本的人権にかんする諸条項の制限がひとたび問われるならば、若い世代のかなりの数は、保守反対にまわるだろう。第4図のみならず他のいくつかの調査でも、それは明白にでている。

第３図　20代の政党支持率

	昭和39年11月	昭和40年6月
自民党	39%	29.9%
社会党	29%	22.4%

毎日新聞全国世論調査（ソノ他ニツイテハ明記サレズ）

第４図　自民党が再軍備のための憲法改正をしても支持するか

年齢別	やはり支持する	支持しなくなる	どちらともいえない	非該当
20～24	13.5%	24.3%	7.2%	55.0%
25～29	9.6	22.3	7.4	60.6
30～34	14.0	28.1	12.3	45.6
35～39	10.5	14.0	7.0	68.4
40～49	20.7	24.4	18.3	36.6
50～59	20.9	26.9	10.4	41.8
60～69	37.1	7.1	17.1	38.6
男	22.1	16.2	11.4	50.4
女	13.1	26.6	10.9	49.4
計	17.6	21.3	11.1	49.9

（注）非該当は自民党支持以外のもの。「政治意識に関する調査」（昭和38年８月）平和経済計画会議

独占のヘゲモニーを積極的に支持していることと、ばくぜんとした疎外感をおぼえながらもその原因を自覚的に把握できないままに体制に順応していることとは区別せねばならない。

自衛隊による第九条の侵害をはじめとして多くの点で新憲法体制がネジまげられ骨ヌキ作業が進行していることは事実だ。（しかしそれを形骸化とよぶことはどうだろうか。腐蝕作用であってもまだガイ骨とはなっていない。ガイ骨

化をおしとどめるだけの抵抗力を国民はもっていたし、いまももっている。）

独占支配下の今日の大衆社会状況は、一面ではその新しい支配形態であるとともに、他面では発展する生産力と既存の生産関係の矛盾がますます深化する場である。資本主義世界の内部でたえず拡大再生産される諸矛盾は、平和と自由の価値についての国民的自覚をしだいにたかめ、憲法に規定されている基本的人権、国民主権、第九条などの普遍的規範性を逆手にとり、それの実質的拡充をつうじてブルジョア独裁のワクを突破しようとする動きを強める。つまり、戦後民主主義は、一九五〇年以降から独占のヘゲモニー機能として体制化されてゆくとともに、より高次のレベルでの矛盾をたえまなく生みだし、それはまた自己の支配をほり崩す構造的要因に転化してゆく。

革新派も、新憲法防衛という守勢的立場にとどまることなく、そのような矛盾を意識化しそれを国民的レベルで組織し、科学的プログラムに裏づけされた先制攻撃をかけるところまで進出しなければならぬ。

もちろん戦後世代も、戦後民主主義内部の矛盾を、じぶんたちの未来と結びつけて日常的に把握するところまではいたっていない。しかし、そのための契機は、いたるところに伏在している。それを掘りおこし組織しえなかった点での先行世代の責任は大きいが、それを指摘しているだけでは問題の解決にならぬ。

戦争直後派をふくめれば総人口のみならず労働力人口においても過半数を突破し、その先端がすでに三十代のなかばをこえている戦後世代が、みずからの知的ヘゲモニーと若い行動力でもって、戦後民主主義を革新し前進せしめる直接的な起動因にならなければ、停滞的な今日的状況を本質的にうち破ることはできないだろう。

第五章　戦後世代から見た河上肇

私が河上肇の名前を知ったのは、もちろん戦後である。敗戦のとき旧制高校二年生で、発動機工場で勤労動員学生として働いていた。

幼年期から天皇制イデオロギーをたたきこまれ、八紘一宇のファシズム教育の中で純粋培養された世代であったから、かつての革命運動の高揚や反戦平和の闘いについては知る由もなかった。工場動員のさなかに改造社版の『プロレタリア文学集』を持ってきた者があったが、この種の本を持ち歩くことのこわさも知らぬ空白の世代であった。左翼関係の本が姿を消して、すでに一〇年近くが経過していた。全くの暗黒の時代であった。

八・一五から激しい変動が始まった。その夜何年ぶりかで街に電燈がともったとき、命が助かったという解放感が底のほうからこみあげてきた。新しい情報が新聞にのり始め、既成の価値観は次から次へと崩壊していった。一週間もたたぬうちに、どこに隠されていたのか旧左翼本が古本屋にドッと出回り出した。

報道解禁で私たちが大きい衝撃をうけたのは、〝獄中一八年〟の非転向の抵抗部隊がわずかながらも存在し、彼らがマルクス主義という強固な思想体系に拠って最後まで日本帝国主義と闘ったというニュースであった。

大激動の中に突如投げ出され、新時代を照射する手がかりもなく思想的な混迷状態に陥っていた私たちにとって、この抵抗部隊の存在は、深い関心を抱くべきものとして急速に浮上してきたのであった。

私たちは工場内で近代文学の小さな研究会をつくっていた。トルストイやドストエフスキー、フランスの自然主義文学などを読み、手書きの同人雑誌を出してランボーを真似た象徴詩を書いたりしていた。

平泉澄《きよし》（一八九五～一九八四）の天皇史学や西田哲学右派の戦争賛美にのめりこんでいたクラスの右翼グループとは違って、もともと根が西欧派のサークルだったから、マルクス主義の文献を読み始めるのにあまり抵抗感はなかった。

戦時下の学生運動としては最後のものであった大阪商科大学〔現大阪市立大学〕の「真理」事件で検挙されたグループの影響をうけ、工場内で反戦を説いていた理科の一学生がいた。戦後すぐにその学生が私たちに接近し、十月から社研を結成して『ドイツ・イデオロギー』の読書会を数人で始めた。教師の中にもマルクス主義を解説できるチューターはおらず、お互いに内容がよく理解できぬまま手探りではじめた。

その頃、夜店の古本屋で手に入れたのが河上肇の『第二貧乏物語』であった。いまからみれば、当時のコミンテルンの公認理論であったスターリンの弁証法的唯物論を下敷きにした俗流解説書にすぎないのであるが、社会科学的素養の全くなかった私たちにとっては手ごろな入門書であった。あちこち赤線を引きながら繰り返し読み、学校へ持っていって研究会のサブ・テキストにした。

もちろん、その頃はまだ河上肇がいかなる人物であるのかよく知らなかった。『晩年の生活記録』

を読むと、河上肇の名が戦後の新聞に最初に出たのは十月八日の『大阪朝日』である。「八年ぶりに余の名始めて新聞紙に現はる」とあって、わが左翼論壇の驍将としてかつて知識階級の注視を集めた河上博士は吉田の寓居に老後静養の生活を送っているが、「私を再び時代の曙光に導き出さうといふ朋友諸君の御好意は有難いが、この体ではどうしても御期待に添へない。いまのところ中央へ出る意志は全然ない」という新聞談話がそのまま日記に写されている。

このあたりから出獄してきた共産党の活動に関連する記事が日記の中にもしだいに多くなってくるが、十月十五日の日記には次のような注目すべき事実が記されている。

午前中、去る十日志賀、徳田等の諸同志と共に府中刑務所を出でし黒木君来訪。約三十分対談。余は終始弱い態度しか取り得ざりしものにて、諸君に対し面目なしと語りしに、さに非ず、過去の閲歴、年齢、体質等より考へて先生はそのベストを尽されしものとして一同は感謝し居れりとのことに、余いたく感激す。来る十九日大阪の中島公会堂の大会にぜひ出席せよ、自動車にて送迎するゆゑ、一語も話さずしてよし、ただ顔だけ出してくれよとの、一同の切望なり、といふ話なりしも、事実からだが動かされず、黒木君も余の有様を見て納得して帰る。……

黒木重徳は京都大学法学部の出で、学生運動から党活動へ入り、たびたび検挙されながらも非転向で出てきた。河上の弟子筋にあたるから、徳田・志賀の意を体して河上を訪れたのであろう。東京では十一日に四千名を集めて出獄戦士歓迎会が開かれたが、その四日後に黒木がやってきたのだ。その趣旨は、日記に書かれているように、非転向組を核とした再建共産党への復帰・協力の要請であり、その手始めとして十九日に大阪で開かれる自由戦士出獄歓迎会への出席依頼であった。

ところで私たちのグループは、たまたまこの十九日の大会に出たのだ。正確に言えば、新聞で知った私たちはクラスで休講を要求して全員で見に行ったのである。ぎっしり満員で、私たちのような学生姿は見かけなかった。朝鮮人の参加者が多く、赤色防衛隊の腕章を巻いた若者があちこちに立っていた。その防衛隊のひとりが中学時代に仲の良かった高君だった。ぼくはハッとして呼びかけたが、〝場違いの所に来たな〟という意味の冷たい視線がかえってきただけだった。

やがて徳球〔徳田球一〕ら数人の非転向組が手を高々とあげて出てきた。ワッと湧きあがる喚声。あちこちですすり泣きの声もきこえる。何人かが壇の下に走って行ってひれ伏した。おそらく転向者であろう、「許してくれ！」と泣きわめいている。異様な興奮の中で、徳球の演説が始まった。

だが、あの激しい弾圧をくぐり抜けてきた同志たちが十余年ぶりに集まったものとしては、場内の雰囲気はなにかまとまらなかった。崇高な理想主義的イメージを期待していた私たちにとっては、徳球の演説はなんとなく威丈高で粗雑な感じを最後までぬぐいきれなかった。「天皇制打倒！」とぶったときに、「それはもう古いぞ」とヤジがとんだ。おそらく労農派系の人間で、戦後の主敵は帝国主義だと言いたかったのであろう。徳球の「たたき出せ」という指令で、その年輩の男は赤色防衛隊によって力ずくで引きずり出された。私はかすかな身震いがとまらなかった。

いろいろなアピールがあったが、やがて黒木重徳が出てきて、河上肇の救援を訴えた。本大会への出席を要請したが病気で出席できず、治療費もない状態なのでカンパを訴えると熱弁をふるった。私も『第二貧乏物語』を読んだ直後だったので、乏しい財布をはたいてカンパした。最後に決議の採択があったが、私たちはとてもすっくと立てる思想状態ではなかった。立たねば放り出される雰囲気だからやむをえず立ったが、そのあとのデモはそれぞれ複雑なおもいを噛みしめながら無言のまま見送った。

河上の日記によれば、大会の翌日、黒木が訪ねてきてカンパを届けている。それに添えられた名刺には、「先生の一日も早き御全快を祈ります。昨日関西人民大会々場に於て先生の御見舞金が一千六百九十九円九十三銭あつまりました。どうか御収納下さい。自由戦士出獄歓迎人民大会議長宋性澈」とあった。河上はこれを有り難く受領したうえで、改めて全部を関西の政治犯人救援会に寄附した。

それから三カ月後に、河上はこの世を去った。彼は最後までマルクス主義を科学的真理と見なし、終生それを放棄したという意識はなかった。だが、弾圧に抗しきれず筆を折って出獄してきたがゆえに、もはや落魄残骸の転向者であると自己規定していたのである。

それなのに出獄非転向組から無条件で党復帰の要請があった。日記は抑えた筆致で書かれているが、心の底では精神の汚点が一挙に浄化されてゆくような感情の高ぶりを感じたのであろう。「われもし十年若かりせば……澎湃たる人民革命の滔天の波を攀ぢて　共に風雲を叱咤せんに」――死の床での絶筆は、その壮年の頃の闘いの日々を想起しつつ、最後の心の高揚を最大限の言葉で表現している。

河上の生涯を学問のレベルで論じても、今日的な意義はあまりないかもしれぬ。しかし、河上の思想の歩みを近代日本の社会運動の歴史の中で位置づける仕事は、今なお大きい意味をもつ。よく言われるように、儒教倫理的な経世家の情熱と志士的な求道精神が彼の思想信条の根底にあった。それは終生動かなかった。

マルクス主義→科学的真理→その実現のための革命→それを体現する〈党〉――この図式がいった

ん出来上がってしまうと、河上はまっしぐらにその道を突進した。科学から政治の次元へ場が移るにつれて、宗教的真理と見まがうほどのコミンテルン＝〈党〉の物神崇拝に陥ってしまったのである。

出獄してから敗戦までの八年間、河上にとって重い暗い時間であった。ひとり静かに神宮球場で野球を観戦しているその孤影を日記で読むとき、私の心も微妙にゆれ動き、熱いものがこみあげてきた。「科学的真理と宗教的真理の統一」という自らに課した命題は、このようなジレンマを意識しての、苦渋に充ちた自己規制であり他者に対するギリギリの弁明であった。

河上は共産党のチンドン屋にされた気の毒な犠牲者だという評価と、儒教的求道者であり崇高な革命の志士であるという評価がいまなお併存している。これらの評価をトータルに考察するためには、その時代背景の分析を含めて思想史上の精密な仕事が必要であろう。

ともあれ、生死を賭けて危機の時代を生き抜こうとしたその精神の軌跡を語った自伝は、昭和史の底にあるものを明らかにする一等資料であり、私たち戦後派にとっても重い意味をもつものであることはたしかである。

第六章　追悼・野間宏さん――戦後の出会いから四十余年――

電話で野間さんの訃報を聞いた時、突然の死に言葉が出なかった。ちょうど四日前の大晦日《おおみそか》の夜、再入院されたと聞いてお電話したら、「今日は小康状態で話もしていますから大丈夫でしょう」との野間夫人のお話だった。それがダメだったというのだ。そのままとるものもとりあえず上京し、お通夜にかけつけた。車中で本を読む気にもならず、野間さんとご一緒したいろんな場面を想い浮かべていた。

『暗い絵』当時

本郷の小さな借家に住んでいた野間さんをはじめて訪れたのは、たしか一九四七年の夏、私がまだ二十歳の頃であった。今から四十三年も前になる。当時の野間さんは、『暗い絵』で颯爽《さっそう》と文壇に登場し、矢継ぎ早に新しい文体の新作を発表し、私たち戦後派のもっとも注目する作家であった。

その野間宏が大学のすぐ近くにいると知って、学生運動をやりながら「文学研究会」をつくっていた私たちがしばしば押しかけたのだ。仕事中でもおかまいなしにやってきて何時間も腰を据えているのだからたまったものではないが、野間さんはいつも笑顔で迎えてくれた。

年譜で確かめると、その頃の野間さんはまだ三十二歳であった。私たちとはちょうどひとまわり違うだけなので、なんとなく兄貴のような感じだった。同じ地域なので、当時よく開かれた政治集会でも一緒になることが多かった。私たちが結成しつつあった〈全学連〉の会合にも、野間さんはちょい顔を出した。

一九四八年六月に戦後最初の大学の全国ゼネストをやったが、その時の文学部の学生大会にも、野間さんはわれわれには何も言わないで傍聴にきていた。当時はだれでも参加自由というおおらかな時代であった。いよいよストをやるかどうかで表決する際に、私はうしろに立っている野間さんの姿が目に入ったので、「諸君もあの戦争の暗い谷間の青春時代を描いた『暗い絵』を読んだであろう。今、ふたたび戦後のファシズムが訪れ、言論の自由が脅かされ、われわれの自治が危機に瀕しつつある。われわれはまだ暗黒の戦争の時代をくぐり抜けてきたばかりだ。その『暗い絵』の作者も、このうしろに立ってわれわれの動向を見守っている。今こそストライキをもって闘うべき時だ」と関西弁で大演説をブッタ。満員の学生席は一斉にうしろをふり向いた。野間さんは突然自分の名が出たので、びっくりして苦笑いしていた。

いろんな集会の帰途、たいてい本郷界隈《かいわい》の外食券食堂へ入ってダベった。まだ当時はいま風の喫茶店というものがあまりなかった。それに一日二合四勺の配給制でたえず腹がへっていたから、コーヒーよりはメシという時代であった。当時から大食漢の野間さんは、血気盛んに論議を吹っかける私たちを尻目に、ゆっくり嚙《か》みしめながらうまそうにドンブリを平らげる。そして大きい目できっと見据えて、相手の言葉を見定めながら、やおら口を開いて自分の言葉を一つひとつ確かめるようにしゃべる。表情はいつも穏やかだが、納得がいかない時はけっして譲らなかった。

『青年の環』連載開始

当時は左手にマルクス、右手にサルトル、あるいは〈ヒルは唯物論、ヨルは実存主義〉が学生間のはやり言葉であった。戦争中の閉塞《へいそく》の時代をなんとか生き延びた私たちは、いわゆる〈戦後世代《アプレ・ゲール》〉であって、戦後堰《せき》を切ったように激しく動き始めた新しい思想と文学に飛びつき、毎月の雑誌に発表される評論や小説をみんな争うように読んでいた。したがって野間さんとの論議も、文学論と革命論が主たるテーマだった。

その頃から野間さんは、人間の内部の要素としての生理、心理、人間の外部の要素としての社会——この三つを全体的に統一してとらえる総合小説を提唱し、文学的手法としては十九世紀のリアリズムとサンボリズムを通過した二十世紀の新しいリアリズムを構想していた。あの戦争の時代、自由に本を読む機会を奪われていた私たちにとっては、生理や心理や社会といったコトバそのものが、実に新鮮な響きをもってきこえたのである。

その主張を実践する実験小説として、野間さんは一九四七年の六月から「近代文学」に『青年の環』の連載を始めていた。かなり苦心惨憺《さんたん》していたのだろうか、家を訪れてもハチ巻き姿で出てこられたことがあった。会うたびに、「今月のはどう読みましたかねえ」と訊《たず》ねられた。私の生まれ育った大阪が舞台になっているので人一倍親近感をもって読んでいたが、私たちの間でも毀誉褒貶《きよほうへん》あいなかばしていた。バルザック流の綿密な描写で、一人の主人公の表情の動きに四百字五枚をかけるという大河小説の筆致であった。そのうえ、さまざまな人間が次から次へと登場してきてストーリーが錯綜《さくそう》し、主題がよく見えない難解な小説だった。

だが、その作品が何回も何回も書き直されて、六部作全五巻八千枚の大作として遂に結実するのである。最終稿ができ上がったのは一九七〇年八月であるから、実に二三年の年月を要したのであった。あの作品が、西浜をはじめ大阪の被差別部落を主要舞台として展開される大小説になろうとは、当時の私たちにはまったく予想できなかった。

野間さんは、父上が浄土真宗系の在家信仰の小さな宗派の開祖であった。独特の阿弥陀《あみだ》信仰による呪術的な雰囲気をもった、中世の鉦叩《かねたた》きを連想させるような一種の土俗教派であった。そのことは『わが塔はそこに立つ』に克明に描かれている。その信者たちも貧しい人たちで、私はここに出てくる中之町はきっと部落だろうと思いながら読んだ。この小説は野間文学の根にあるものを掘り起こした意味でも逸することのできぬ大作である。(その点については、『野間宏作品集』13、岩波書店の沖浦の解説を読んでいただきたい)。

若い日の在家仏教の家での生活、ファシズム下での終末期の学生運動、監獄さながらの兵営生活、灼熱《しゃくねつ》のフィリピン戦線、大阪の皮革の街・西浜、衰退し戦争にのみ込まれていく水平社運動——自らが見聞したそのような生と死が背中あわせのギリギリの原体験をバネとして、『青年の環』が二十余年にわたって書き継がれたのであった。

部落問題が根本に

ここまで私の若い時代における野間さんを語ってきた。一九五〇年代は革命運動の分裂・対立の問題もあって、野間さんとはしばらく疎遠であった。スターリン批判後の世界のマルクス主義運動の大きい転換期に入って、ふたたび野間さんと話し合う機会が多くなった。六〇年代後半からいろんな研究会や講座などで同席した。野間さんも公害問題・自然生態系の破壊の問題から、さらに人類史の未来像の問題など、例によってのっしのっしと歩く感じでいろんな領域にゆっくりと進み出ていた。

もちろん野間さんにとっては、部落問題がすべての人間論、日本論の根本にあった。この問題を抜きにしては、あらゆる思想の営みも、作家の文学的表現も、人間の宗教的行動も、その一切が成り立たないという根本の構《かま》えはますますはっきりしていた。

一九七五年に「差別とたたかう文化会議」が結成され、野間さんが議長になった。カースト制の調査と被差別民衆との交流のためにインドへ一緒に出かけた。身体がまだよくなく医者のOKもなかなか出なかったが、ムリをしてのインド行きであった。「親鸞《しんらん》が行きたくてとうとう行くことができなかった天竺《てんじく》に、やっと行くことができますよ」とうれしそうだった。二週間の強行日程で、あわせて二〇あまりの地区を回り、何回か現地の運動体とも話しあう会合をもった。

帰ってから二人で対談して、『アジアの聖と賤』(人文書院)を出した。さらに被差別民の歴史と文化の原郷を探るべく、二人であちこちの部落を訪れた。とくに思い出すのは、一週間をかけて瀬戸内の海の部落、さらには中国山地の山の部落・川の部落を訪れたことだ。早朝から夜遅くまでびっしり詰まった日程だったが、野間さんは毎日熱心にノートを取って、部落の古老たちの話に耳を傾けていた。そういう調査をもとにして『日本の聖と賤』の中世篇・近世篇を出し、あわせて三部作としたのだが、足かけ九年の歳月がかかった。第四部近代篇も準備していたが、お互いに忙しくてなかなか機会がつかめず、遂に未完のまま終わった［その後、近代篇は一九九二年に出版された］。

岩波書店から作品集が出る時、私は野間さんにフィリピン再訪をすすめた。フィリピン戦線を主題にして未完になっている小説の書き直しを提唱したのだ。その時は実現しなかったが、昨年五月に入院される直前に、野間さんは思い立ったようにフィリピンに行かれた。私は電話してそれはムリではないかと中止をすすめた。「いや、これは倒れてもかまわんからやりますよ、やっぱり行かないと……」と強い決意だった。私は野間さんの心中を察して、「分かりました」と答えた。

最後の語らい

八月末、インドネシアのスンバ島から帰ってきて、すぐ病院に見舞いに訪れた。野間さんとは、人間の原始時代の呪術的な精霊崇拝、つまりアニミズムこそ人間の宗教的思想の源流であるという点で話が一致していた。ニューギニアに近いスンバ島は、まだアニミズムが残るいわゆる未開の島であるが、人間生活の原点が分かるようなきわめて人間的ですばらしい島だった。私はここしばらく毎年インドネシアの辺境の島を訪れているが、その度に野間さんを誘った。しかし身体の状態が思わしくないので結局断念された。帰ってきて野間宅を訪れると、一しきりその話でもちきりだった。

そういうこともあって、私はスンバ島伝来の珍しい織物《イカット》とインドネシアの生薬をお土産に持っていった。

「野間さん、この織物はまだアニミズムの世界に生きている人たちが二年がかりで織った物で、この紋様も自分たちの先祖とみなしている動物をかたどっているんですよ。これを身体につけておくと神の加護があるそうですから、きっと霊験あらたかで病気も治りますよ」「ありがたいなあ、この紋様は龍ですか、ワニですか」「海の民ですから、トーテムも龍かワニ、それにカニ、エビですね。染料もすべて天然の物ですよ」。野間さんはうれしそうに受け取ると自分の身体の上にかけていた。

かなりしんどそうであったが、病室で二時間ほどあれこれ話をした。前々から私は、『青年の環』

の続篇として戦後の部落をテーマにした小説をぜひ書かれるべきだと言っていたので、この前に訪れた大崎下島など瀬戸内の部落の話になった。昨年訪れた江田島の部落では、町議会に出ている七十三歳の老漁夫が、たった一人で天皇制を讃美するような決議に反対した話も出た。「元気になったら、ぜひまた行きたいねえ」と頷きながら野間さんは聞いていた。

最近、大阪の矢田の部落で熱い温泉が噴き出した話になった。「湯田という古代の地名があそこにあるので、それを頼りに掘ったら、もうダメかなという頃にドドッと出てきたんですよ」「これはやはり、温泉の神もちゃんと見てるんだねえ、どこで噴き出してやろうかと……」「よくなったら、ぜひ矢田の温泉話を短篇でいいから書いてくださいよ」「うん、そうするよ。それはいい話だなあ」――二人でじっくり話しあったのはこれが最後だった。

生ある人の世では、死もまた必然事である。しかし、この激動の二十世紀末、日頃心にかけておられた地球の行く末、人類史の未来、それがどうなっていくかを見定めぬままにこの世を去っていくことは、野間さんもさぞ心残りであったろう。もう深夜の電話もかかってこないかと思うと、私も淋《さび》しい。心からご冥福を祈る。

第七章　安東仁兵衛の想い出

第一次『現代の理論』が創刊されたのは、六〇年安保闘争の前夜にあたる一九五九年四月であった。そのころ、私は大森の下町に住んでいた。その小さな家は、敗戦直後の第一次（全学連）で共に活動した連中の溜り場のようになっていて、週末にはいつも何人かが集まって研究会をやっていた。

一九五〇年代初頭からの日本共産党の組織的分裂に象徴される戦後革命運動の全面的な退潮、それと対照的に〝経済復興〟と〝技術革新〟を合言葉とした日本資本主義の立ち直り――戦争の傷痕がまだあちこちに残っていたが、「もはや戦後ではない」というキャッチ・フレーズがもてはやされる時代であった。

国際的には一九五六年に衝撃的なスターリン批判が突如表面化し、それを契機にハンガリー動乱が誘発され、さらにはイタリア共産党の構造改革論を中心に西欧における新左翼の胎動が告げられるなど、かつての一枚岩的な社会主義像は轟音を立てて解体しつつあった。

このように急転回する激動期にありながら、私たちは思想的な結集軸を失っていた。あの第二次大戦中に天皇制ファシズムと果敢に闘った《パルタイ》［党派。日本では共産党を指す］が、なんといっても第一次全学連の理念的な結集軸であった。その非転向神話が崩れ、理論史・思想史のレベルでも戦前左翼の抱えていたいろんな問題点が明らかになるにつれて、《パルタイ》は思想的な吸引力を急速に喪失していった。私たちは、思想的な紐帯《ちゅうたい》が消失するままに組織的にもバラバラになり、ほとんどが一匹狼のような状況にあった。覚悟の上とは言え、その活動歴が物を言って社会的に所を得ることもままならず、なんとかその日暮らしで身過ぎ世過ぎしている者も少なくなかった。

問題はそれだけではなかった。人間存在のギリギリの実存を深く問われるような精神的な苦悩が付随していたのである。いわゆる五〇年問題の過程で、運動の内部でもさまざまな背信、挫折、転向、遁走、リンチ等々が発生し、当事者はもちろんのこと、そのまわりの者も簡単に消すことのできぬ深い精神の傷を負うていた。自ら生命を断った者もあった。

今日の若い世代には、いかに説明しても、とうてい心情的な理解を得られないような問題状況であった。井上光晴の『書かれざる一章』、高橋和巳の『憂鬱なる党派』、すこし時代は下るが、高史明の『夜がときの歩みを暗くするとき』、柴田翔の『されどわれらが日々』などの、一連の文学作品が表象するような、陰湿で鬱屈した青春であった。そしてこれらの小説群が、六〇年代から七〇年代前半にかけて多くの読者を持ったということは、たんに戦後文学史のみならず戦後思想史としても見過せない。多くの若者たちの傷痕がまだ癒《い》えぬままに、時は流れつつあったのである。

私が入学したころの細胞のキャップが、自らの意志で世を去ったと風の便りに聞いたのは一九五七年冬であった。数年ぶりで尋ねてきた旧友が、身に覚えのないスパイの嫌疑をかけられて遺書まで認《したた》めた五〇年の事件を想い出して、悲憤慷慨ねむれぬままにウイスキーを一本空けてしまったのもちょうどそのころであった。

詩を書いていた心やさしいひとりの先輩は、もう運動の内部にいることはこれ以上耐えられないと一枚のハガキをよこしたまま、遠い南の国へ帰っていった。「これからは革命という幻想を捨て、百姓をやりながら宗教的生活に入ります」とあった。そして次のような聖歌が末尾に添えられていた。

いつくしみ深き　共なるイエスは
われらの弱きを知りて　あわれむ
悩み悲しみに　沈める時も
世の友の　我を捨て去る時も
祈りにこたえて　いたわりたまわん

私は一九六一年に大阪へ移ってきてずっとキリスト教系の大学にいるが、卒業式などの別れの儀式ではこの聖歌四八八番が歌われることが多い。魂の奥底に響きわたるような、そのもの悲しいしらべをきくと、私はいつも四〇年前のそのハガキを想い出す。

そのように何人かの友は去って行ったが、私のまわりでは、雌伏して時を待つ、このままでは引きさがれぬという気概だけはまだ失っていなかった。その沸々たる闘志の吐け口がなかったので、細々とした研究会でうっ憤を晴らしていたのであった。

そういう過渡期であったから、数人が集まるとカンカンガクガクの大論議が始まるのが常であった。一九五九年一月の寒い冬の夜、安東仁兵衛が飛び込んできた。いつも威勢がいいのだが、その晩は特に興奮して息づかいが荒かった。のっけから「いよいよやるぜ」と大元気である。「一体何をやるんだ」と問い返すと、この混迷せる状況に一石を投ずるために雑誌を刊行する、編集は井汲卓一、長洲一二らがやるが、自分が常任として入る話が持ち上がっている、と。居合せた面々はしばらく黙っていた。血気盛んな安仁は最前線の切り込隊長としてはその名を馳せていたが、理論誌の編集者としてのイメージは、実際のところ誰にも浮かばなかったのだ。それから三〇年間、彼がほとんどひとりでこの理論誌を支えきろうとは、神ならぬ身の誰も予想しえなかったことであった。

ともかく第一次『現代の理論』は出発した。「今日マルクス主義は、自己完結的体系性の殻を打破る広い討論と交流の中でのみ、その生命力を燃焼させるであろう。……偉大なる転換と激動の現代は、マルクス主義に数々の新たな問題を投げかけている。我々はこれを解決する義務がある……。」創刊の辞の一節であるが、ペレストロイカの風が吹きまくる今からみればなんと言うこともない古証文であるが、当時としては旧コミンテルン以来の正統派マルクス主義に対する正面からの挑戦状であった。予想通り〈思想の平和共存〉はありえないと発行元に圧力がかかり、第五号で廃刊に追い込まれた。

それから第二次の本誌が出発するまで五年が経過した。六〇年の安保闘争のさなかに例のハガティー事件で安仁が逮捕されてしばらく活動できなかったことも原因の一つであったが、資金を集めて出版社を創設し、自力で再出発するのになかなかふんぎりがつかなかったのである。

それを促進した大きな力は、やはり六〇年の安保闘争であった。あの闘争でさらけだされた《パルタイ》のみじめな非前衛性・非大衆性は、新しい左翼的潮流の結成を引き起こす決定的な契機となった。

バラバラになっていた旧全学連グループも、それぞれの思いで安保闘争に参加していたが、ともかく一度集まろうという声があちこちから挙がり、日曜日の午後、春日町の旅館で再結集の機会を持った。世話人は斉藤浩二と木村勝造であった。予想より多く一〇〇人近くが集まったが、獄中にいる安仁の代理として妻君が参加していた。一〇年ぶりの再会という者も少なくなかった。組織的結集はともかく、まず研究会を始めるところから再出発ということで意見が一致した。第一回が力石定一と上田耕一郎による「日本資本主義の現状分析」で私が司会をやった。第二回が高沢寅雄の「構造改革論をめぐって」であった。

第一次の本誌に結集した面々が手を拱《こまね》いて傍観していたわけではない。第一次『現代の理論』の中断後、直ちに着手されたのが『講座・現代のイデオロギー』（全六巻、三一書房）であった。この講座は今では忘れられてしまっているが、第二次への再出発の土台づくりとなった重要論文が数多く収録されている。その編集作業を通じて私たちの目ざす新潮流への賛同者が少なくないことも分かってきた。

激動する安保後の政治局面を睨みながら、それぞれが活発に動いていたが、組織路線としては次の三つのコースが想定されていた。①あくまでもパルタイの内部に少数派として留まって宮廷革命を目ざす、②組織問題は一時棚上げして国際情勢の新しい展開を見据えつつ時機を待つ、③完全にパルタイと訣別して「構造改革派」として新潮流の形成に踏み切る――この三つであった。第三の場合は、当然のことながら社会党や労働運動の内外で胎動しつつあった構革派新潮流との連携を視野に入れていた。

第一の立場にあったのは、上田耕一郎と不破哲三であって、『講座・現代のイデオロギー』までは共同歩調をとっていた。しかし、旧全学連派では③の立場が圧倒的に多かった。私たちは第二次大戦後という新しい激動の時代に自己形成してきたので、主人持ちの家父長制的思考や非合法時代の陰湿でカゲのある活動スタイルとはもともと肌が合わなかった。したがって決断もはやかった。いろんな意味で、私たちの世代はやはり《戦後派《アプレ・ゲール》》であった。組織運動の最前線にある《戦前派》は、やはりギリギリまでふんぎりがつかなかったようだ。あの苦しい戦争を闘ってきた彼らの心情まで云々する資格はわれわれにはなかったが、やはり旧コミンテルン以来の《パルタイ》の物神崇拝という尾骶骨がまだ残っていたのである。

一九六〇年の十月であったが、『講座・現代のイデオロギー』に収録するために、中野好夫をゲストに力石、上田、それに私の四名が三一書房で座談会をやっていた。そこへ安仁が息せききって駆け込んできた。パルタイの中央にいて少数派として頑張っていた戦前派も、遂に独自行動に入る決意をしたというのである。上田はこわばった表情で安仁の話を聞いていたが、自分はどうしても賛成できぬと憤然として席を立った。黙って私たちのやりとりを聞いていた中野好夫は、「もうこれからはタテ割りの時代じゃないよ。これからはヨコだよ。君たち若い戦後派の感覚で自由にやるべき時代がやってきてるんだよ」と一言された。

上田とはこれが最後であった。学生時代から上田と特に仲の良かった安仁は、やはり彼との訣別が断腸の思いだったのだろう、じっと唇を嚙みしめながら中野さんの話を聞いていた。

大阪、京都をはじめ各地方の三十代の若い活動家との連絡も、特有のオルグ感覚を持った安仁の努力で急速に拡がっていった。そして、そういう全国的な動きが、第二次『現代の理論』の再出発を支える大きい原動力となった。一株五千円のカンパを募って、第二次の本誌が出発したのはそれから間もなくであった。

それから三〇年、よくここまで持続できたと思う。こういう同人誌的理論誌が三〇年も持続したという記録は、今までにないのではないか。創刊三〇周年の「総目次」でみてみると、私も二八本の論文を書いている。四〇〇字で千二百枚あまりである。対談・座談会には一八回出ている。やはり敗戦直後の、激動期の青春の情念が、ここまで涸れずに持続してきたとしか言いようがない。

井汲、長洲をはじめとした先輩諸氏の頑張りも大きかった。私たち血気盛んな戦後派だけでは、たえず論争が起こってバラバラになっていただろう。原稿料も払わないのに、毎月数百枚の原稿を三〇年間も集めてきた安仁編集長の努力も大変なものであった。喧嘩早いがトコトン憎めぬ彼の人柄のせいだろう。

ともあれ、ここで一応のピリオドが打たれる。しかし、私たちが若い時代に燃やした青春の情念は、まだまだ涸れずに持続するであろう。一文を草して、ながいあいだつながりの軸になってくれたわが『現代の理論』を送る鎮魂曲《レクイエム》とする。

Ⅱ　近代主義とマルクス主義

第一章　激動の時代・作家の死——太宰治論ノート——

まえがき

太宰の死について、いろいろな人がいろいろなことを書いた。なかでも中野重治の「死なぬ方よし」（『芸術』８）は、断片的な考察ではあったが、太宰が対決した社会との関係から文学史的評価の問題に触れていて、奥ゆきの深い示唆をあたえるものであった。

けれども多くの批評家や作家は、「作家の死」のもつ現実の重さに圧倒されたかたちで、そこに現代日本文学の自己封鎖的性格をさぐるよりも死の周辺をさまざまの姿態で彷徨し、問題の客観的意味を興奮した感情と感傷的な主観操作で避けてとおり、ややもすれば印象批評に堕しがちであった。

たとえば、「芥川を語っても太宰を語っても、つまりはぼくがぼく自身を語ることにしかならないという事実に、いまのぼくは批評家の生理を誇らしげに吹聴する気には決してなれぬのである。それは批評家の勝利ではなくして敗北なのだ」と福田恆存は語る。小林秀雄の論理のリフレインを確認しながらも、太宰文学に「べたぼれにほれぬいてみる」ことに「批評文学の自律性」を信じた福田の「道化の文学」（『群像』７・８）の場合は、宮本顕治が芥川の文学を「敗北の文学」と規定することによって批評家の勝利をかちえたのとは違って、太宰文学の前に平伏することによって、批評家の勝利を逆説的にかちえようとしたのであり、そしてそのことによって福田恆存は「批評文学の自律性」を放棄したのであった。

また、「彼の生涯が敗北であったか、勝利であったかをしらぬ。しかし、すくなくとも太宰治の死が彼の文学の最後の仕上げだったことはうたがえぬ。あなたは『人生の俳優』という陥穽《かんせい》にみちた道をみづからえらびその道に殉じた。傍人がなにをとやかくいうことがあらう。もはや私は黙《もだ》したい。合掌」といった平野謙の見解に代表されるアプレ・ゲール一派の意見も、「彼の生涯が敗北であったか、勝利であったか」を明らかにすることなく自己を「傍人」と規定することによって問題の核心を意識的にそれ、「合掌」の花束を捧げつつ深々と嘆息をもらす態のものであった。僅かに臼井吉見の「太宰治論」(『展望』8)のみが、いろいろの苦情はあるとしても太宰文学の文学的評価にとりくんだものであった。しかしその死によってしめくくられた太宰文学が呈出した問題は、整理せねばならぬ時期にきているのではなかろうか。

太宰治の近代日本文学史における位置とその評価の問題。太宰の、当時の社会に対応した人間と作品との関係、つまり文学者の実生活と文学作品との関係。その諸作品における内容と形式の問題、とくにスタイルと虚構(フィクション)について。最後に現代と人間の生き方の問題。——これらの諸課題の文学的究明を基底において太宰治を論ずることは困難なしごとであるが、その困難さは直ちに近代日本文学の複雑な歴史的社会的性格につらなるものである。いわば太宰文学に、すべてではないにしろ、近代日本文学の特徴的な本質が集約的にあらわれているのではなかろうか。

とくに私小説および私小説的精神の克服とリアリズムに立脚した客観的ロマンへの志向が語られている今日、太宰のうちたてた世界はある意味で黙殺できないだろう。もちろん太宰の諸作品が、客観的ロマンによる新しい文学への発展のモメントを含んでいるという意味ではなくて、むしろその逆の意味においてである。以下はこのような本格的課題についての私の試論であるが、問題は必ずしも整理された種類のものではない。ノートとなづけたゆえんである。

一

太宰治の作品を系譜づければ、三期あるいは四期に区分できる。第一期は、一九三三年の処女作『魚服記』に始まり、『思ひ出』『葉』『彼は昔の彼ならず』『道化の華』『ダス・ゲマイネ』『虚構の春』『狂言の神』『二十世紀旗手』『Human Lost』をもって終結する。

第二期は、一九三八年の『満願』に始まり、『富獄百景』『女生徒』『八十八夜』『女の決闘』『駈込み訴へ』『走れメロス』『乞食学生』『きりぎりす』『風の便り』まで。(『満願』の次に書かれた三八年の『姥捨』は、厳密な意味ではむしろ第一期に属するものであるが、私はこの作品を第一期から第二期への過渡期のものとみたい。)

第三期は、一九四二年代からで、『新郎』『十二月八日』『正義と微笑』『右大臣実朝』『新釈諸国噺』『佳日』『津軽』とつづき、四五年の『お伽草紙』『惜別』に終わる。(もっとも平田次三郎や臼井吉見などは第二期と第三期とをひっくるめて第二期とし、太宰の「古典期」「発展期」と名づけているが、そのような区分は誤りではないにしても二期と三期に分けた方がよいのではないか。)

第四期以後は、戦後の作品となる。四六年の『嘘』『苦悩の年鑑』『チャンス』『冬の花火』『春の枯葉』『親友交歓』『男女同権』から、四七年の『トカトントン』『メリイクリスマス』とつづき、『母』と『父』の間にはさまれた『ヴィヨンの妻』を一つの転期として、『斜陽』をへて『桜桃』『如是我けて考察した方がよいのかもしれない。

次大戦の終結までを第二期、戦後の作品を第三期と大きく分け、第二期と第三期をそれぞれ二つに分

だが五期を平等に並置するのではなくして、彼の転向から中日戦争までを第一期、中日戦争から第二

『ヴィヨンの妻』を境界線として、戦後の作品を二期に分けるとすれば、総計で五期に区分できる。

聞』『人間失格』『グッド・バイ』で終結する。

二

第一期は八雲書店版の全集によれば、『晩年』と『虚構の彷徨』の二著をもって代表されるのだが、この間に彼は三回自殺を決意し、いずれも未遂に終わっている。自己の自殺のモチーフについて彼はこう語っている。

「君は、ものを主観的にしか考へられないから駄目だな。そもそも、そもそもだよ。人間ひとりの自殺には、本人の意識してない何か客観的な大きい原因がひそんでいるものだという。うちでは、みんな女が原因だときめてしまっていたが、僕はそうではないといっておいた。女はたゞ、みちづれさ。別な大きい原因があるのだ。」

彼が『晩年』を遺書として書き始めたいきさつからしても、彼の死への決意と、文学への決意を、まったく異質なものとして扱うことはできない。この二つの動機の重なりあっている点に、太宰文学の秘密を明らかにするキイがあるのだ。

第二期の考察に入る前にここで立ち止まって、もうすこしこの時期を掘りさげてみたい。なぜならこの第一期こそ、とくに革命運動への太宰の参加の動機とその必然性、そして転向、それによって生

ずる思想的精神的苦悩など、それ以後の太宰文学のあり方を規定する重要なモメントになっているからである。

彼がなぜ左傾したかという問題については、どの作品をひっくりかえしてみても、ほとんどまっとうに語られていない。語られていないという事実はともかく、彼が語ろうとしなかったこと、たとえ語ったとしても、『人間失格』のように自己嘲笑のまなざしでしか語りえなかったということは重要である。彼は幼少の頃から〈家〉の重圧を全身に感じていた。「多人数の家族の間に育った子供にありがちな、自分ひとりを余計者と思いこみ、もっぱら自分を軽んじて甲斐ない命の捨て所を大あわてにあわてて捜しまわっているというような傾向」（『花燭』）は、彼のアンダ・ドックとしての気質を決定的にした。いじけた、はにかみやの、すべての事象を自己に対する「負の平方根」と思念する性格を生みだした。

高等学校、大学と進むにつれて、自分は封建的な家族のアンダ・ドックであるのみならず、資本主義社会においても、大地主・貴族院議員の息子であることは、プロレタリアートに対してもアンダ・ドックであることを発見した。自己の生存そのものが、社会におけるマイナス的存在でしかないという余計者の不安と、その矛盾についての自意識過剰は、彼の実生活をたえず締めつけた。そこからの脱出を彼は革命運動に求めたのである。そのかぎりで、彼は青年らしい人間的な道を歩み始めたのであった。

当時の運動に実践的に参加することは、大変な決意と努力を要した。すくなくとも芥川の立場から数歩前進しているという事実だけでも、若い太宰のそのころの心情を把握することは重大である。福田恆存の、「太宰は芥川の生涯と作品系列とを、いはば逆に生きてきたのである」（『道化の文学』）というような社会的視点を喪失した卓見では、問題はいっこうに解決しないのである。

もちろん太宰は、科学的に社会経済構成を分析し、歴史の弁証法的発展を必然として認識し、インテリゲンチャの正当な位置の把握にもとづく「前衛の観点」への移行をなし遂げたわけではなかった、と私は推量する。たぶん、民衆の搾取の上に成り立った自分の〈家系〉、それに反発する若者らしい正義心から左翼運動に心情的に加担したのだろう。

これを裏書きするものとして、戦後彼は自己のイデオロギーについて次のように述べている。

「プロレタリヤ独裁。それはたしかに新しい感覚があった。協調ではないのである。独裁である。（中略）金持は皆わるい。金のない賤民だけが正しい。私は武装蜂起に賛成した。ギロチンのない革命は意味がない。」（『苦悩の年鑑』）

これが太宰の革命理論らしいが、彼は大真面目に語っているのであって、たんなるパロディではない。しかし、このような単純な論理が、マルクス・レーニン主義と縁のないことは詳説するまでもない。

この思考方法は、『斜陽』で、直治の日記に書かれた「論理は、所詮論理への愛である。生きている人間への愛ではない」という論理操作と直結する。論理をたんなる論理として、人間の存在と別個のものとしてしか理解できなかった所に、俗な表現をすれば、思想と肉体が遊離した所に、太宰の論理の弱みがあり、そのような現実から遊離した論理にしがみついているかぎり、革命運動からの脱落は必至であった。しかもそのことは、結局は彼の階級性と分かち難く結びついていた。

弾圧が激化し、テロが流行し、同志がやられる。「純粋な政治家に徹した」彼も、転向という人間としてのギリギリの所に追いこまれた。「事実は知らず、転向という文字には救いも光明も意味されている筈である。それなら彼の場合、これは転向という言葉さえ許されない。廃残である。破産である。光栄の十字架ではなく、灰色の黙殺をうけたのである。」（『花燭』）

転向を「光栄の十字架」「復活」としてではなく、「廃残」とし、「破産」と意識した彼は、彼なりに苦悩を味わったのである。堂々と転向声明を発表し、ファシズムへ傾斜していった昭和エセ使徒行伝にのっている偽善者とは異った方向をとったのである。かくして、「背徳者」は死を択んだ。余計者は、〈転向〉という人間的敗北を負荷することによって事実上の「負の平方根」と化し、そして「捨身のロマンチシズム」への質的転換によって敗残の身を処理しようとした。余計者は道化師の仮面をつけた。しまいには仮面か、本当の面容《めんよう》か見分けがつかなくなった。だが、腹の底では、死ぬまでそれが重たいピエロのデスマスクであることを意識していた。酒と女がその仮面の重さを忘れさす唯一の道具であった。

問題の本質は、彼が左翼運動をやったということよりも、むしろ運動に飛び込む必然性をそなえていたということにある。その必然性を貫徹することによってのみ、彼は余計者としての全存在を明確に位置づけることができたのであるが、軌道からはずれてしまった彼は、遂に「なんじら、断食する時、かの偽善者のごとく悲しき面容をすな」（『狂言の神』）という心境にたどりついた。彼はピエロになることによってオモテ向きは「悲しき面容」を忘れ、「かの偽善者」から自己を区別しようとした。自我はすでに分裂していた。現実と自我との、ますます深くなっていくどうしようもない溝を、彼ははっきりと感じていた。

三

「私はすべてについて満足し切れなかったからいつも空虚なあがきをしていた。私には十重二十重の仮面がへばりついていたので、どれがどんなに悲しいのか、見極めをつけることができなかったのである。そしてとうとう私はあるわびしいはけ口を見つけたのだ。創作であった。こゝにはたくさんの同類がいて、みんな私と同じようにこのわけのわからぬおののきを見つめているように思われたのである。作家になろう、作家になろう、と私はひそかに願望した。」(『思ひ出』)

自己の周辺をめぐる、転向、女、家、金等々の社会的人間的諸問題と、そこから湧きでてくる不安、虚無、絶望等々からいかにして脱出していくのか。そして、すでに分裂してしまった自我と現実との共存は、はたして可能なのかどうか。——そのような課題を身に負いながら、苦悩に充ちた彷徨をつづけたのが太宰文学の第一期であった。

自我の分裂——つまり実生活におけるオリエンテーションの喪失、現実における自己のアイデンティティ、存在性の喪失そのものを文学の主題とすることによって、実生活の苦悩を観念的に解決しようとしたのである。彼のそのような文学観念は、その創作方向に決定的な影響をもたらした。『葉』『道化の華』『ダス・ゲマイネ』『虚構の春』『狂言の神』では、分裂した自我が、絶望的な自己否定と、自嘲的な自己肯定を主張しつつ、いり乱れた錯乱の姿態で登場する。これらの主人公は、分裂した作者自身の分身であった。

第一期の作品のほとんどの題材は、分裂した自己そのものである。だが彼の場合、題材はそのまま主題とならなかった。私小説作家にあっては、自己の実生活はそのまま素材であり、素材はそのまま主題となる。文学のカテゴリーと実生活のカテゴリーが一致していたのである。

私小説は、田山花袋の『蒲団』にはじまる自然主義文学の末流であった。自然主義文学は、客観的現実の追究とその底にある真理探求を目的とし、作家の目に映ずるものを主観を交えず客観的に描写することを主張した。このような「写実精神」に支えられた平面描写理論が、リアリズムに立脚した限りにおいてその果たした文学史的意義は評価されねばならぬ。

だが、描かれる対象と描き方だけが問題にされて、描く作家の主体が、創作方法や世界観の観点から問題にされなかったことは、日本の自然主義文学の社会性を大きく制約した。このことは、日本資本主義の発展過程——封建的社会から近代市民社会への歪められたプロセスと切り離せないだろう。現象の考察を、〈家〉から〈社会〉へ、〈生理〉や〈心理〉を思想を含めた人間存在の全体像へと発展させることができなかった自然主義文学は、結局は描く主体の問題、すなわち、作家自身の生き方をあまり問題としなかった。

芸術的対象と作者との実践的かかわりの捨象は、作家主体の問題を抜きにすることによって客観主義へと必然的に移行した。そして、近代市民社会へと完全な発展をなしえなかった日本社会の後進性が、客観的方法そのものの客観性を制約することによって、客観主義は傍観主義へと堕落した。

これらの事情は、テーマのないといわれる私小説を生み出した。自然主義文学は、作家主体の問題を捨象したことによって、文学における近代的自我の確立の問題を第二義的なものとした。このことは、いわゆる私小説的精神の発生する基盤を用意した。作家の眼はひたすら自己身辺という狭い範囲にのみ向けられた。日常性をありのままに描けばよい、実在的なものをすべて真実であるとする考え方は、実在的なものから普遍的本質的なものに到達しようとする現実認識を回避する結果をまねいた。そして、日常生活の論理がそのまま創作方法の論理となり、小説における虚構を通俗的なもの、こしらえものとして排斥した。

私小説においては、このような矛盾の自我への反映としての作家主体の分裂もなかった。分裂や矛盾を意識しないからこそ、「自己をリアルに描けば社会が描ける」とする最も素朴な理論に依拠したのである。志賀直哉に苦しみ、谷崎潤一郎とフィクションについて論争した芥川は、この矛盾や分裂にたえかねて敗北し、「人生は一行のボードレールに及ばない」と告白することによって、苦しい逃げ道を用意したのであった。

四

自我の分裂から出発した太宰の作品が、素材として自己を描きながら自然主義文学の末裔である私小説にならなかったのは、以上の観点から理解されねばならない。分裂した自我を描くことそのものを意図した彼には、初めから私小説は問題にならなかった。彼の作家精神は、出発の当初から私小説的精神と無縁であった。

「天然なる厳粛の現実（リアリテ）の認識は、二・二六事件の前夜にて終局、いまは表現の季節である。」「真理と表現。この両頭食ひ合ひの相互関係、君はたしかに学んだ筈だ。相剋やめよ。いまこそ、アウフヘエベンの朝である。これを仮に名づけて、『われら、ロマン派の勝利』という。」（『Human Lost』）

自我の分裂した彼は、自我を分裂せしめたものに触れるのが恐ろしかった。『第一章』での中野重治のたたかいぶりや、『獄』『再建』から『生活の探求』へと傾斜していった島木健作の脱落ぶりなどは、「われらロマン派」の〈表現の季節〉を謳《うた》いつつある太宰にとっては、そもそも問題たりえなかった。林房雄や森山啓や亀井勝一郎らのグループに加わって「日本浪漫派」「文学界」に加入したが、後になって愚劣なファシストに転落した彼らとは、どうしても同じ道を歩むことはできなかった。

太宰にとって、真理の追究や現実の認識は、すでに二・二六事件を境として過去の世界に葬られ、「いまは表現の季節である」と、彼は低次元への下降的アウフヘエベンを断行する。思想の敗北を、表現の勝利で一挙に克服しようとしたのである。

だが、そんな形で人間の敗北が処理できるはずはない。私小説の枠にはまりきらず、客観的ロマンに行こうとしてもリアリズムは恐ろしく、太宰治の創作方法は、ついに創作方法そのものとしても統一できなかった。分裂したままで、彼は第一期の作品群を書きつづけた。これは『道化の華』に典型的にあらわれ、『狂言の神』や『葉』にもそのあがきはみられ、『ダス・ゲマイネ』においては、ついに分裂したままで結実している。

五

太宰は、一九三八年に三度目の自殺を企てた。そしてそのことは、『姥捨』に書いた。この自殺は第一期の総決算とみられるが、ちょうど中日戦争の起こった翌年である。この頃に井伏鱒二の世話で平凡な見合結婚をし、生活も安定の方向にむかった。

『満願』『富嶽百景』にはじまる彼の第二期は、「古典期」とか「発展期」とかいわれているが、実際のところは、一般的危機における相対的安定期なのであった。自我の分裂にたいする危機意識の観念的再生産もなくなり、落着いた気持ちで、彼は自分の心情のいらだちを整理した。時代はファッショ的勢力によって統一され、人民戦線も弾圧されて、世はミリタリズムを謳歌していた。

彼の悔恨《かいこん》の情や、罪の意識は消滅こそしなかったが、革命運動の高揚がなくなるとともに、肩の荷も次第に軽くなっていくように思われた。このような実生活と生活心情での安定は、創作方法にも影響をもたらし、美しいタッチでいろいろのことを書いた。太宰が、『女の決闘』や『女生徒』『乞食学生』で創作方法のアヴァンチュールを試みたのもこの時期である。

第二期の作品の系列も、大雑把に分けると二つの流れがある。第一の系列は、『富嶽百景』『八十八夜』『おしゃれ童子』『兄たち』『乞食学生』『風の便り』『津軽』である。おもに自己の身辺について語り、自己の作家生活に密着しながら、第一期からつづいている自己への不信や懐疑を整理しつつたしかめようとしたものである。自己剔抉《てっけつ》のメスは、感傷を脱しきれないものの、やはり鋭い。

「くるしいのである。仕事が、――純粋に運筆することの、その苦しさよりも、いや、運筆はかえって私の楽しみでさえあるのだがそのことではなく、私の世界観、芸術というもの、あすの文学というもの、謂《い》わば、新しさというもの、私はそれらについて未だ愚図愚図《ぐずぐず》思い悩み、誇張ではなしに、身悶《みもだ》えしていた。」(『富嶽百景』)

「苦しむものは苦しめ。落ちるものは落ちよ。私に関係したことではない。それが世の中だ。そう無理につめたく装い、かれを見下ろしているのだが、私は、かなり苦しかった。」(前掲書)

彼は心情の渦巻きを、富士をみて「その素朴さ自然さ」を描くように、「単一表現」で描くことによって、気分的にも整理しようと思った。ここでは「単一表現」はかなり成功しており、心情と描写の調和は、「姿勢の完璧」となって作品の統一性を高めている。「私は愚鈍だ。私はめくらだ。笑え。笑え。私は私は没落だ。なにもわからない。――負けた、負けた。誰にも劣る。苦悩さえ苦悩さえ、私のは、わけがわからない」(『八十八夜』)と自分を嘲笑しながら、「芸術の上の良心なんて、結局は、虚栄の別名さ。浅墓な、つめたいむごいエゴイズムさ。生活のための仕事にだけ、愛情があるのだ」（前掲書）といい切る。このようなジレンマは実生活上では解決できない。したがって実生活に取材した作品からは彼が求めているもの、描こうとするものは出てこない。苦悩や不安や罪やエゴイズムばかりが頭をもたげるのである。『兄たち』『アルトハイデルベルヒ』『愛と美について』といった幼年時代を回想した小品を書いて過去の世界に逃れようとしたが、駄目だった。「なにかわけのわからぬもの」がまたもや抬頭するのである。

そこで、『駈込み訴へ』『走れメロス』『きりぎりす』『新ハムレット』が生まれた。その勢いは、作品としての高さを失いつつも、『正義と微笑』『右大臣実朝』『新釈諸国噺』とつづいた。『走れメロス』では、人間性の善意と友情への信頼を描き、人間への愛情を健康な姿でくりひろげた。『駈込み訴へ』では、ユダをキリストと対置させて描くことによって、人間性の両極を描こうとした。『新ハムレット』におけるハムレットの解釈は、太宰の当時の人生観を表白したものといえよう。『右大臣実朝』は、彼の偶像崇拝を抑えた筆先で表現した作品で、実朝の最後に彼はしたたかに惚《ほ》れこんだ。

かつて岩上順一は、「反俗と羞恥と」と題して太宰論を書いた。戦争の真っ只中であった一九四一年であり、当時としては秀れたものであった。そこにはこう書いてある。

「私の仄かな危惧《きぐ》は、この作家が人間性の暗黒を描く息苦しさに耐えかねて、人間の美しさや愛情の純粋さを表面から歌い出した転換点が、彼の生活そのものに即せざる伝説口碑の中に素材を求めはじめた瞬間にはじまる。私は『走れメロス』や『駈込み訴へ』等が、一方では彼の内的苦悩の必然的な表現であることを認めると同時に、実はそれらのものが、彼の強い観念性と結びつき始めたことに危惧を感じないではいられない。」（『評論集　文学の主体』一九四二年に所収）

この主張は卓見である。だが、太宰が「人間性の暗黒を描く息苦しさに耐へかねて」、「彼の生活そのものに即せざる伝説口碑の中に素材を求めた」必然性と、「それらのものが、彼の強い観念性と結びつき始めた」ことは、密接不離だとしても、別個に考察されねばならぬ。

なぜなら二・二六事件以後の太宰の実生活は停止しており、そのなかには「人間の美しさや愛情の純粋さを正面から歌い出す」べきなにものもなかった。しかも実生活を掘りさげていくならば、道化師の「十重二十重の仮面」をひっぺがして触れてはならぬ彼のタブーに触れざるをえなかったからである。だからこそ太宰は伝説口碑の世界でのみ、人間の正義と愛情を讃え、ヒューマニズムの片鱗《へんりん》をあの暗い谷間でも歌いえたのである。

岩上順一の「危惧した方向」の作品が、太宰のなかでも最も秀れたものとして評価されるのは皮肉であるが、そういったものが最高として評価されねばならなかったところに、太宰文学の限界性と文学史上の位置がある。ことにそれが中日戦争の期間に書かれたことは記憶されていい。太宰の観念性を突《つ》き、「彼は自己の観念をこれらの伝説口碑のなかにふきこむことで新生面をひらいたが、同時にそのことが、彼の人間性追究を益々観念上の追究たらしめ、実生活上の妥協者たらしめる危険を増加したのではないか」という岩上順一の警告は、一般論としてはまさにその通りである。だが、当時の太宰にとっては「実生活との妥協」どころの話ではなく、二・二六事件以後の「表現の季節」にあっては、文学をするためにのみ実生活が存在したのである。そこのところの太宰の事情を理解するならば、このような岩上の意見が通用しないことは明らかであろう。このことは、岩上順一が、「それ以前の作品については殆んど知らなかった」ということに起因している。すなわち、太宰の政治運動からの脱落と転向に由来する第一期を見落とすならば、いかに太宰文学の本質そのものを見落とすことになるかを示しているのである。

六

第二次世界大戦は終わった。

「日本は無条件降伏をした。私はたゞ、恥しかった。ものも云えないくらいに恥しかった。」

「どうなるのだ。私はそれまで既に四度も自殺未遂を行っていた。そうしてやはり三日に一度は死ぬ事を考えた。中国との戦争はいつまでも長びく、大ていの人はこの戦争は無意味だと考えるようになった。」

「指導者は全部無学であった。常識のレベルにさえ達していなかった。」(『苦悩の年鑑』)

太宰が、この戦争の帝国主義的侵略的性格を科学的に把握していたとはいえぬが、「文学者がなんらかの形で新しい適応をはからねばならぬ空気のたちこめた時代」(小田切秀雄)を、『満願』や『富嶽百景』で示された適応ぶりで通過していったことは見逃してはならない。〈転向の苦悩〉を身をもって体験していた太宰は、彼なりにこの戦争の本質を見抜いていたのである。

外はみぞれ　何を笑うやレニン像

この一句は、『葉』と題する小品のなかでさりげなく出てくる一句である。私はこの句の内部で沸々《ふつふつ》と燃えたぎっているものについて想像することができる。

しかし戦争がおしせまった頃、内閣情報局と文学報国会との依嘱で書きすすめた『惜別』で、いかに彼が屈従的になっていったかは、魯迅の革命性をぬきにした魯迅像をつくりあげたことによっても明白である。だが、『惜別』は、それなりに当時の太宰の心情を反映していて面白い。「この仕事はあくまで太宰という日本の一作家の責任に於いて自由にかきしたためられた」と「あとがき」で弁解せざるをえない彼の心情は、「侵略戦争の提灯持をしなかった精神・文学者としての生き方」（中野重治）につらなるものである。

　さて、戦後社会は大きく変転した。人民的勢力が復活し、労働攻勢は開始され、封建的社会はつき崩され、階級対立は激化した。往年の同志は再び明るい太陽のもとに立った。現実の推移は太宰を決定的にゆり動かし、第二期のいわゆる相対的安定期はもろくも破壊された。

　昔の「なにかわけのわからぬもの」が再びうずきだした。彼は新しい社会にどのようにして処していこうかと思い迷った。ひそかに青森の共産党再建会議にも出席してみた。だが現実と自我との間にはもはやどうしようもないほど深い谷があった。社会の進展についていくには余りにも自己の主体は破壊されつくしていたのである。「芸術の美は所詮、市民への奉仕の美である」（『葉』）などとネクラーソフばりの名言を吐いたころの意気ごみもなかった。

　彼は猛烈に書きはじめた。書くことによって精神の焦燥《しょうそう》感を時間的に押し潰《つぶ》そうとした。『冬の花火』『春の枯葉』は問題にすべきものもない。新しい時代への適応の習作程度のものである。『嘘』『親友交歓』『男女同権』『トカトントン』などは、新しい民主主義を、また民主主義に戸惑いしている人びとを諷刺し嘲笑した作品群である。彼は新しい現実に正面から対決することを避けた。常に一段上に座して、戦後の新しい現実に適応できず右往左往する人間群を主観のスリガラスを通じて眺めていた。そして、その行動を嘲笑した。だが嘲笑のうちには、冷たい風が吹き始めていた。

小田切秀雄は、戦後におけるこのような出発を、「『適応』を必要としなくなった戦後には、もはや第二の時期に立ち帰ってそこから歩みだそうとすることなく、かえって第一の時期に示した絶望的な紛乱の方に新しく立とうとした」というように概括している。

だが、私は、彼が第二期から再出発せずに第一期から再出発したこと自体が太宰文学の本質を示すものであって、彼はどうしても第二期からは再出発できなかったと解釈したい。なぜならば彼の第二期は、根源的に第一期の人間的苦悩を克服したうえでの「才能の開花」をみせた時期ではなかったからである。

自殺の理由もそこにある。『ヴィヨンの妻』はこれを自己証明している。彼は猛烈に書きながら、民主主義だ、デモクラシーだといって右往左往している民衆に対する嘲笑感を急速度になくしていった。

「罪の意識」は復活した。「おそろしいのはね、この世のどこかに神がいるという事なんです。」「神におびえるエピキュリアン。」(『ヴィヨンの妻』)「トランプの遊びのようにマイナスを全部あつめるとプラスに変るという事は、この世の道徳には起りえないことでしょうか。」彼は奇蹟を念じた。

『斜陽』を書いた。作家上原によって自己の実生活をバクロし、直治を通じて自己再生のイデーを書きつらねてみたがダメだった。バクロすることによって幾分すっとしたが、やはり精神の深い傷は治癒せず、「芸術の黄昏《たそがれ》、人類の黄昏」というように、感傷的な自慰の世界でもがくだけであった。『おさん』や『桜桃』などの沈んだ作品も書いてみた。それでも過去のタブー——背信・裏切り・遁走・堕落・自殺未遂——がいつのまにか頭のなかにもたげてくる。いっそのことタブーの真中に突っ込んで、逆説的に強迫観念から脱却しようとした。そこで『人間失格』を書いてみた。自分を観客の前でめちゃ〳〵にしてみせた。それでもダメであった。『グッド・バイ』のような新聞小説は、ジャーナリズムの別の次元での構図にすぎなかった。人間内容の本質的部分の停滞は、文学の筆をすすめさせない。

誤解を恐れずにいえば、太宰のばあい、文学をするためにのみ実生活はあった。それを除いて彼の実人生は、二・二六以前に終結していたはずである。八・一五に再び復活の時は来たが、彼にとって、それはついに再生への暁光《ぎょうこう》にはならず、実人生の斜陽の時であった。だから「作品がかけなくなった」という厳粛な事実は、実人生そのものの決定的な無意味、つまり、自らの手による生きることの停止を必然的に帰結したのである。

「人としていい人で、しじゅう共産主義、共産党、革命運動のことに頭を占領されていたが、そのことを全面的に、自分自身にたいして明らかにすることなしにひきずられていった。」と中野重治は書いている。かつて青春の時代に参加した共産主義は、太宰治という人間の秘密であるとともに、太宰文学の秘密でもあった。私はその観点からこのノートを書いた。ノートの書き方には異論があろうが、この観点を押しすすめること自体は正しいと思う。

むすび

『虚構の春』という作品で、彼は他人の口をかりて自作の評価をやっている。自分の文学について彼はこう考えていた。

「しかし、こゝには近代青年の『失われたる青春に関する一片の抒情、吾々の実在環境の亡霊に関する自己証明』があります。」

「私たちの作家が出たというのは、うれしいことです。苦しくとも生きて下さい。あなたのうしろには、ものが云えない自己喪失の亡者が、十万うようよして居ります。日本文学史に私たちの選手を出しえたということはうれしい。――私たち十万の青年、実社会に出て果して生きとおせるか否か、厳粛の実験が、貴下の一身に於《お》いて黙々と行われてきております。」

ファシズムと戦争――太宰が生きた時代は、「自己喪失の亡者」が十万といわず、無数に存在した。まさしく「失われた青春の時代」であった。

戦争中での「私たちの作家」は、戦後の「私たちの作家」ではありえなかった。いや正確にいえば、戦争中でもそうでなかったろう。他にたくましい人間の、文学者としてのたたかいの精神をみてとることができたから。だが、私は、それを強弁する気持ちにはなれない。太宰をその人たちのつどいのどこかに据えてみたいのは、せめてもの死者へのはなむけの気持ちである。

このような心情は「失われた青春に関する一片の抒情」にすぎないのであろうか。私をもふくめて、戦争中の「自己喪失の亡者」の群れは、いまや新しい道程を発見しそれを歩もうとしている。その道程をさえぎろうとする暗い雲の姿も、再び目に映るようになった。

太宰の、文字どおりの生命をかけた実験は、彼のみちゆきこそが、むしろ「失われた青春」をもたらす一因であることを物語っているのではないか。「実社会に出て、果して生きとおせるか。」私たちは、彼の屍《しかばね》に、「グッド・バイ」することによってのみ、「苦しくとも、生きていける」であろう。

第二章　戦後世代の思想と文学――戦後派ナショナリスト大江健三郎論――

五〇年前期の文学思想と石原慎太郎の登場

「今日の青年にとって、〈戦後〉は〈戦争〉に比べてより大きく残酷な意味をもった。青年に与えられたものは、戦争が与えたあの暗黒の不安に比べて、きらきらと明るく、目くるめいた、いわば白昼の不安に他ならない」（「現代青年のエネルギー」『婦人公論』一九五七年十一月号）。

石原慎太郎が『太陽の季節』をひっさげて登場し、またたくまに、純粋戦後派の連隊旗手の称号を獲得したのは一九五五年夏である。その処女作のもっていた硬質の明るさ、大胆な自己主張、スポーティなテンポは、旧世代の目を見はらせ、氏の出現が、文壇のみならず日本のジャーナリズム全体に「太陽族」ブームをまきおこしたことは記憶に新しい。さて、その出現を見るまでの文壇はどのような状況下にあったのか。そして石原文学の新しさを準備した社会的条件はいかなるものであったのか。はたしてそれは真に新しいものであったのか。

一九五〇年前半から中期にかけて文学の中心的テーマは、「組織と人間」論であった。概括的にいって、「組織と人間」論へアプローチする視角は二つあった。第一は大衆社会論的視角である。当時における帝国主義的自立への独占の復活過程にみあって、しだいに増大してきたいわゆるマス化現象の一側面を固定化し、組織（＝ビッグ・ビジネスの巨大な官僚制ピラミッド）と人間（＝生産手段から疎外され、シンボル操作のもとに原子化されて行く無力な人間）を対置し、そこに時代閉塞の巨大な壁を見ることによって、組織の支配下での人間の無力さを説くペシミズムである。その提唱者は、かつて日本の近代文学に〈逃亡奴隷〉の論理を発見した伊藤整であった。氏はいう。

「現在の資本主義下の企業は、それ自体の生命によって動いているのであって、人間はそのシステムを保ち、それからでる蜜によって生きることを考えている蟻のようなものに過ぎない。それから離れては彼らは生きられないし、彼らの道徳に従って良質の商品を作るよりも、大衆の好みに支配されて、それに合った商品をしか作ることはできない」。

「……私は人間が自由であるという大まかな前提を疑うことから出発したい。そして真に生命を持っているのは、人間でなく組織であり、我々はその奴隷ではないかという怖れを意識することから自由そのものを考えることを始めたい」（「組織と人間」『改造』一九五三年十二月号）。

ここに五〇年版逃亡奴隷の論理を見ることは容易である。氏みずからも、『火の鳥』から『氾濫』にいたる作品によって、その主張を形象化してみせた。この文学理念が、独占支配下での新中間層の「状況の論理」として登場した階級の論理ぬきの技術社会観である大衆社会論と同じ思想的根源にたつものであり、まさに「政治的アパシイ」論の文学版であったことは明らかである。

第二の視角は、井上光晴の『書かれざる一章』を頂点として、後に多くの亜流によって生産された〈火炎ビン小説〉にいたる一連の系譜によって代表される。この流派で使用された組織とは、いわゆるスターリン主義的官僚主義のもとにある共産党をさし、当時の狂気のような極左冒険主義の誤謬のもとで、組織から疎外されて行く、あるいはみずからの意志によって離脱して行く人間が主要なテーマとなった。これは昭和初期のプロレタリア文学いらい根強く存在していた「政治と文学」の二律背反論の一つのきびしい極北をしめしたものであった。このばあいは、それらの文学作品の芸術的価値を論ずるよりも、むしろ悽惨な革命運動の内部をなまなましく反映しているという、その素材の社会性に論点が集中されたかたちで、文学理論上の追求は第二義的なものとなってしまったところにその特徴があった。

この右側からと左側からとの二つの視角が、「組織と人間」論の表裏となって重なりあいながら登場したところに、五〇年前半の文学思想の特質のほとんどすべてが存在する。前者は、朝鮮戦争を契機に急速に復活しつつあった独占の支配体制にたいする小ブルジョア的危機感の表現であるとともに、それに対する適応の論理でもあり、後者は、当時の日本を植民地従属国型の国家と規定し、劉少奇の武力解放コースを無批判に適用した共産党の誤れる路線のギセイとなって心ならずも脱落を余儀なくされ、しだいにニヒリズムに陥って行く人々のエレジーであった。後者の視角から前者の視角へしだいに論点を移動させながら、隠微な後退作戦をとりつつ〈火えんびん小説〉の系譜は、はかない消滅の過程をたどっていった。そして五五年、共産党が大きく敗退し、独占の自立が完了に近づいた時点で、さっそうと登場したのが石原慎太郎であった。

旧世代が、「組織と人間」の二元論的図式主義の暗い泥沼を這い廻って、昭和文学史にかきこまれるような作品を何ひとつ生産しなかったのだから、石原の新しさは、暗室から急に白昼にひきだされたような錯覚をともなう種類のものであった。この新しさの評価をめぐってさまざまの論議がまきおこった。『アカハタ』紙上でも小さな論争があった。中野重治が、例の癇癪を働かせて、ネオ・ファシズムの動かす若駒と規定してほぼ全的否定の見解をだし、小田切秀雄は、「日常的秩序の大胆な行動的な破壊の表現」にウエイトをおき、近代的自我のうみだす新しいエネルギーの積極的形態として評価しつつ、そのエネルギーが無目的に放出される危険性をチェックした。既成価値の紊乱《びんらん》者たる光栄の名のもとに、自己の新しさを勇敢に主張する石原自身の思想はどのようなものであったのか。初期の評論集からその思想的骨格を拾って再構成してみると次のようになる。

（1）「既成の価値体系に安住していた人間から見れば、我々はその混乱期に横行する凶賊のようなものだ。その凶器は若さである」。

（2）「我々の世代が現代に持つ意味は、我々が共通して抱く、既成価値に対する不信と、ある面では生理的な嫌悪である」。

（3）「そうした不信、反感、あるいは嫌悪は、決して皮相な観念操作によって出来上がったものではなく、あくまで肉体と生理の健康さによって形造られたものである」。

（4）「人間を不健康に規制する既成の文明秩序に、実感として不信を抱き、……実感に基点をおいた操作で我々はまず人間的な健康な情感を、今一度取りもどさなくてはならない。その情感こそが、高度化した現今の社会機構に適応した感情であるはずだ」。

（5）「そうした人間進歩がいわゆる『太陽族』の内にあると言うのでは決してないが、少なくとも人間行為と実感の間に、何らかの価値判断を挿入する知識人と比べて、彼らがその可能性をもっていることはたしかである」（『価値紊乱者の光栄』凡書房　一九五八年）。

氏の小説の文体にもはっきりあらわれているが、その論理展開とレトリックの粗雑さ、実感にもとづく「青年の特権である肉体主義」以外に何もない思想以前的な内容の幼稚さは、そこいらの同人雑誌レベル以上のものとはいえぬ。実感と行為を直結し、知性、価値判断をしりぞけ、人間の本質を理性や人類性を媒介としない個別的な自己感情におしさげ、自分の狭い感覚や主観的欲求からのみ人間行動の原理を導き出そうとする、と氏にひらき直ってみてもノレンに腕押しであろう。おそらく、その放埒な人目をはばからぬ無理論性とドライな虚飾性こそが、石原文学の独自性であったのだ。独占の支配するマス・コミはこの契機を見逃すはずはなかった。大衆社会状況下の出口のない絶望感、低俗な飽和感覚、それを打ち破るべき行動の指針をあたえない革新勢力にたいする漠然たる不信と虚脱感等々におかされていた若い世代は、この「太陽族」ブームにほとんど無抵抗で吸収されて行った。

石原氏がやがて自民党大臣への献詩、その独裁政治の礼讃、「今日ではデモクラシイなどと言うものは殆んど迷信にすぎない。誰もがそれを知っている。」「必要なものは……価値の論理の全く通用せぬ、それによってさばききれぬ完璧な混乱なのかも知れぬ。」「……テロか。それが強固な理念の行為である場合、人間の復権への試みである時、その状況を部分的にも改修し得る場合、今日の状況では、それを大層悪いと誰に云い切れよう。」(「個性への復権を」『中央公論』一九五九年九月号)という地点まで到達することは、その「実感的情念的行動力」が権力意志と結びついたときの必然的な帰結であった。実感的自我のみを基礎とする生理衝動は本能主義的アモラリズムに発展し、そこからファシズムへの道はほぼ一直線につらなりうることはいうまでもない。

ここにいたって先の小田切氏の評価の甘さが問題となる。マルクス主義内部の腐敗と停滞が、戦後世代を正しく指導できなかったのだという氏の指摘はよく理解できるが、旧講座派的近代主義の傾向が濃厚である氏の「近代的自我論」では、独占のつくりだす新しさ(=支配形態の近代化)をみることができない。独占の提出した「特設道徳」のテーゼによくしめされているように、高度に発達した資本主義国家では、半封建的後進性が帝国主義的国際競争戦ではむしろ足手まといとなり、その意味で資本の論理にしたがう近代的個人主義そのものを独占が新しい人間像として要求していることを知らねばならない。若い世代の新しさのもつ複雑な階級的性格を詳細に分析することなく、

「自分の幸福や生きがい、または自我の充足（官能の充足やスリル、ギャンブル等の刺戟緊張による安手な充足ということすらをふくめて）を求めて進むのに何の遠慮がいるものか、という考え方や感じ方がひろがってきているのは天皇制下の拘束的な人間意識から国民が大量的に解放され、近代的な民主主義に対応する個人主義の基本的側面がようやく大衆的な規模で成立しはじめていることを示す……」（『現代における自我』平凡社　一九五八年）。

という小田切氏の甘い現状認識が生まれ、その視点が、「文学者としての自身の自我を固執しえぬ者は、文学の対象をも人間的にとりあつかうことができない」と手放しで語られるとき、氏の自我論では、帝国主義的現代における社会的諸関係の総和としての人間の問題を正確に把握できないといえばいいすぎであろうか。

石原氏にこれ以上かかわりあう必要はないと思うので先を急ぐ。最後にいっておきたいのは、石原文学のもつ新しさといわれるものの過去との接続関係である。戦争を経験せぬ世代の「過去との完全な断絶がもたらした新鮮さ」などという、その新しさの育成されてきた歴史的社会的過程を完全に無視した痴呆的観念論も散見されたが、私が指摘したいのは、次の発言である。

「そうした非現実な社会に規制されながら、なんらかの抵抗感を抱いて生きている人間と、その社会の『現実』がわれわれにかまわず造り出していく別個の『人間』……今日、この救いようもない諸価値の混乱、過去の権威の自らの失墜、理念の崩壊、知的な緊張感の喪失、何もない何

もないのだ」。

「絶望し、孤独を訴え、疎外された自分に懊怏する青年こそ、まさしく現代の青年といえよう。われわれは今、すべての理性を疑い直して見なくてはならない」(「現代青年のエネルギー」)。

まず石原氏は自己の理性の存在を疑うことから出発すべきであったのだが、それはさておき、この文章がさきにあげた伊藤整の「組織と人間」の内容と酷似していることに気付くのは困難ではない。石原氏にとって伊藤氏は、文壇処世術にかんする「唯一とも言える他に得難い先輩」なのだそうだが、実は文学理念からいっても、石原氏は、伊藤氏の大衆社会論的技術主義の戦後派での後継者なのだ。独占のメカニズムによって疎外されている人間を対象化しようとする口先の意欲において、またメカニズムそのものを大学生なみのレベルで把握している点においてこの二人は一致しているが、ただ伊藤氏はこの「厚い壁」を斜視的に避けて通り、メカニズムそのものを擬似物神化してみせることによって、自分の作品の安易な大枠にそれを利用して、新型「仮面紳士」のパターンを案出したのに反し、石原氏は若さと無知にまかせて、多分に演技臭の強いものであったが、その壁に肉体主義で体当たりしてみせたのである。その結果、氏は自己の実感のむなしさと肉体の苦痛を意識する前にマス・コミにすくい上げられ、壁の内部の有力な存在に瞬時にして昇格してしまい、独占の志向する「新しい時代」の新人王に仕立てあげられてしまった。それと同時に、孤独や疎外や懊怏といった言葉は、氏にとって全く無縁の形骸と化し、ただ小説のなかに適当に散在させておけばよい商品用ボキャブラリとなってしまった。そして「太陽族」ブームもしだいに下火になって行った。……その頃、大江健三郎が『奇妙な仕事』をたずさえて、戦後肉体派ならぬ戦後知性派のチャンピオンとして彗星のごとく出現してきたのである。

戦後派ナショナリスト大江健三郎

「第二次大戦のあいだ、いわゆる国民学校の生徒として軍国主義、あるいは国粋主義的初等教育をうけ、戦後、新制中学、新制高校をつうじてデモクラシー教育をうけた。しかもそれを農村でうけた。それが自己形成の上で重い意味をもっているのを感じる」。

「……大学生としての私にとって内部世界はサルトルが代表し、外部世界は（ナチスの）強制収容所によって代表された」（筑摩書房版「大江健三郎集」年譜）。

この種の新鮮な語り口によって、大江氏が戦後世代のあたらしいイデーの体現者とみなされ、戦後の「変質した精神状況」を表現しうる文体をもった新人として登場したのは一九五七年であった。ガスカールやジャン・ジュネの亜流というなかば嫉妬心からでたレッテルをはられながらも、『奇妙な仕事』いらい、『死者の奢り』『他人の足』『偽証の時』と同年に四つの新作を発表し、その鋭敏な感受性によってきりとられ拡大された現実の切り口の新しさに人々は感嘆し、氏は戦後世代を象徴する作家としての地歩をいっきょに確立した。

閉ざされた極限状況のなかで疎外された人間をえがくという、実存主義のカテゴリから抽《ひ》きだされた環境設定をおこない、その寓意的な想像の世界に戦前派、戦中派にみられぬ新鮮なイメージを凝縮させることで、危機感と飽和感覚におかされている同時代人の精神の影をするどくとらえようとした。みずみずしい若きイマジストとして登場した氏の初期のピークを形成するのは『芽むしり仔撃ち』である。この原型はすでに『飼育』のなかにみいだされるが、外部は戦争で包囲され内部は疫病で閉ざされ、完全に現実世界と断絶した山村にやってきた「僕」と弟を中心とする寓話である。現実を痛烈に諷刺するほどの転位されデフォルメされたアクチュアリティをそなえているとはいえないまでも、奔放な想像力を自由に駆使することで今日のリアリティを逆に包括しようとする氏の意図は成功している。

しかし作家生活二年目の『見るまえに跳べ』あたりから、テーマの固定化、人物設定の機械化がいちじるしく目立ちはじめ、『暗い川』『喝采』『戦いの今日』……とその傾向はつづいてゆく。そのころたまたま街頭で氏にであった江藤淳の述懐によると「彼は『どうも小説が早く書けてしかたがない』といって、困ったような顔をして笑った」（筑摩書房版、解説）そうである。ジャーナリズムの英雄となった大江氏は、マスコミの要求に応じて多産に多産を重ねた。おれはこれをえがきたいのだ、これをえがかねばならぬ、という現実感覚から湧きだす作家としての主体的欲求はすでに失われつつあり、コマーシャル・ペースの上で、既製のパターンを組み合わせ、手軽に料理することが〈作家の仕事〉となったのである。聡明な氏は、この間の事情を明瞭に意識していたからこそ、「困ったような笑顔」をするより仕方がなかったのだ。さて出発点にもどって、大江氏の現代日本の現状分析から始めよう。

一九五九年秋……。

「われわれは停滞している。一九五〇年代の日本および日本人の認識表には停滞のマークが記入してある。停滞は日本の知識人のみをみまっているのではない。日本の工場地帯に、漁村に農村に、停滞は一つの悪疾、致命的な悪疾としてひろがって行きつつあると思われる」（「現実の停滞と文学」『三田文学』一九五九年十月号）。

この今日的状況を主として支配しているムードは、〈おれたちは何をすればいいんだ。現代における行動のパターンはことごとく出つくしている。……だが、前方には光は見えない〉といった出口のない焦躁感と、鋭い危機感を背後にひそませながら消費文化のぬるま湯にひたっている虚脱感である。氏の現実認識は次のパラグラフによってさらに具体化される。「日本人は保守政権にたいして信頼も愛も感じていず、政府および首相はつねに戯画化され一般的な軽蔑の対象となっている。しかしその反面では、あらゆる選挙をつうじて日本の過半数の支持をうけるものが保守政党であり、進歩的な政党のまえに立ちはだかる高く厚い壁は決してゆるごうとはしない。保守政権に愛も信頼も感じていないにせよ、それ以上に進歩的な政党が大衆の愛と信頼をかちとっていないのが現状なのだ」。「民主的な運動、左翼的な運動もまた、この停滞をまぬがれることができない」。のであり、安易な官僚主義、怠惰な権威主義に身をまかせた形で、この毒液は社会のすみずみにまで浸透して行く。そのような社会的、政治的停滞は、いまや人間的停滞をひきおこし、「いかなる若い日本人も、日本および日本人の未来にたいして明確なヴィジョンをもちあわせていない」という結論にたっする。「日本の戦後世代は、思想的にも政治的にも、いわゆる大人の指導者をもっていない。戦中世代はその精神傾向に退嬰性をもっている」(「怒れる若者たちノート」『世界』一九六〇年三月号)という大江氏の発想にたいして、甘ったれた世代論と、ふやけた停滞論の癒着をのみ指摘することで問題は解決するであろうか。否である。

大人のなかでの指導的部分である日本の前衛党のリーダーたちが、戦後一貫してまぬがれることのできなかった対敵認識の誤謬、政策の貧困とたび重なる失敗、その失敗からも学びえない科学的認識能力の欠如、政治情勢と社会の構造的変化を見ることのできない硬直した戦術指導等々によって、若い世代にとってそこに未来へのヴィジョンを見いだしうる在存とは全くいえないほどの退化し停滞した組織になっていることは否定できぬ。戦後一六年におけるこの誤謬と失敗の連続の過程で、マルクス主義への志向性をしめしていた多くの若い人々を、不信と懐疑のニヒリズムの境地に追いやり、しかもその指導権をにぎる一部のセクト的官僚主義者は、平然として人民に納得のゆく自己批判をすることもなく、組織エゴイズムと家父長制的権威主義を発揮してきた。戦中世代の退嬰性をうみだした一つのイデオロギー的基盤は、むしろ戦後いちはやく戦前派の指導のもとに集結した人たちが、この間の過程を科学的に把握できずに、みずから陥没の谷間に身を沈めて行った、そのニヒルな思想的姿勢にあるのであって、かならずしもその戦中的性格一般のなかにあるのではない。

　昨年（一九六〇）の安保闘争をとりあげてみても、若い世代の最左翼には、危機感と使命感にもえたって、「既製レフト」の路線に不満をしめし、ついには国会突入をはかった全学連の主流派がいたが、共産党は、闘争を飛躍的に発展せしめうるいくつかの契機があったにもかかわらず、それをすべて見逃して有効な闘争形態を打ち出せないままに、家出息子であるかれらを凶悪犯罪人に仕立てあげることに熱中し、かれらをますますアナクロニズムの方に追いやってしまった。かならずしもイデオロギー的には一致しなくても、国会突入をはかったかれらの情熱と意志にシンパシィをよせたかなりの層をも離反せしめ、闘争終結後は組織拡大を何よりも優先する最高の方針として提唱することにより、反独占統一戦線の拡大と大衆闘争をネグレクトし、科学としてのマルクス・レーニン主義とは縁のないセクト主義・主観主義の本質をいかんなく発揮した。その結果、民主主義擁護を発展させて社会主義の道を自分たちの未来への構図のゆるがない基礎としてとらえようとして闘争に参加した、多くの青年たちの支持と期待をも裏切って行ったのである。

だが、問題の重点はここにのみあるのではない。右の極点には山口二矢に代表される戦後派ファシストもごく少数ながら存在し、独占はかれらを有効に使うことによって、改憲政策の第一段階である政暴法の提出をはかったことは記憶に新しい。

ところで、デモにも参加しなかった大多数の若い世代はどうであったろうか。各個人の特殊な環境や思想に応じて、安保闘争が複雑に屈折されつつ反映したことは事実である。〈反岸〉というスローガンには、おそらく大半がムード的には賛意を表したであろう。なぜならその時点での〈岸〉のイメージは、戦後世代の共有財産である新憲法にもとづく民主主義性からいっても、まったく容認できないものであったからだ。しかし大部分は、終戦初期に、アメリカ占領機関と日本独占の合作によって領導されたプラグマティズムにもとづく教育政策体系が、戦後教育の一貫した主流であったために、科学的認識力の欠如からくる体制批判の視点が弱く、安保条約が自分たちの未来に深くかかわりあうものだという意味での闘争の政治的性格を見抜くことができず、最後まで好意的傍観者に終始したと推測される。激しい政治の季節が終結すれば、民主的組織に加入していないかれらの大部分の日常感覚は、ふたたび露骨な独占のイデオロギー攻撃のまえに、無防備のままさらされ、個人主義への私的逃避と諦念的なニヒリズムが潜在的なムードとなる。消費文化と欲望の自由を謳歌する小市民的功利主義は、独占の巧みなマスコミ操縦とあいまって、かれらを支配するペースとなる。一時的にもせよ全国的に噴出した若い世代の新憲法擁護感覚を組織化し、より高い政治的次元に定着せしめる有効なプログラムを打ち出せなかったがために、その政治的エネルギーはしだいに空洞化され、そのあとにブルジョア・イデオロギーが音もなく充塡されて行く。そして多くの層は、独占体制のなかに無意識に埋没し順応してしまうのである。日本の共産党が、トロツキスト退治のときに発揮した発想法と、イタリアにおける六〇年代の反ファッショ闘争にさいしての、イタリア共産党が若い世代にたいしてとった態度とを比較すれば、大江氏のいう、前衛党内の「腐臭」の性質も、ほぼ判断がつくであろう。

「とくに重要なのは、すべての激突に、どんな団体にも入っておらず、どんな政治的影響もうけていない一七歳から二〇歳の青年男子が幅ひろく献身的に参加したことである。……肉弾戦につっこんで行った青年たちの多くは、あらゆる政党にたいする不信を公然と表明し……あらゆる政党を非難している。この青年たちのなかに感じられるものは、自分たちの生活条件にたいするおさえきれない不満、何か新しいもの、もっと価値あるもの、もっと正しいものにたいする漠然としてはいるがうつぼつたる希望である。このような事実は、青年にたいする活動が、共産党にとってとくに緊急であることを明らかにしている」（ルイジ・ロンゴ『平和と社会主義の諸問題』一九六〇年九月）。

氏の停滞論の科学的な実証性を問うまえに、停滞そのものが、一九五〇年代にはさまざまの暗い悲劇的な挫折をともないつつ、たんに個人の実感や思想の領域にとどまらず、科学をふくめたイデオロギーの分野にまで腐臭をただよわせた黒い毒液を流していたという事実からわれわれは出発せねばならない。

このように一般化し慢性化した停滞状況を内部からつき崩して、あらたな脱出路を切りひらく起動因になるものはないのであろうか。あるいは大江流にいうならば、この病理学的現象を正確に解剖し、明晰な処方箋をかいて、この静態的均衡に外部から衝撃をあたえうる理論と政策をもった組織ははたして存在しないのか。またいかにすればその実質を構成することができるのか。

大江氏の〈停滞論〉の基礎となっている現実認識は、必然的に氏の創作衝動の方向と質を規定する。

作家の社会的経験と感性的認識にもとづいて、最初はあいまいな未分化の状態にあった現実分析の視角が固定化してくると、一定の文学理念ともよばれうるものが作家の胎内で萌芽しもたげてくる。それはしだいに包括的な形式と内容をととのえはじめ、作家の世界観に媒介されつつ個性的な創作方法として結晶する。大江氏の現実認識と文学理念とのこのような相関関係を具体的に解明するためにきわめて豊富な材料を提供してくれるのが、「われらの性の世界」（『群像』一九五九年十二月号）と題するエッセイである。これはさきにあげた停滞論の二カ月後に発表されていることを記憶にとどめておく必要がある。

「われわれは致命的に精神及び肉体の勃起不能におかされている」

この勃起不能という性的イメージで、氏は複雑な流動性をもつ日本の現実をカバーしようとする。現代日本の若い世代をおかしている停滞をえがきだすためには、性的イメージを固執することでリアリスティックな効果をあげられるという。このばあい、次の命題が氏の〈性的イメージ〉論の前提となっている。「性的イメージはそれが性的人間についてであるかぎり、人間の実に多様な側面を一種の統一をともなって転位することのできるイメージである」。転位するという概念が、氏の文学方法論からいって、具体的にどのような内容をもつのかは必ずしも明瞭ではないが、私見によれば、人間の本性のあれこれの欲求が充足されえない現代日本の社会的諸条件をくっきりと浮び上がらせる逆照明のごとき機能をはたすための象徴的な暗比喩として〈セックス〉を選択するというほどの意味であろう。まず〈性的人間〉と〈政治的人間〉という対立的構図をもって表現された大江氏の現代日本人論の分析からはじめよう。

この氏独特の感覚的比喩は、実際にはいかなる類型の人間をさすのか。〈政治的人間〉は常に他者と抗争し、他者を打倒するか、または「他者を自己の組織のなかに解消させて」他者であることを「放棄させる」。かれは絶対者を拒否し、次々にあらわれるあらたなる他者と永久的に対立する循環関係にある。この場から逃れ出たとき、かれは〈性的人間〉に堕落する。この種の人間は他者と抗争せず「硬い冷たい関係」ももたない。ほんらいかれにとって他者は「存在しない」のである。つまり性的人間は対立せず、他者と「同化する」のだ。常識的な言葉でおきかえてみると、前者は常に現状に妥協せず、未来への正常な志向性をもって現実変革に参加する行動者であり、後者は退嬰的な精神で安逸を享楽し、疎外現象に溺れつつ体制の支配に怠惰に同化してゆく傍観者をさすものと推測される。

ある一定の歴史現象の把握において、観察者個人の実感的判断のみによったり現象の感覚的触知にとどまって、これらの現象や意識の発する根源である物質的社会諸関係を捨象するとき、その主張者の立論過程が観念的な傾斜を帯び、読者に論証の科学性についての危惧をいだかせる。鋭敏な大江氏はこの種の危険性を予知し、その性的人間論をささえる客観的条件を証明するために、性的イメージ論を国家概念にそのまま適用することによって論理の飛躍を敢行し、それによってより以上の危険性をおかすことになる。

大江氏の頭脳は前進する。強大な国は政治的人間の国家であり、「膣が陽根をうけいれるように」、「牝が強大な牡に従属するように」大国に支配されている弱小国は性的人間の国家とみなされる。そして今や日本は、性的人間の国家と化し、強大な牡=アメリカの性的従属者として屈服し安逸を享楽しているという。

「私は現代日本という東洋の一国家が、単純にいえば安保条約的体制のもとにおいて、しだいに性的人間の国家となったと考える。現代日本人が政治的人間であることを志向することはきわめて無意味にさえ思われる。その種の性的人間の国家化があると考える」。

性的人間の国家では、政治的人間は支配体制から分離された暗い片隅のアウトサイダーとしてしか生存しえない。性的人間に充ち溢れた性的国家の性的退嬰性は、進歩的な政治的人間の精神領域をも侵すと氏は判断する。革新派における前進的ベクトルの喪失と混乱は、社会党から政治的人間としての役割をはたす可能性を奪い、共産党のばあいも(『アカハタ』を読んでも、あるいは対全学連対策をみても)、指導者と下級党員の間にあるのは性的人間としての相互関係であり、だんじて政治的人間の集団としての機能をはたしていないと氏は結論する。「現代日本の青年の政治的行動の困難の根ぶかさは、性的人間の国家で、きわめて性的人間に堕《だ》しやすい青年として政治的行動をおこなわねばならないという二重の罠にまちぶせされていることに由来する」のであるが……しかし「私はもっとも激しい関心をもってこの現代日本と政治的人間をさがしもとめる者の一人であり、日本の左翼、とくに若い青年の層にもっとも激しい関心をいだく」。

現状概括はざっと以上のようである。その分析の基底にあるのは、日本のアメリカに対する性的従属こそが今日の停滞をうみだす根源である、という認識だ。これについては、大江健三郎のニヒリズムの裏側にピッタリとくっついているのは「退化した民族主義・国家主義的な発想」であり、戦争を経験しないこれらの若い世代は「戦前派との断層と癒着」の両側面をもっているとの吉本隆明氏のや や性急な鋭い指摘があった(「戦後世代の政治思想」『中央公論』一九五九年一月号)。吉本氏の所説の機械論的傾向については別の場所でのべたのでここではふれないが、さきにあげた「現実の停滞と文学」でも、これと同じ発想が結章の部分にすえられている。「現代日本の政治の場における進歩的な勢力の力の限界をわれわれはあまりにもよく知っており、日本をめぐる諸外国の圧力についても充分に知っている。日本の社会主義化はすでに日本人の手のなかにある問題ではなく、外国人の手のなかにある。」私が傍点を附した部分は特に重要である。氏は、いったい何を「充分に知っている」のであろうか。氏は自己のこのような理論的認識を〈絶望的判断〉とよんでいるが、日本人にとって日本の現実変革の問題が日本人の手の及ぶところにはなく、外国人のなすがままにまかせておかねばならないとするならば、たしかにこれ以上の絶望はないだろう。「この絶望的な情勢判断はコミュニストたちにむかってもあえてくりかえされなければならない」と断言するとき、その誤謬は二重になって氏にはねかえってくる。

　日本=性的従属国家説は、手垢にまみれた陳腐な理論であり、すでに科学性をうしなった遺物であることを氏は知らないのであろうか。共産党の五〇年分裂時代の最初の契機をなしたコミンフォルム批判以後にコミュニストのあいだで支配的となったアメリカ帝国主義による「全一的支配論」、あるいは日本を植民地・従属国と規定し一切の国内権力はアメリカの占領支配の「精神的・政治的支柱」であるとみなし、その後数年間にわたって日本革命のコースを硬直させ、日本のコミュニストの性的諸関係の持続のための〈踏絵〉ともなった共産党の「新綱領」の路線を、より単純化したものが大江の性的従属論なのである。そして同時に、このような負の劣性遺伝は、国際情勢依存主義のなかにその因子を再生させる。全一的性的従属論は、武装闘争を主とした極左冒険主義による突破口を求めないかぎり、絶望的な外国依存主義に陥るのは必然的な帰結である。このような「時代閉塞の実況」にかんする大江の現実認識のバランスシートとみなされる『われらの時代』のラストが、次のような主人公の独白でもってしめくくられていることは、この間の事情を暗示している。

「おれたちは自殺が唯一の行為だと知っている。そしておれたちを自殺からとどめるものは何ひとつない。しかしおれたちは自殺のために跳びこむ勇気をふるいおこすことができない。そこでおれたちは生きていく……遍在する自殺の機会に見張られながらおれたちは生きてゆくのだ。これがおれたちの時代だ」。

理性にもとづいたきびしい自律性を喪失し、教条と権威とに性的に従属してきた共産党の腐敗し退化した部分から流れ出ている毒素によって、大江氏は無意識のうちに汚染されているのである。たしかに氏の指摘するごとく日米安保条約は日本の主権を制限する屈辱的なものであり、軍事的には性的従属関係にある。しかしより重要なことは、以上のような性的関係を自らの意志で結ぶことを欲する日本の独占の存在である。かれらはアメリカの帝国主義政策に同調しつつそれと階級同盟を結ぶことによって国内での階級支配を強化し、国際的にも日本帝国主義の地位を確立するために牝の地位に甘んじているのだ。その背後には、戦前のアジアにおける狂犬的牡の地位を奪還せんとする野望がひそんでいる。日本の独占体が、あえて性的従属の立場を選択しているのは、民族的矛盾からのみ把握できる問題ではなく、主として階級的性質の問題である。われわれが日本の独占体とその政府にたいして人民の総意を結集した科学的政策を対置して反独占統一戦線を組織し、かれらに政策の転換を要求し、さらにわれわれのプランを実現しうる政府を樹立する闘争に進むならば、未来への窓はひらかれる。ここにおいては、〈性的人間〉が〈政治的人間〉に転化する条件が現実の問題として存在しうる。大江氏は、〈停滞〉だの〈絶望的情勢〉だのとわめきながらそのような現実の否定的側面を無限大の壁に仕上げることによって、現在われわれのおかれている袋小路からの脱出方法（＝移行形態論および接近形態論）の研究と実践を、すべての戦後世代が直面せざるをえない歴史的な課題であることを自覚せず、その可能性から現実性への転化をはかるための困難な日常的な行動を回避し、低俗なニヒリズムにひたり、精神的自慰にふける性的人間の大量生産に拍車をかけているのである。現代日本においては「性的昂揚」以外のいかなる昂揚も青年はもちあわせていないと氏は規定した。この規定が、安保闘争を経過した今日ではほぼ完全に誤認であったことを証明するのは容易である。この規定にあわせて現実から切りとられた断片を、大江氏の主観的イメージによって直線的に再構成されたのが、先に引用した『われらの時代』である。

《われらの時代》とは何か

大江氏の『われらの時代』のもつ「正と負」の両側面についてはさまざまの論評がなされた。作品論の段階にとどまることなく、「戦後世代の思想と行動」という巨視的なテーマにまで発展する勢いをしめしたことはこの小説の性質からいって当然であった。「スノバリィの所産」（山川方夫）、あるいは「新しいファシストの小説」（武井昭夫）、あるいは「脳髄のなかに夢見られたメルヘン」（江藤淳）、「どうしてこの若い有能な作家が、こんなひどいことになったのか」（山本健吉）という老人の詠嘆調までふくめて否定的な評価が大勢を支配した。私のみたかぎりでは、「世代認識の独自さ」（吉本隆明）に思想的な意味を見いだし、「汚れた正義への執着」（小田切秀雄）に作家の主体的な努力と善意を認めた両氏が、正の側面にアクセントをおいたにとどまる。現代思想の複雑なコンテクストのなかでのこの作品の価値の定着にやや当惑したかたちで語られたこれらの批評に対して、大江氏は「他のすべての作品を棄ててもこれだけは残したい」という敢然たる自負をもってこたえ、さきにあげた二つのエッセイにしても実のところは批判者・挑戦者にたいする応戦の心構えを論理的に証明するために書かれたものなのである。

周知のようにこの小説には戦後世代の人間群が三つのパターンに仕切られて登場する。第一のパターンを代表するのが主人公の南靖男である。娼婦の腹の上で「快楽の動作」をつづけながら「形而上学」について考えることのできる青年である。彼の《形而上学》とは何か。おれたちをとりまく平和な静と停滞の時代は、「孤独な人間がたがいに侮蔑しあう時代」であり、そこには「不信と疑惑、傲慢と侮蔑」しかない。あの荒あらしい海の襲来のような戦争の時代には〈広大な共生感〉があった。だが、現代の若い人間の精神には未来にむかって矢印のついているベクトルを発見できない――この猶予の時間、女陰の世界からの脱出をはかるために、彼はフランス留学を約束するコンクールに応募し第一位となる。この「すばらしく徹底して男性的」な世界=西欧への逃走に歓喜するが、やがてそれが「本質的な意味での解決」をなに一つ約束していないことに気づいたとき、彼は一種の脱力感にとらえられる。

ここで第二の類型にぞくする《不幸な若者たち《アンラッキーヤングメン》》が登場する。靖男の弟を中心としたより若いゼネレイションで、ジャズ・トリオを編成するビート族である。三人のうちの高は朝鮮戦争の経験者であり、二人の若い日本人はこの《戦争》から帰った男に「嫉妬と崇敬」をいだく。彼らは大型トラックで日本中を走り廻ることを夢見る。発情しきって壇上で充血しつつ「日本国民は独裁者をもとめている――天皇こそ日本国民の唯一の独裁者!」と叫ぶ右翼の演説に舌なめずりをする。「静かなる人間」たちを驚かすために天皇に爆弾を投げることを計画するが便所にかくした爆弾が女の血にまみれて計画は失敗する。「日本にすばらしい右翼がうまれたら、おれは入党するぜ、ナチスのような右翼だ」……「右翼は頭をかんかんにしている。気がちがっている、退屈しない」……「ナチスの親衛隊、大虐殺――」……「それは、ほんとに勃起させるな、やりたくならせるよ」……。かれらは船を買って朝鮮に渡ろうとし、度胸だめしに手榴弾による賭をして二人は爆死する。ちょうどその頃靖男はアラブ人と偶然知りあう。ナセルのイメージを背負ったこの「衰弱や消耗と縁のない」アラブ人に〈連帯〉と〈友情〉を感じ、フランスに渡ってもアルジェリア解放運動に協力することを約束する。そこへ弟が爆死事件の嫌疑で追われてくるので、アラブ人の部屋に保護する。これを「おれを閉じこめやがった」と錯覚した弟は墜死する。予期せざる事件にまきこまれたためにアラブ人との関係を疑われた靖男は、フランス大使館によって今後も反フランス運動の立場にたつのか否かの回答をせまられる。彼は「卑劣さの柔らかな粘膜にじんわりつつみこまれよう」とするが、不意に覚醒し立ちなおって、「non」という。――すべては終わったのだ。

以上はいずれも戦後世代にみられる未来への脱出口を見喪った性的人間の実体を作者独特の皮膚感覚でとらえようとしたものであるが、第三のパターンは、《ゼンガクレン》というイメージによって代表される。日本における政治的人間の可能性をはらんだ唯一の存在として作者はこれを設定している。ほとんど傍役の位置しかあたえられていないが、かれらは「非行動的な膠着状態」からの脱出路を「民学同」を組織することに求める。かれらは「官僚的な傾向、亡霊的な傾向、抽象的な傾向」の決してしのびこまない真に人間的な《党》を構築しようとする崇高な理念に燃える若人の集団だと自己規定している。「日本でリアリスチクな論理の眼を保ちつづけているとコミュニストは絶望せざるをえない」、したがって「リアリズムを放棄することでコミュニストの純潔を保つ」といいきる民学同の理論家・八木沢。終章のところで、フランスへの脱出による蘇生に失敗し、ふたたび空虚な女陰の世界にひたる途しかのこされていない靖男に、彼は民学同への加入をすすめる。靖男は頭をたれ黙って歩きながら心のなかで反芻する。「おれには民学同に入らない理由がなにひとつない。しかし民学同に入るための積極的な理由もなにひとつないのだ」……「ぼくは現実逃避しているかもしれない。しかしきみの民学同が現実か？　きみの民学同に加わることが、ぼくにとって現実逃避の解消を意味するのか？」

おそらくこの問いは、氏の周囲にある同時代人全体にたいする作者なりの痛切な問いであるとともに、作者自身にたいする対決から発せられた問いであったろうと解釈するのは、あまりにも正の側面に強いアクセントをうつことになるだろうか。氏の内部意識で、この言葉がどれだけの激しい燃焼度をもつ実感としてうけとめられていたかは、それ自体一つの大きな問いである。そのためにはこの小説にあらわれた対話と作家の主体との距離を測定する仕事からはじめねばならぬ。

進むこともできず退くこともできぬこのぬきさしならぬ地点に追いこまれた主人公は、もちろん作者の分身である。前半においては、作者の主体的位相から一定の距離をおいて設定されている鏡に南靖男はうつしだされているが、アラブ人との出会いのあたりから、作者は額にあぶら汗をうかばせながら鏡にむかってにじりよりはじめ、終章の場面ではガラスを突き破って南靖男そのもののなかへ同化せんとする。そしてその瞬間に、イマジナリィな文体はにわかに色あせはじめ、充血した南靖男の体は、急速に冷却し萎縮しはじめる。……作者はいそいで幕を降ろさねばならぬ。固唾をのんでドラマの進行を凝視していた観衆は、突然暗黒のなかになげだされる。天井の片隅から冷たい硬質の作者の声がひびいてくる。……「遍在する自殺の機会に見張られながらおれたちは生きてゆくのだ。これがおれたちの時代だ」——作者は、南靖男をして質問に答えさせることはできなかった。ふたたび停滞と猶予の時間にひきずりもどすことによって回答そのものを保留した。いや正確にいうならば、作者の現実認識そのものが回答をあたえることを拒否したのであった。だが大江が、すくなくとも主観的には必死の努力で、未来へのベクトルの方向を摸索する一つの若い精神の軌跡を追おうとした意図は疑いえない。「他のすべての作品を棄ててもこれだけは残したい」という氏の言葉は、ここにおいてはじめて理解されうる。しかし以上の私の推論は、あくまでも作品成立の主観的過程についての分析にすぎない。分析はさらに進められねばならない。

激しい安保闘争をへて浅沼刺殺事件から政暴法闘争にまでいたった今日においては、『われらの時代』から読者がみちびきだした「想像的な世界」も、あらたな意味をもって再映像されえよう。この第一の類型から行動の季節に傍観者の立場に身をおいた青年をひきだし、第二の類型から山口二矢に代表される若いファシストをひきだし、第三の類型から共産主義者同盟のスタッフをひきだしてくることは容易である。これらの、戦後世代のパターンは、大きな曲がり角にさしかかったこの移動の時代の社会的な指標として、それぞれ特殊な意味をもっている。その点において、吉本・小田切両氏が指摘したごとく、自己の主観的イメージを徹底的に追求することによって戦後世代の実体に裏側から肉迫しようとしたこの作品の思想的な意味と認識視角の特異性については認められるべきだろう。だが、以上の条件はこの作品の芸術性を保証するなんらの絶対的な条件ではない。この作品にたいする否定的評価は、現代青年の精神状況をめぐる深い内省をよびおこす力をもたない、ここにはなんらのヴィジョンがない、あるのは作者の観念のきらびやかなる並列だ、という発想を基軸に展開された。それらはいずれも妥当している。しかも作品の致命的な欠陥にかかわるものなのである。しかし批評の任務は、その作品のなかにある肯定的なもの、否定的なものを精巧なレンズで見分け、その複雑な相関関係のなかに存在する矛盾を指摘し、作家そのものにあらたなる未来へのベクトルの方向をさししめすことにあらねばならぬ。批評家の思想を天下り的にそれに対置させ、安易なイデオロギー的図式で作品を裁断してしまって、そのなかにふくまれている積極的側面をきりすててしまう怠惰な批評精神には組みしえない。

文学というものは、その作家が一定の方法論、科学的認識、未来へのヴィジョンをいだいていないからといって、一方的に小説家失格を宣言される筋合いのものではない。

だが現実を総体的にえがきだす作業において、はたして思想や観念というものは、無縁のものなのであろうか。文学はつねに感性的認識の段階にとどまるべきものであって、理性的なものはそこになんらの作用をもたないのであろうか。小説家は個別科学ではとらえきれない日常生活のレベルでの人間の性格や心理や感情や意識化されていない思想を生き生きとした形象をつうじてえがきだす。がんらいイデオロギー活動の一形式である文学は、ある意味ではもっとも思想的な芸術であり、作者の思想や主観的感情から完全に独立した小説などというものは存在しない。作家が自分の思想や感情を積極的に主張しようとする意志をもつことは、作品成立の一つの条件でもある。現実をただありのままに描写するだけだ、そこに作家の一切の主観や批判精神を作用させてはならないという平面描写理論に支えられた日本型自然主義文学が、近代リアリズムの末期的な頽廃の一典型にほかならなかったことを想起すればよい。だがしかし、作家が自分の現実認識にもとづく思想を表現するために恣意的に主人公を設定し、彼を一定の予定された路線に沿って動かすために合理的に設計された環境をあたえるということになれば、それはいちじるしく作品のアクチュアリティを傷つけ、文学をして、科学や哲学や思想の図式的解説という従属的地位にひきさげることになるだろう。既製の概念にしたがって現実をきりとってゆくのではなく、現実そのものを作家の個性的な眼で観察し凝視し、経験し、その頭脳で咀嚼し反芻し、そしてゆたかな想像力と理性的批判を通じて現実そのものを総体的にとらえなければならない。その意味において、「芸術は真理の直接的観照であり、形象による思惟である」というヘーゲル美学の影響下にあってさらにリアリズム理論を独自に発展させたベリンスキーの古典的な定義をここにひきだすこともあながち無意義ではなかろう。すなわち「……いかに人生を細分してもそれはつねに統一しており、完全である。人はいう——科学には知力と判断が必要であり、創造には想像力が必要であると。……だが芸術には知力と判断が不必要であろうか？　そして学者は想像力なしにことをすますことができるであろうか？　うそである。真理は、芸術においては想像力がもっとも活動的なそして首位的な役割を演じ、科学においては知力と判断がそれを演ずるということにある。もちろん強い輝かしい想像力以外にはなにもみえないような詩の作品はある。しかしこれはけっして芸術作品にとっての一般法則ではない。シェクスピアの作品で、何に、より多く驚嘆すべきか——創作的想像力の豊富さにか、それとも万物を包容する知力の豊富さにか——わからないのである」(『ロシア文学評論集』岩波文庫版)。

この種の古典的規範を適用することによって、現代の複雑な文学状況が安直に整理できると私が思っているわけではない。この「わからなさ」を追求するところからおそらく個々の文学批評ははじまる。大江氏においては、この関係はどのようにあらわれているのであろうか。

大江氏の小説に登場する人物は、氏の主観的な状況論から演繹的に抽出されてきたものである。現実の綜合的な認識によってその人間がおかれている条件の全体的関連性を細密に分析し、現実そのものからくみとられた作家の想像力によって主人公がえがかれ、主題が発展させられることは少ないのである。〈絶望〉、〈衰弱〉し、他者と〈断絶〉している性的人間がいずれのばあいでも小説の主人公になっている。なぜ彼らがそのように絶望し、停滞の底にひたりきって女陰的世界に埋没するようになったのかはいっさい問われない。彼らは登場した瞬間からすでに絶望している。そこにいたる社会的因果関係はまったく追求されない。その人物たちは、時間性と歴史性がはじめから切り捨てられているのだ。さきにあげた山口二矢的類型にしても、ファシズム思想を培養し彼の行動をそこにいたらしめた、その家庭環境から交友関係にいたるまでの生活と精神史がリアルにえがかれなければ、なぜそのような人間が出現したかについて人々を納得させえない。最近書かれた『セブンティーン』も全くそれと同じ欠陥をもっている。新しいファシスト生誕の動機を、その少年の性的コンプレックスの一点に凝縮しようとする作者の計算は、技術的に洗練された手法で語られていればいるほど、ますますリアリティが稀薄になり、読者は頭脳計算力の粋をこらした詰め将棋の巧みな解説にききほれている調子で興味をつないで行くにすぎない。たとえ大江氏が、「断固としてファシズムの匂いのするあらゆるものを肯定しない」と宣言したからといって、作家における論理の世界がそのまま小説の世界となるわけではない。氏の提出した戦後世代の人間像が、「新しいファシストの小説」として読みとられる可能性をあたえたことは、やはり氏の文学方法論に根本的にかかわりあうものである。

氏の停滞論は一種の固定観念となり、そのことはテーマ自体の硬直化・規範化をもたらしている。〈停滞〉という心情の論理を切り札としてつぎつぎにあたらしい状況を設定し、絶望した青年たちをそのわく組のなかで泳がす。現実を静的にとらえ、固定観念から算術的に割り出された図式で恣意的に小説の世界を捻出し、手持ちの数個の性的人間のパターンを一作ごとに新味をもたす程度の風俗的アクセサリィでもって装飾すればよいのだ。氏の多産性の秘密はここにある。

たしかに性的イメージを用いて衰弱した人間をえがきだすことは一つの方法であろう。しかし対象を正確に認識しその全体像を描出するためには、その対象のあらゆる側面、社会的・歴史的連関性をつかみださねばならぬ。解体状況のなかにある性的人間のなかでの本質的なもの擬似的なものを見分け、そのなかの矛盾をえぐりださねばならない。現実と真正面から対決する作家精神を失いつつあった氏は、安易な性的イメージ論に固執することによって創造力と想像力の貧血症をまねき、氏の文体はマナリズムに転落した。性的ムードの粘膜の下には実体のない虚像がるいるいと横たわっているのである。作者はいう。「『われらの時代』以後、私は自分自身をきわめて内的な意味で束縛し強制し次の一連の方法的な試みという性質のつよい中・短篇を書いた。『孤独な青年の休暇』におさめたものであってそのすべてのテーマは、現実から疎外された青年をえがくことであった」（筑摩書房版、年譜、傍点引用者）。作者が自分を「内的な意味で束縛し強制する」とはいったい具体的には何を意味するのか。内的と使いわけられた意味において外的にはどうあったのか。もはや深く穿さくする必要はないであろう。生き生きとした現実にたいする積極的なとりくみ方の放棄、それによって生ずるテーマの固定化と封鎖性にたいする逃口上いがいに、以上の言葉は解釈のしようがないのである。性的人間をリアルに描きだすためには、作家が対象の所有する性的認識の次元から離脱して、性的存在そのものを客観化しうる地点に立たねばならない。つまり、その作家が政治的人間の視点を獲得しているときに、はじめて性的人間の全存在を統一的に把握できるのである。われわれをとりまく現実の壁をたんに自己の怠惰な皮膚感覚でなでまわすだけで科学的な分析を放棄し、自己閉塞の固定観念によりかかって停滞に安住し、人間が真の人間として回復する未来への道をきりひらく方向で激しく現実とわたりあいながら、現代をいかに生きるかという深刻な問いを問おうとしない立場は、政治的人間の本質とは無縁である。性的人間に挑戦するところから出発した大江氏は、ついに氏自身が性的人間の次元に転位してしまったかのようにみえるのである。

ところで、江藤氏側からは次のような測定がなされていたのであった。江藤氏は、大江の初期の時代には、その作品のなかで渾然と融け合っていた観念と抒情が、まもなく微妙な分裂をしめしはじめる事実を指摘しながらいう。

「……やがてこの分裂は次第に深まり、『芽むしり仔撃ち』と『見るまえに跳べ』の間では決定的な溝をかたちづくり、『われらの時代』と『夜よゆるやかに歩め』にいたると、観念と抒情は空虚に離婚してにわかに色あせはじめる。大江氏のこの変貌の過程は、この文学世代の精神の軌跡のひとつの象徴として後世の文学史家の注目をひくかもしれない」(筑摩書房版、解説)。総体的にいってこの指摘は正しい。ただ私は、『われらの時代』と『夜をゆるやかに歩め』を同質のものとして並置することには反対である。この二作は、一九五九年の夏、ほぼ同時期に書きつがれ書き終わった長篇である。私は、このような密度の異なる作品を同時に書きうる大江氏の才能に興味をもつとともに深い疑問をいだくのである。『夜よゆるやかに歩め』は、前者で追求した戦後世代の第一類型をそのまま横すべりさせ、一人の女優と南靖男型の学生の恋愛を中心にダラダラと拡大鏡にうつしてみせたもので、前作にみられた作家の主体的高揚も、現実に切りこんでゆく熱い眼も感じられぬ怠惰なメロドラマである。つまりジャーナリズムの需要以外に、この作品を書いたなんらの必然性も認められない。このような二重作業は、氏の明確な自覚のもとに進行していた。その証拠に半年後に氏は次のごとき巧妙な弁明を展開する。「若い青年をジャーナリズムが前面におしだす、青年はそこで支離滅裂な狼狽をさけるために、ジャーナリズムが認めてくれた自己の一側面を固定化し、それにたよりながらジャーナリズムをのりきってゆこうとする。……若い作家は、現実にふれて自己の殼がこわれ、自分が変化するのをおそれて、現実にぶつかってゆくリアリズムをうしなう」(「怒れる若者たちノート」)。大江氏は以上の分析を《怒れる若者たち》の病理学的考察とよんでいるが、これはあまりにもシャイな表現であって、正確には、自己の創作方法にかんする科学的分析とよぶべきであったろう。

それはともかく安保問題が歴史的な問題意識をともなってようやく国民層の底辺にまで浸透しはじめた六〇年の初期から、わが大江氏は一つの旋回運動を開始したようにみえる。性的イメージの過剰がかえって現実を正しく見る眼を曇らせているのではないかと指摘した一学生の書評に、氏は率直に「僕は生理学用語を氾濫させてむしろ生理的イメージを稀薄にしてしまったので、それは明らかに一つの欠陥となりました」(『日本読書新聞』十・二十)と答えている。いわゆる「大人の指導者」をもっていず、戦前派とも断絶したかたちで停滞の底にあって若いエネルギーの自暴自棄的な処理について悩んでいる戦後世代を、《怒れる若者たち》という情念的なカテゴリで包摂する立場を支持している大江氏は、学生たちが《怒れる若者たち》の作品をポケットにしのばせて安保改定阻止のデモに参加する状態こそ、「もっとも感動的に自己の使命を自覚するありかただろう」とのべた。この《怒れる若者たち》のイデオロギー的実態は、芸術の各ジャンルの一〇名の代表者によるシンポジウム(『三田文学』一九五九年十月十二日)にあきらかにされているが、その司会者江藤氏はかれらにたいして次のような批判的立場を表明した。

「彼らは人生が単純であって、なにも酔わせてくれるものがないことに憤っている。だが人生が単調なものであることぐらい、はじめからわかり切ったことで、それに耐えるところから思想や芸術が生れるなどということは念頭に浮ばない」。……「どこに人間が特権的な孤独をいこわせる道があるのか。どこにそのような安息の地があるのか。いかに求めようとも、私にはそのような場所はない。どこまでも『他者』がついてまわり、『他者』と私との間には葛藤が生じ、責任が生じる」(「同時代作家への失望」『新潮』一九六〇年一月)。

内容のない空虚な〈怒り〉をまきちらすことによって自己の停滞と挫折を合理化しようとする同時代人にたいする江藤氏の鋭利なメスを意識したからこそ《怒れる若者たち》の作品をポケットにしのばせてデモに参加するという折衷案を大江氏は用意したのかもしれぬ。大江氏の希望にもかかわらず、青年たちのポケットにはもちろんのこと、その脳裏にすら、ふやけた《怒れる若者たち》のイメージは浮ばなかったのだ。かれらの怒りは、はるかに目的意識的であり、具体的であり政治的であった。大江氏が政治的人間として設定した第三の類型の民学同の八木沢ですら、いかに状況のリアリティから遊離した図式的なパターンにすぎなかったかを逆証明したにすぎぬ。

しかし大江氏は頑固に自説にしがみつくわけではない。氏の旋回運動の基点は、ややあいまいではあるが次のような自己批判によって明らかにされる。「小説は演繹一本槍でつくりあげられるものではない――これはぼく自身の自己批判でもなければならない。ぼくは現実をみきわめ、それを芸術化する新しいリアリズムを達成したいと考えている。《怒れる若者たち》は、自分がいまだこのリアリズムを達成しておらず、現実をリアリスティクに見つめる態度に欠けていることを認めなければならない」(「怒れる若者たちノート」)。

作家の頭脳に投影された主観的映像を現実の原型と見誤り、ある対象の諸性質を、対象そのものからリアルに認識するのではなくて、作家の主観的イメージや固定観念から論証的にみちびきだす方法に固執していた大江氏の率直な自己批判は、氏の今後の発展にとって一つの重要な契機となるであろう。

このエッセイで表明された決意は、その頃書きつがれていた『青年の汚名』にどのように反映したか。この小説は明らかに『飼育』『芽むしり仔撃ち』の延長線上にある寓話小説である。さきの自己批判が媒介されているこの作品においては、図式的な性的イメージで、作者の貧しい現実経験をカバーする方法をできるだけ避け、新しいリアリズムを探究しようという意欲がみられる。しかしこの二つのモメントの分裂をどのように統一するかにおいて必ずしも成功はしていない。この『青年の汚名』は転形期にある氏にとって重要な作品であるが紙数の関係で省略せざるをえない。

「この二月に結婚したばかりの絶望的な青年」は、中国訪問日本文学代表団の一員として一九六〇年五月末に中国に出発した。（頽廃的日本作家きたる）とでも報道するのだろうかという友人の心配を深刻に意識し、「健全なる中国」に降り立った場合の自己の位置を想像してみる。……だがすべては大江氏に幸いした。すなわち「この不安にみちた予感は、いくぶん正しく、いくぶんまちがっていた。――私は中国で自分自身の文学観、また未来像のもち方について有効な体験をする」ことになったのだ。この絶望せる作家は、健全なる中国人の質問に次のようにこたえることができた。

「私は頽廃した無気力な青年をえがくことで文学的出発をしました。……なぜなら私には日本の青年に希望がなく、反行動的な沈滞に身を沈めるほかなにもできず、セックスとか外国映画、ジャズ、危険なスポーツなどに自己解放をもとめている青年を他のどんな真剣な青年も非難できない。それが日本の現実だと見えたからです。そして中国をおとずれた私が理解したのは、たとえばかつて外国人の足の下で泥にまみれていた上海の青年がいまやいかに希望にみちているかを見て理解したのは、こういう日本の青春の頽廃が外国人の日本駐留に本質的に原因している、ということです。私はたびたび、日本にいる外国人との関係においてこういう青年をえがきだしましたが、それは正しかったと思います」。

この弁明をくりかえすことによって氏は陳毅将軍はじめ中国人の理解をえることができ、「自分が不健全な青年をえがいてきたのはまちがいでなかった」と確信するにいたる。氏の日本性的従属国家論が、中国でどのように理解されたかは、いわゆる中ソ論争について若干の科学的知識をもっている人ならば、すぐに想像できる。……おなじころ安保闘争で日本の若者たちは勇敢にたたかい「自己改造」を行なっていることを知る。……《私は年をとりすぎ、もはや若者のような創造性はない。やがて自然の道にしたがわねばならないだろう》と静かに語る毛沢東に「自己の死について語る元首が、他のいかなる国にいるであろうか」と感激する。それからまた……。

この絶望的な青年はかくしてしだいに快方にむかっていた。五週間後、旅行が終わり羽田についたとき、「おたがいに妊娠などはひきおこさないようにして、一九八〇年の不幸な自殺者を一人へらそう」と出発前に決意していた彼は、出迎えの妻を見て、「子供を生んで育てよう、未来がゼロなわけじゃないようだ」と晴々とした表情でいう。あの激しいデモを見ながら待っていた妻は、「私もそういいたいと思って迎えにきたのよ」とこたえる。万事めでたき限りである。ああ！　何というハピイエンドであろうか。

「今、日本にかえり、私は自分があの夕暮に日本文化の伝統の幸福な再認識という方向にすでに歩きはじめていたのだということを感じる。かつて私は日本語の知識によってよりも、フランス語の知識に、自己の文化的な誇りを見出していたのではなかったか」という裏返しにされたエリート意識の充満する自己批判でもって、自分の中国旅行記をしめくくりうる大江氏と、「過去と未来の国々」においてややシニカルな口調で冷静な中国論を展開してみせた開高健を比較してみることは、興味あることだが、ここではその余裕がない。その差異は、両者の小説の異質さにそのまままつらなっていることはいうまでもない。

さて、氏の中国論をよんで誰もが感じるのは第一に、大江氏のあまりにも円滑すぎる旋回のすばやさ、「他者」を媒介としない自己納得的な論理展開の身軽さ、等々にかんする重い不安感であり、第二に「日本の青春の頽廃が外国人の日本駐留に本質的に原因している」という言葉でしめされている、あまりにも単純素朴な現状認識についての思想的危惧であり、そのロジックが自己の作品の合理化のために手軽に採用されているという意味において、この危惧は二重である。この思想は、パルの少数意見の論理をとりだすことによって日本民族の使命感を主体的にとらえ直そうとする竹内好テーゼに全面的に依拠しながら、《日本民族の使命観》について戦中派が内省することによって戦後派のリーダーになりうるだろうという氏の主張にまで発展するとき、戦後派ナショナリストとしての氏の思想的骨格が露呈するのであるが、氏の階級の論理（＝帝国主義論）ぬきのナショナリズムについては、ここであらためて批判する必要もないであろう。

江藤淳における批評精神の衰退

大江氏の円滑すぎる「旋回のすばやさ」と自己納得的な「論理展開の身軽さ」は、まがりなりにも未来へのベクトルの前進方向にむかってなされたといえようが、ここにもう一人、あまりも見事なすばやい転進を図った若き文学者がいる。しかもそれは目をみはるような急速な批評精神の衰弱過程として記録されたものである。それは誰か。いうまでもなくかつては大江氏と見事な協働作業をつづけ、常に作家に対する批評家の理論的指導性を大江氏に意識せしめる唯一の存在であった江藤淳氏である。

さて帰国した大江氏の安保反対デモの実態分析の結果は次のようであった。

「私たちが考え予想した一般市民の無関心層とは単なる幻影にすぎなかったのだ。私たちは舞台裏から、この幻影を舞台にひきずりだそうともくろんでいた。しかし一般市民の無関心層とは、むしろ私たちだったのだ。私たちがやらねばならなかったことは、自分自身を現実の舞台にのせ、自分たちの手で現実を変革するために力をくわえるべきだったのだ。六・一五に労働者、学生がおこなったことをなすべきだったのだ」（「戦後青年の日本復帰」『中央公論』一九六〇年四月号）。

このややツマ先だった大江氏の言葉が、「私たちの若い日本人の芸術家が、若い日本人の読者と現実に手を握りあうことがなく」、たんに空虚な絶縁体であるにすぎぬ「商業ジャーナリズムに支えられていた」という自己批判としてあらわれるとき、それは多くの若者たちの心をとらえることができた。そのような位置に進み来った大江氏の眼にほとんど暗然とするほどの衝撃的な目測違いとして映じたのは、江藤氏にあらわれた〈頽廃の徴候〉であった。アイクの訪日を中止せしめた一つの政治的契機となったハガティ来日反対デモのルポをかいた江藤氏は、そこに「陰惨な茶番――『無責任の体系』が支配し、進歩派指導者の退嬰と無能を露呈した茶番」を発見し、外国使節に対する「非礼と愚鈍」のみを見いだした。この体制側ジャーナリズムの評価とほぼ一致する江藤氏の状況測定に対して、「日本人青年が、その根深い絶望と政治的無関心から立ち直り、日本の現実を見つめなおしはじめるためには、……日本の青年が国について情熱を回復するためには、日本から外国の基地がなくならなければならない」と叫ぶ浪漫的民族独立派大江氏の見解が根本的に対立することは自明の理である。

氏はいう。

「かれ（江藤氏）がハガティ事件について書いた『朝日ジャーナル』の文章は、結局かれが日本の一九六〇年の現実にたいして主体的に立ちむかう能力をもっていないことをあらわしたものであった。江藤はハガティの車をかこむ労働者・学生に絶望している。しかし次の統一行動を整然とおこなう労働者・学生を評価しないではいられない。

そして現実的には、この二つの労働者・学生が同じ仲間であり、政治的に、この二つの行動が一貫した方向にすすんでいるものであったことを考えれば、この二つの本質を統一する論理をもてず、自分の家庭をまもりぬく市民の論理を採用して、この二つを分離したままに放置した江藤は、あの労働者・学生が自分のものとしている統一の論理にまったく劣っている。江藤の論理は文学の領域では創造性をもっているが、一九六〇年の日本の現実を動かした労働者・学生にたいしては、結局無力であったのだ」（「戦後青年の日本復帰」）。

江藤氏の旋回は、どの地点からどの地点まで、いかなる過程をへてなされたのであるか。氏の旋回を不条理とみて、それに衝撃をうける方がまちがっているのか。それとも、氏の文学批評の基点ともいうべき「想像力理論」のなかに、今日の氏の〝大いなる転換〟を予知せしめる論理がすでに用意されていたのであろうか。

《奴隷の思想を排す》《作家は行動する》《海賊の唄》などにみられるように、文学方法論の中心に文体論をすえ、主として「文体は書きあらわされた行動の過程——人間の行動の軌跡である」というテーゼによって、怠惰な精神が支配する戦後の日本文学の停滞性打破のために、きわめて尖鋭な視角をもってユニークな評論を展開した江藤氏の文学理論にここでは体系的にふれる余裕がない。

少し古いものであるが「実感主義は人間的か」（『中央公論』一九五八年三月号）と題する論文がある。氏は実感主義を非人間的な論理構造をもつものとして強く否定する。氏は現代の有力な実感主義者を〈現状維持派〉と〈昔はよかった派〉の中に見いだし、とくに「受動的な精神」に耽溺して未来への創造の契機を発見しようとしない前者に、鋭い攻撃の刃をむける。「今日と同じ、あるいはそれ以上の生活がどこからかあたえられるのだから、別にじたばたすることはない、適当に楽しんでおけばよい」というような現状維持派の〝あなたまかせの思想〟の根底にひそむものは、人間を「なにかをあたえられたる客体」であって「なにかを創り出す主体」としてとらえられない人間蔑視の思想であると断ずる。かれらの現実把握の特徴は第一にバラ色のムード主義であり、第二に皮膚感覚の及ぶ範囲外の実在を認めない感覚主義である。したがってそこから抽出されるものは具体的な行動への意志の欠落であり、未知なるものに対するおそれであり、想像力の衰退である。あいまいなムードの上に建てられた思想は概して信ずるに足りぬ――。

　氏の論理はさらにダイナミックなテンポで歩幅をのばし、積極的な自己主張となる。「奴隷の思想」とは何を意味するか。――現実の停滞を正当化し、現実への主体的参加を拒否することによって個々のもののなかへ埋没しようとする非行動の論理構造のうえにうちたてられたのが「負の文体」である。これは、諦念、美、感覚の断片にたよって人間を孤独にする「死の思想」の実体化される過程に生まれる。負の文体をもった作家は言葉によって現実の支配者となるのではなく、「逆に経験に所有される奴隷となって深い孤独の中に沈むであろう」。そして氏は正当に次のごとき結論にたっする。すなわち、「文学の問題は、今日このように作家の信念のいかんにかかわらず、文学以外の社会的価値の問題に連続している」。

――やがて安保反対闘争がおこる。……激しい地鳴をしだいに消しながらそれは終結する。……かつて〈現状維持派〉を、受動的な精神に耽溺して未来への創造の契機を主体的につかみとろうとしない実感主義者として裁断した人は、この時点でどのような発言をしたか。自己閉塞的状況からの脱出を江藤理論に依拠してはたそうとしていた多くの青年が氏の発言に注目したことは当然である。

「ぼくも革命はいまは絶対に望まない。一般国民はようやく自分の小さな家がもてて一息ついた。今年はひとつ扇風機でも買おうかと考えているような人ばかりでしょう。――革命をおこして日本はソ連、中共とつながらなければいかぬという人がいるかも知れないけれども、革命を起せばまた元も子もなくなる」(『群像』座談会、一九六〇年六月号)。

大江氏のショックは無理からぬものがある。これがあらたなる面貌を装った〈現状維持派〉でなくて何であろうか。「他者」と「私」との間の責任についてかつて声高らかにのべた人の頭脳から、いつの間に「他者」の観念が消えてなくなったのかを知りたいのである。氏はすでに、自称する「最後衛のリベラリスト」どころではなく、体制の意識せざる最前衛に転落しかねないのである。

「気がついてみると今度は『民主主義』の旗印を掲げたファナティシズムの過剰支配にとりまかれているという塩梅であった」。

江藤氏は戦時中のファナティシズムの復活について語り、昔の旗のスローガンがかわっただけだと断定する。左右両翼の革命青年の思考方法は全く類似しており、一方は諸悪の根源を独占資本に、他方は国際共産主義にあるとし、ちがうのは形式上の名前だけだという(「世界の若者と日本の若者」『婦人公論』一九六〇年二月号)。この論理は、左右暴力均衡論の上にたって、政暴法を提出しようとする自民党の立場とどこがちがうのだろうか。私はすでに一つひとつ論駁する勇気をもたない。そこには自己の物質的ならびに社会的ステータスを無条件に肯定しようする「精神の堕落」があるのみだ。そして氏がかつて適確に指摘したごとく、現代においては人間精神の堕落の瞬間から「自己閉塞」が開始される。氏の「自己閉塞」がどのように始まったかは次の言葉によってあきらかであろう。

「ある時偶然に美しい夕映えを発見して、どんな政治体制の下であろうと人は死ぬ時はひとりで死ぬのだ、どうして政治が人間の一切を支配できるだろうかと思ったりした」

「……かりに現代の日本ではそれが不可能だとしても、私はやはりひとりで生き、そしてひとりで死にたい。これは私の傲慢であろうか。しかしこの傲慢は政治に魂をゆだねた奴隷の謙譲よりは人間的である」

「……私の主人は私以外にはいない。そうでなければ、どうして文学をやっていられるであろうか。政治的な季節の中で、自分の良心をいつわらずに個人を保っていようと思えば、毎日砂を嚙んでいるほかはない。このことを身にしみてさとったことだけがここ二カ月ほどを暮した私の収穫である」(「政治的季節の中の個人」『婦人公論』一九六〇年九月号)。

立派な「収穫」でありました、と申しあげるほかはない。かつて「経験に所有される奴隷」となって深い孤独のなかに沈む「死の思想」を激しく攻撃した人が自分の孤独な死の形式について語り、「自己否定の構造」について非妥協的に語った人が「自分の良心」についての感傷的な懐旧趣味にふけり、〝文学の問題は作家の信念のいかんにかかわらず文学以外の社会的価値の問題に連続している〟と説いた人が、「私の主人は私以外にない、そうでなければどうして文学をやっていられるであろうか」と説く。かつて他者についての責任を語り、同時代の作家に失望した人が、「私はやはりひとりで生き、ひとりで死にたい」と語る。かつて「どこに特権的な孤独をいこわせる道があるか」と喝破した人が、「美しい夕映え」のもとで「どんな政治体制のもとであろうと人は死ぬ時はひとりで死ぬのだ」と考える。

私は言論の自由の王国について語っているのでもなければ、新しい六〇年型ニヒリストの叙情詩的生誕について語っているのでもない。現代の人間的衰弱の状況を、〈具体的な行動への意志の欠落〉〈未知なるものに対するおそれ〉〈想像力の衰退〉として鋭く指摘した人が、二カ月ほどの政治的季節を過程した瞬間にものの見事にその衰弱的現象の体現者としてたちあらわれたという冷酷な事実に、今日の状況論のひとつの構造をみるのである。「傲慢」だとか、「政治に魂をゆだねる」とか「奴隷の謙譲」だとか、「良心」だとか、これらの論理以下のレベルで使用される大時代的な殺し文句で自分の状況論の終止符をうたねばならないとは、あまりにもみじめな批評精神の衰退であろう。

すでに紙数もつきたいまは、結論を急がねばならぬ。江藤氏の「想像力理論」の内容そのものに立ち入ることができなかったために、この点での一面性はまぬがれえない。したがってそれは別の機会にはたしたいが、ただひとつ指摘できるのは、《作家は行動する》と氏がいうとき、それは何に対する行動であり、いかなる形態の行動であり、その目的志向性をささえる作家の情熱と思想との関係はどうあるべきなのか、さらに行動そのものをみちびく理論はいかなるものなのか明確にされていない点である。

氏の方向機は、いまや〈死〉をさしているとか、単なる抽象的な構図にすぎなかった行動主義の形骸のなかに充填されたのは手垢によごれた保守主義であるとか、性急な結論を導きだしているのではない。〈死の思想〉の退嬰性について語った氏が、死について急遽語らねばならぬほど、かの季節にみられた〝政治主義〟は氏に決定的なにものかをあたえたのであろうか。あるいはかかる政治そのものに耐えがたいほど、ほんらい氏の批評の本質は脆弱であったのか。

問題の所在の一端は次のような点に集約されるのではないか。氏は、その文学的出発の起点となった『夏目漱石』においてのべている。

「ぼくらに課する唯一の掟は、あらゆる決定論の排除ということ以外にはない。それがマルクシズムであろうがフロイディズムであろうが、あらゆる決定論の目的とするのはせいぜい人物を一つの体系の道具に還元することである。それらをナイフにして作家を切りきざんだ結果を文芸批評などと称するのは精神の怠惰のあらわれなので、問題は作家の人間にある。その人間への興味が共感を呼ぶのであって、一人の作家に対する、例えば精神分析的解釈が必要なのではない」(傍点引用者)。

氏の批評の基準はここに明確に語られ、多少の振幅はあったとしてもその姿勢は今日まで一貫している。氏の文学理論の外円をしだいに圧縮して狭雑物を分離してゆくとき、そこに見出されるのは個人という純粋な結晶体である。

「ぼくらの周囲には……数かぎりない決定論や形式化への誘惑がひしめきあっていて、ほとんどすべての知的努力は、それらの自動機械的処理に委ねることによって解消されようとしている。しかし実はぼくらは何かを証明しようとして生きているわけでない。ただ、ぼくらが生きたという単純な事実を証拠立てる以外には」(傍点引用者)。

人間の生についての氏の以上の考察から何が導きだされるかは改めて説明するまでもない。この発想の源流をたどっていくとき、そこに誰が位置しているかも明瞭であろう。氏が今日、異常なる熱意で「小林秀雄」[1]のトータルな人間像の描出に時間を割いているのは、このこととは無縁ではなかろう。そして逆説的にいうならば、氏が小林秀雄のなかに発見するであろう違和感そのものの中に、戦争を媒体とした昭和の歴史が横たわり、戦後の若いインテリゲンチャの問題があり、そしておそらく江藤氏の批評精神の骨格があるはずである。この違和感をどう掘りおこし、現代思想史の一コマとしていかに位置づけるかは、たぶん氏の進路にとって決定的な意味をもつだろう。それはともかく、氏の「決定論」規定は、氏の前進にとって氏自身の創造性を拘束する掟となるであろうと私には思われる。なぜか。

氏は、〈歴史的必然性と個人とのあいだの衝突にかんする神話〉という古証文をふたたびもちだしたのである。かつて十九世紀末にロシヤのインテリゲンチャを風びしたこの思想は、いまにいたるまでその強じんな生命力を持続している。個人主義者ヴェヴェ氏を先頭としてかれらは、決定論は「神秘な地下から歴史的必然性の内在的法則によってひっぱられているあやつり人間のイデー」であると非難し、「不毛で散慢な思想」と名づけた。決定論と道徳、歴史的必然性と個人などの命題を永遠の矛盾概念としてとらえる立場は、自分の愛好する個人主義的モラルの土台が決定論によってとりさられることを恐れた観念論者の切り札である。自己の思想の物質的社会的基盤の究明を回避し、その論理構成において理性よりも保身が先行し[2]、個人を人類との関係において、現象を本質（＝社会の内在的連関性と歴史的発展の合法則性）との関係においてとらえることができず、激しい歴史の流れのままにまに流れて行こうとするセンチメンタルな思想である。決定論は宿命論を前提しないばかりでなく、逆に理性的行動のための基盤をあたえるものである。

あまり好ましいことではないが、ヴェヴェ氏にたいするレーニンの意見をひいておこう。「全歴史は疑いもなく行為者であるところの諸個人の活動から成り立っている。個人の社会的活動を評価するさいに生じる現実的問題は、どのような条件のもとでこの活動に成功が保証されるか、またこの活動が相対立する諸行為の大海に沈没してしまう孤立的な行為にとどまらないための保証はどこにあるのか」（傍点引用者）。これらの保証の科学的基礎を理論づけるのが決定論である。したがって「決定論の思想は、理性をも、人間の良心をも、人間の活動の評価をもいささかも抹殺するものではなく、まさにその逆である」。決定論を機械的な基底還元主義と等式でつなぐところから江藤氏の誤解がうまれる。もちろん、決定論そのものが文学批評の基準になるのではなくて、それは批評の前提にすぎない。これを回避しようとするとき、そこに〈死の思想〉がうまれ、批評はついに孤独な人生をうたう抒情詩に転落するのである。マルクス主義文学論＝決定論という図式で考えるところから、マルクス主義の戯画化がうまれる。氏が〝決定論〟と対決しようとするなら、せめてこのポレミィクが展開されている全集第一巻ぐらいは精読してからにすべきであったろう。そうすれば、決定論を排撃しながら、「いつの時代の誰が、現実に『自由』でありえたか。おそらく真の『自由』は、現実に人間が『自由』でありえないことを洞察した者によってしか求められるすべはない」（「同時代作家への失望」）と一方では意志決定論を主張するという矛盾からは免れえたであろう。

以上にみてきた江藤氏の文学価値論は、日本社会の停滞について、人間疎外の実況について、さらに中国について、アルジェリアについて、コンゴについて語り、そして日本の若い左翼に未来への可能性をつなぐ大江氏のそれと、本質的に異質なものである。大江氏はいった。「江藤の論理は文学の領域では創造性をもっているが、一九六〇年の日本の現実を動かした労働者・学生にたいしては、結局無力であった」。この二元論的規定は訂正さるべきであろう。六〇年の現実を動かしえないままに、死について語る無力な構想力の所有者が、文学の領域で創造性を発揮できるという保証はどこにあるのか。大江氏は、かつての美しい青春の出会いに執着してはならない。すでに別離の時刻は過ぎているのである。

註

（1）この原稿は昨年末にかかれていたものを、今回部分的に補正したものであるが、時間上、枚数上の制約で意をつくせないところが多い。江藤氏の文芸批評の骨格をなしている「文体論」「想像力論」についてもふれる余裕がなく、「小林秀雄論」もそれ以後数百枚にわたって書きつがれているが、ふれることができなかった。なお、小林秀雄――福田恆存――江藤淳というように系譜づけられる、現代文学における自由主義的近代主義の批評精神の思想体系については、昭和思想史の重要な一系列として歴史的に考察する必要があろう。

（2）ブルジョア・イデオロギーとしての「近代主義的自由主義」の物質的・階級的基礎が、金利衣食者および資本に寄生する知識人にあると規定したルカーチの見解（『理性の破壊』）は、今日でも修正される必要はなかろう。ルカーチは、ブルジョアジーが反動化するにつれて、「ドイツ古典主義の進歩的市民主義」からぬけでて、「頽廃的世界市民主義（コスモポリティズム）」の最初の先駆者となったショーペンハウエルを、金利生活者的知識人の最初の典型の一人にあげている。

第三章　戦後近代主義論争の周辺

――『近代文学』・荒正人のことなど、わが回想記――

（I）

今年［一九七九］の春から夏にかけて、荒正人と中野重治が、あいついでこの世を去った。平野謙も、その一年ほど前に亡くなっている。

私たちの世代にとっては、戦争直後に華々しく展開された、荒・平野と中野との間に交わされた論争は、まさに戦後マルクス主義の開幕をいろどるにふさわしい熱気を帯びた大論争であった。

当時の私は、二〇代にさしかかったばかりであった。この論争は私たちのつま先立った青春期の思想形成にいろんな意味で深く刻印されているのだが、それを回想することは、いまなお私たちの思想の深層に澱のようによどみながら沈んでいるなにものかをよび起こすことになるのだ。

この六月、たまたま野間宏を訪れて、山積みの本で埋もれてしまった応接間に通された途端に、今朝、荒正人が亡くなったとたったいまテレビが報じたことを知らされた。その突然の死をきいて、私は思わず絶句した。荒正人とは、戦前から戦後にかけての日本マルクス主義運動の推移について、一度突っ込んで話しあうことを約束しておきながら、上京してもなかなかその約束が果たせず、気になっていた矢先であった。野間宏のところで荒正人の死をきいたことも、なにかの因縁かもしれぬと思った。

ともかく、あいついだこの三人の死は、なにかの陰影のように私たちの精神のうえにずっとかぶさっていた《戦後》という大いなる過渡の時代も、もはや確実に終わりつつあることを告げるものであった。

このように書きだすと、なんだか私が荒正人と親しかったようにきこえるかもしれないが、じつは、たった一回しか会っていないのだ。それも三〇年以上も前のことである。会ったといっても、討論会の席で対峙したままであったから、私的な会話を交わしたことはまったくなかったのである。

私が旧制高校に入ったのは、敗戦の一年前であった。中学三年生で太平洋戦争に遭遇した私たちの周囲は、物心ついたときには、すでに天皇制ファシズム一色で塗りつぶされていた。反戦運動や革命思想の余燼すらもはやどこにもなかった。つまり、あの戦争に抵抗した側から、どのような影響を受けることもなかった、戦争の暗い谷間で育った孤独な世代であった。

日本の敗北を予見する思想的基盤なぞはまったくもちあわせていなかったが、連日のように凄まじい空襲を浴びる工場に動員されていて、これはもうダメだなという心理的実感のほうがしだいに強くなっていった。戦闘機による空襲でおなじ発動機工場で働いている中学生が、目の前で数名一瞬にして射殺されたとき、戦争への恐怖感が身震いするような実感として身体を走りぬけていった。

敗戦の放送は、妹たちの疎開先である河内平野の小さな農村できいた。その日は、工場の休日であった。なにをいっているかよくわからぬ天皇の放送から、ようやく「無条件降伏」という結論をひきだしたとき、虚脱も汚辱も感傷もまったくなかったといえばウソになるだろう。いままで自分の立っていた地盤が、どこか未知の地底へ沈んでゆくような、一種の崩壊感覚におそわれた。

やがて気をとり直して、すぐその足で近くに見える二上山に登った。当麻寺の横から山腹にとりついたが、戦争中の荒廃で草茫茫、道も定かではなかった。ふるような蟬しぐれをのぞいては、全山静まりかえっていた。頂上まで、人影はまったくなかった。風が吹きぬける山頂には、苔むした大津皇子の墓が、時の流れにとり残されてひっそりとたたずんでいるだけだった。一点の雲なく澄み渡った夏空の彼方に、はるか日本列島を望見しながら、これからのわれわれの未来はいったいどうなるのだろうかとしばし感慨にふけったことを、まだ昨日のことのように覚えている。

それからは、まさに疾風怒濤の《戦後》の時代に突入した。毎日が新しい見聞の連続であった。予想もしなかった占領下という状況のなかで、自分たちの精神の隅々までが、まったく新しい戦後の波で洗われはじめた。われわれの思考を制約していた既成の価値体系の枠組が、音をたてて崩れだした。八・一五の思想解禁は、私たちをむさぼるような新知識の吸収にむかわせた。警察に押収されていた発禁本が古本屋にドッと出廻った。それを手に入れ、工場時代に結成していた手書きの同人雑誌グループを中心に、一〇人ばかりで研究会をつくった。左翼思想というものにはじめて接したのは、河上肇の『第二貧乏物語』であった。

もちろん、新しいからといって、すべてを軽々に信ずる気にはなれなかった。戦前の世界を知っていて、それなりの処世術であの戦争を生き延びた先行世代にたいしては、しだいに根深い懐疑と不信をいだくようになった。戦争を賛美していた右翼教師は徹底的にボイコットし、全学投票をして戦犯教師一覧表を張りだした。

そういった精神的位相にあったわれわれに、大きい衝撃をあたえたのは、何年間も獄中にあってあの戦争に反対した抵抗部隊がごく僅かながらも日本にいたというニュースであった。「獄中一八年」といえば、私が生きてきた年月とそのまま重なる。かれらがマルクス主義という革命思想をもち、最後まで国家権力の弾圧に屈しなかったことを知って驚いた。かれらに関する報道は、連日新聞紙上でも大きく伝えられたが、私たちの熱い視線も、しだいにそこに焦点をあわせるようになっていった。イデオロギーについては云々する資格はわれわれにはなかったが、死を賭して反戦を貫き通したその倫理的姿勢になによりも刮目したのである。若者に特有の、思想の純粋さと犠牲的精神に憧れる理想主義的な気持ちも大いに作用していた。

戦争中にわれわれが窺い知ることもできなかった禁断の果実のなかにこそ、未来を照射するなにものかが潜んでいるのではないかという、一種の予感のようなものが、そこにはたらいていたこともたしかである。つまり、《非転向》に象徴される倫理の優位性と、《戦争責任》を指弾するその理論の体系性に、しだいに吸引されていったのである。私たちのグループは、クラスのなかにも何人かいたゴリゴリの天皇制ナショナリストとはちがって、ヨーロッパ文学に親しんでいた自称西欧派であったから、このような横滑りにもあまり抵抗感はなかった。

十月には徳田球一以下の非転向組が出席する解放大会が大阪で開かれ、十数人でそれを見にいった。戦前左翼の実態をはじめてこの目で見て、かなりの異和感を覚えたが、それを反芻するいとまもなく、足早に歩きはじめた。十一月には社研［社会科学研究会］を結成して、『ドイツ・イデオロギー』の読書会をはじめた。その頃から、戦争中に投獄され、戦後いちはやく共産党結成に参加していた大阪商大［現大阪市立大学］の出獄組がわれわれに接触しだしたのである。

このあたりの事情については、すでにあちこちに書いたので、ここでは先を急ぐ。しばしの紆余曲折があって、私たち工場時代の文学グループは、清水の舞台から飛降りるような気持ちで共産党に入った。敗戦の翌年の夏であった。総勢七名ほどでスタートしたが、高校細胞としては、おそらく全国で最初の組織だったのではなかろうか。それからは、がむしゃらに実践運動に首を突っ込んでいった。

さらにその翌年、つまり一九四七年の二・一ストの一週間前に、戦後はじめて開催された全国学校代表者会議に出席するために勇躍上京した。その頃は、大阪―東京間は普通列車がまだ三本しか走っておらず、前夜から早朝発の列車を待って一二時間並び、さらに一五時間かかって東京にたどりついた。復員兵などで超満員であった。

さて、その会議は、党本部の青年対策部と東大細胞指導部との合作であった「学生運動テーゼ」草案を検討することが主要議題であった。全国から七〇名ばかり集まったが、私たち大阪代表三名は正面きってこの方針に強硬に反対した。三日間の討議の過程で、地方の代表はほとんどわれわれの側についたので、結局このテーゼ原案は、採決の結果否決された。このときの記録や経過については、三一書房からでている『資料・戦後学生運動』にもまったく記載されていないが、戦後学生運動史の第一頁に書かれねばならぬ重要な論争内容をもっていたのである。

一口でいってしまえば、本部原案は、文化主義的・サークル主義的な偏向をもつ脆弱なものであった。当時のわれわれのコトバでいえば、〝小ブル的モダニズム〟に浸蝕されたヤワイものであった。その原案にたいしてわれわれは、その日暮らしのどん底にあえいでいる学生生活の現実をふまえて、荒廃した学問・教育の復興、占領軍の教育政策、とくに六・三制教育システムの根本的な検討、学生自治組織の創出、アルバイト学生の救済とその組織化——そういった実践的な課題を中心として、大衆的学生運動の全国的高揚をまきおこすための運動の政治化の必要を強調したのであった。いうまでもなく、われわれ大阪勢の政治的ラディカリズムは、大会では目立った存在となり、議長団は、われわれが手を挙げる度に苦りきった顔をしていた。じっさい、この代表者会議は、草案を起草した東大細胞と大阪勢との理論的激突を軸とする華々しい論戦に終始したのであった。最後に本部側は、「諸君たちは、本部提案を否決した。これは重大な問題である」と宣告、さらに党中央委員会を代表して志賀義雄が大演説をブッて幕となった。「三日後に迫った二・一のゼネストを契機として、来たるべき日本革命の第一歩がはじまる。諸君、故郷に帰って、二・一スト支援のために全力を傾注せよ‼」。海鳴りのような喚声のなかで大会は幕となった。

その二カ月後に、私は高校を卒業して東大細胞に転籍した。本部提案に反旗をひるがえした造反派が入ってくるというので、先輩諸氏ははじめから構えていた。はたして、四月の第三日曜にもたれた最初の細胞総会から激論となった。はじめから袋叩きになることを覚悟していたので、一歩も引かなかった。全国レベルでの教育闘争を軸とした対政府政治闘争を組むための拠点でありながら、そういった巨視的な実践的課題についてはまったくふれられず、こまかい学内問題や「エゴ論争」が主要議題であり、きれいごとの論議に終始していた。

当時の細胞メンバーは五〇名ほど、そのうち戦後最初の入学生として入ったわれわれ新一年生党員は一〇名ほどであった。私が属した文学部班は、会議に出てくるのは八名で、新入りは私だけだった。ここでも政治論議はそっちのけで、もっぱら思想論議が中心であった。哲学科が主導権をにぎっていて、どうどうめぐりのスコラ的主体性論と、いかにして近代的自我を確立するかという問題が最重要課題となっていた。主体性の確立なくして、実践運動をやっても無意味だという論法である。一種の思想クラブであったわけだ。

当時は、だれもが新しい知識を求め、混沌とした閉塞状況を打開するための新しい時代精神を渇望していた段階であったから、思想論義が先行することはそれなりの必然性があった。連日のように催された各サークル主催の講演会も、どこも満員であった。そこでの討論も熱気に充ちていた。講義では大塚久雄、高橋幸八郎の市民革命論、近代的主体形成論がえらい人気で、他学部からも沢山きききにきていた。われわれは講義に出席することはあまりなかったが、そういう講演会には、軒並み顔を出してよくノートをとった。続々と創刊される新雑誌にも、たんねんに目を通した。

私なども、例の不毛な「エゴ論争」を撃破するためには、まず主体性論者の背骨となっている諸説を研究せねばならぬというわけで、よく図書館に通ってかれらの賞揚している経済学、歴史学、哲学などの新刊本と取り組んだ。そうこうしている間に、「エゴ論争」ばやりに不満を感じていた新入生党員たちがなんとなく集まりはじめた。最初は、力石定一、武井昭夫、広岡治哉ら数人であったが、このままではどうにもならないから、ひとつ全面攻勢に出て突破口を切りひらこうという点で意見が一致し、九月頃から活発な論戦を開始し、われわれなりの実践的プログラムを提示していったのである。

(Ⅱ)

このように、当時の党細胞における思想論議の中心テーマは〈主体性〉論であった。それを軸として、〈知識人〉論、〈近代的自我《エゴ》〉論、〈世代〉論が、活発にたたかわされた。もうすこし外延を拡げていえば、西欧近代市民社会と対比される特殊日本型の〈後進国〉論であり、この戦後民主主義の段階における戦前型〈革命戦略〉の再検討の問題であった。

当時のジャーナリズムでもっとも脚光を浴びていたのは、『近代文学』を中心とした戦中派の活動、歴史学では「大塚史学」を軸とした近代化論、哲学の分野では戦後いちはやく紹介されて急速に影響力を拡げたサルトルらの「実存主義」思想、それに旧来の唯物史観の批判的再検証を唱えた梅本克己らの「主体性論」であった。特徴的なのは、これらの活動の担い手が、そのほとんどが戦中派の三〇代であったことだ。

戦後思想において、当然主導権を握れる筈の戦前派マルクス主義は、そのカケ声の高かったわりには、じっさいには影が薄かったといえよう。もちろん、マルクス主義の文献はよく読まれていたが、その大半はマルクス、エンゲルス、レーニン、スターリン、ローザ、毛沢東などの原典であって、日本のものはあまり読まれなかった。よく読まれていたのは、天皇制国家論をめぐる志賀（義雄）・神山（茂夫）論争ぐらいのものであった。

一時にパッと花が咲いたような、これら戦後諸思想のなかでも、とくに際立って鮮烈な印象をあたえたのは、『近代文学』の登場であった。戦前正系を自称するプロレタリア文学派は『新日本文学』を創刊したが、内容は陳腐で野暮ったいもので、私たち若い世代にアピールする鋭いものをもっていなかった。それにたいして、焼跡の荒廃した風景をそのまま表紙に刷り込んだ『近代文学』のほうが、はるかに新しい戦後的感覚を代表しているように思われた。

戦後になって、あちこちから一挙に簇生《そうせい》してきたこれら戦中派のイデオローグのなかで、私たちから見て、もっとも目立った存在が『近代文学』の荒正人であった。戦後思想の開拓線は、この荒をペース・メーカーとして切りひらかれていったといっても過言ではないだろう。戦後すぐに、『近代文学』同人（荒正人、小田切秀雄、佐佐木基一、埴谷雄高、平野謙、本多秋五、山室静）たちの激烈な自己主張をきいたときは、かれらがいったいどういう集団であるのか私たちは知らなかった。しかしやがて、かれら戦中派のほとんどが逮捕歴をもっている戦前革命運動の殿軍の一部であること、西欧文化についての深い学識を基盤として独自の市民社会意識と戦争体験をふまえた強い思想的指南力をもっている集団であることなどがわかってきた。

私は、『近代文学』の創刊号いらいの熱心な読者であった。今回この原稿を書くために筐底《きょうてい》からその頃の古びた勉強ノートを一〇冊ばかり抜き出してきたが、いろいろ雑多な領域を勉強しているなかでも、この『近代文学』についての書き抜きがもっとも多い。文芸評論家になりたいと思っていた私は、大学に入ってから、「島木健作論」や「太宰治論」などを雑誌に発表していたが、つづいて予定していたのが「戦争に関するノート」と題する論稿であった。それは「荒正人の所説をめぐって」という副題をつけて、四〇枚ほど書いたところで中断されている。学生運動のほうが忙しくなって、結局未完に終わってしまったのだ。

〈ドストエフスキーのあの稀有の体験〉〈シェストフの悪魔に似た囁き〉といった特有の語り口でもって、あの戦争中の絶望と裏切りについて語った荒の「第二の青春」（『近代文学』第二号）というコトバは、高校生たちの間でもたちまち流行語となった。私たちはようやく第一の青春の形成期にさしかかったばかりであったが、このコトバの合意するものは、いくぶんなりとも私たちの世代でも共有できるものであった。

いらい、荒がたてつづけに発表した犀利《さいり》な評論は、目を見はらせるものがあった。荒はまず、あの戦争のさなかに、民衆から完全に孤立した進歩的インテリゲンチャの無力感・絶望感について語り、ついで先輩や仲間たちの裏切り・屈従がもたらした暗い〈実存の湿地帯〉の内実を告発した。そして返す刃で、戦前左翼の敗北と退廃についての自分たちの責任については一切語らず、再び〈民衆の権威〉をもちだしてひたすら政治的復権を急ぐ〈偽感の徒〉を痛烈に指弾したのであった。

「わたくしたちは大屠殺のなかに赴く青年たちを手放しで見送ったのだ。――ここに自分のエゴイズムを確認した。……もはやひとりひとりが自分の全存在を守るだけではないか、これがわたくしたち三〇代のエゴイズムであった。わたくしたちはその傷痕を、そのエゴイズムを唯一の足場としてヒューマニズムに達したく思うのである」。

「……小市民インテリゲンチャは自己精算ではなく、自己主張によって、つまり、なによりも自分のために、この革命に参加するのだ。自己解放が民衆解放にもそのままつながるのである。民衆とはわたくしだ――という感覚は反措定でもなんでもなく、実感そのままなのである。それを大さわぎしているある種の四〇代人は、やがて歴史のながれから置き去りにされるであろう」。

荒は、戦争中の自分たちのエゴイズムを鋭く剔抉《てっけつ》しながら、なおそれに徹底的に固執するところから戦後を歩みはじめねばならぬ、と説く。そして、戦争中に垣間見せた自分たちの主体的実存の問題をすべて棚上げして、再びタテマエの教条をふりかざして民衆に君臨しようとしている旧左翼にたいして断固として反対したのである。

エゴイズムとヒューマニズム、小ブルとプロレタリア――こういう二項対立的な語り口には、いまの若い人たちは戸迷うであろう。だが、当時の進歩的インテリにとっては、いかに自分たちの小ブル性を揚棄して、プロレタリア的前衛の境地にまで到達するかが最大の課題とされていたのである。（この命題は、七〇年代はじめの一部の新左翼によって唱えられた〝自己否定〟というコトバと、かなり似かよっている。）つまり、汚辱に満ちた小ブル的実感をいかにぬぎ棄てるかが、ほとんどピュウリタン的命題のように語られていたのである。その裏には、プロレタリア、ひいてはその前衛的結晶体としての《党》にたいする物神崇拝がひそめられていたのだが、荒はそのような思考そのものを「偽感」として正面から攻撃したのであった。

『第二の青春』『負け犬』『戦後』『赤い手帳』と、矢継早に出された当時の荒の主張をあらためて読み返してみても、その戦前左翼批判のところは、今日、なお戦後思想としての生命力をもっている。しかし、それはあくまでも今日的視点からする評価であって、その当時の私たちには、荒の思想的原点のギリギリのところが理解できなかった。当時の私のノートをみても、かなり激しい批判の言葉とともにうつしとられている。

帝国主義戦争、天皇制ナショナリズム、社会主義革命、プロレタリアート、資本と労働——そういった大状況を解明するための公式の摂取に余念がなかった当時の私たちにとっては、荒のエゴイズム論、世代論としての三〇代の独自使命論、小市民＝民衆論などの一連のシェーマは、小ブル的な自我中心主義の一変種のように、しだいに思えてきたのであった。

その理由はいくつかあるが、第一に、荒が暗黙のうちに指摘している戦前左翼《正系》の実態について、まったく無知であったことがその背景にあった。《非転向》神話に呪縛されていた当時の私たちにとっては、たとえば、平野謙の当時としては大胆なつぎのような発言の真意を充分につかめなかったのだ。

「私は現在かつてのマルクス主義運動を、いわばそっくりそのまま蘇らそうとする機運にいささかの疑問を抱かざるをえない。マルクス主義文学運動の功罪、それが転向を結果せざるをえなかった道ゆき、それらの複雑な内外の事情をひとつの必然的偏向として運動の内部から剔抉することが大切だと信ずる」(「ひとつの反措定」)。

今日からすればなんでもない発言のようであるが、当時では、左翼全体から袋叩きにあうことを覚悟しなければいえない発言であった。また、たとえば荒の、「かれら(四〇代の人びと)は観念をただひとつの杖として、この『暗い谷間』をわたってゆこうとするのだ。その世界観については異存がない。——かれらは考えるひとではあったが、かんじるひとではなかった」(「三〇代の眼」)という言葉にしても、その場合の四〇代とは、〈党〉そのものをさしていたのである。

第二の理由は、〈実感〉概念についてのとらえ方のスレ違いであった。天皇制イデオロギーに浸蝕されていた私たちの世代は、〝祖国危うし〟というナショナリズムのなかで純粋培養されてきた自分たちの実感そのものを、まず疑ってかかるところから出発しなければならなかった。荒流にいえば、まさしく実感=偽感であったのだ。だから戦後を出発するにあたって、私たちはその偽感をこそげ落すためにも、まず科学的認識とか歴史の発展法則とかについて、ともかくもその門をくぐってみなければならぬという思念が先立った。

したがって、「ニヒリズム、ペシミズム、エゴイズムから構成されている暗い三角形の住人」であることを自認し、あくまでも「自分の実感しか信用できない」という荒的見解とは、大きくスレ違っていたのだ。かれらが、マルクス主義世界観には異存はないといいながらも、実感や主体的実存に裏打ちされぬタテマエだけの世界観論議を、なぜあれほどまでに嫌悪したのか——そういった問題意識のおぼろげな輪郭が、ようやくわかりはじめてきたのは、一九四九年段階に入って、依然として戦前派マルクス主義の偽感の徒で構成されていた党中央と、われわれ学生細胞が正面衝突をはじめてからであった。

(Ⅲ)

この過程については、すでに詳しくのべたことがあるので先を急ぐ(「激動の大学・戦後の証言」『朝日ジャーナル』五六一号〜五六二号、一九六九年。本「著作集」第一巻所収)。一言でいっておけば、つぎのようになる。一九四七年に入学した新入りの造反派は、その年の十月の細胞指導部の選挙では、一年生ながら主導権をとった。やがて党本部指令による細胞解散という一幕もあって、四八年二月から再建細胞がスタートした。そして四月には、安東仁兵衛、戸塚秀夫、山川暁夫、上田耕一郎、不破哲三、高沢寅男、富塚文太郎、佐藤経明らの新入生党員四〇名ばかりを迎えて、六月頃には総数で一五〇名ほどの大細胞となった。その勢でもって、大学理事会法案反対と教育復興闘争を二本柱に、戦後最初の六・二六学生ゼネストをたたかい、全学連結成へと急ピッチで進んだ。このゼネスト提案にたいしては、党本部は疑念を表明し賛成しなかった。それを押しきって、学生独自の力でこのゼネストをたたかい抜き、ついに政府をして理事会法案を引っ込めさせたのであった。

この段階での新細胞の思想的戦略は、コミンテルンいらいの世界革命論、日本でいえば三二年テーゼを軸とした旧来の社会主義革命論の再検討と、戦後思想にあらわれた近代主義的イデオロギーの全体的批判におかれていた。

もちろん、大枠としては、コミンテルン—コミンホルムとつづく社会主義の祖国・革命ロシアを基軸にものを考えるという枠組を抜け出せなかった。だが、そこはやはり戦後派で、熱い共生感のもとにあたかも信仰告白のごとく革命ロシアへの帰依を語るオールド・ボルシェビキとは、一味も二味もちがっていた。つまり私たちは、歴史的体験としても、コミンテルン的呪縛とは無縁な世代であったのだ。

ここで断っておかねばならないのは、当時の近代主義批判といっても、その含意するところのものは、今日の「近代主義」批判とはかなり内容が異なっているということだ。今日の近代主義批判は、〈近代西欧文明〉を普遍的モデルとするところの、西洋を中心軸とする単線的な歴史進歩史観、その中味としてのブルジョア的合理主義思想、技術中心的な生産力主義などにたいする批判を意味する。しかし、当時の〈近代主義〉とは、主として例のエゴイズム論、主体性論、近代的自我論をさした。それでは、四〇代の戦前マルクス主義派は、どういう視点から、三〇代の近代主義を批判したのであるか。西欧市民社会を歴史進化の普遍的モデルとみなし、日本を後進国と規定して、生産力主義的な発展史観を構想していた点では、当時の近代主義もマルクス主義も、大同小異だったのだ。それでは、どこに意見の相違があったのか。

簡単に図式化していえば、当時の近代主義者の論理の見取図は、つぎのようであった。――この後進国日本では、下からのブルジョア革命が未成熟のまま、外圧を主たる契機として一挙に近代的工業化の過程に入ったので、天皇制をはじめ多くの封建的・半封建的要素が残存し、したがって個人のレベルでの内部革命(=近代的自我の形成)がおこなわれないままに、資本主義的土台が発展した。つまり、西欧市民社会にみられるこのような強固な個的主体の形成をなしえないままに、激烈な階級闘争に突入したので、先進国である筈のマルクス主義運動内部においても「深層心理の領域では前近代の軛を重くつけている」（荒正人「哲学者Qへの手紙」）。家父長的官僚主義や、主体的に獲得されていない借りものの脆弱な思想性にもとづく転向・脱落が多発したのである。われわれをとりまいている外部的社会条件の変革、すなわち〈外部革命〉の必然性は承認するとしても、それに先立って、まず近代的主体の確立、すなわち〈内部革命〉が先行せねばならぬ——短絡的にいってしまえば、このようにまとめられるであろう。もちろん、荒正人も、このような主張の急先鋒の一人であった。たとえば、荒は、四八年五月段階でつぎのようにいっている。

「わたくしたちはこれまで前近代的な倫理関係のなかで毎日くらしてきたわけですが、こんにち取組まねばならぬのは西ヨーロパ近代社会のなかに発生した市民の倫理の移植といった事柄ではなく、それを越える民衆の倫理なのだと思います。たとえば……縦のつながりである「家」の倫理をいちどばらばらにぶちこわして、その廃墟のなかからおもむろに近代市民倫理を築きあげ、さらにその成熟をゆっくり待ってそれをまた超克してゆくというようなゆるやかな速度ではありません。それは幸か不幸かわたくしたちから拒否されているようです。後進国としての宿命が生みだしたきびしい現実にほかなりません」（「哲学者Qへの手紙」）。

ここでは、まず近代市民倫理を獲得してから、つぎの超近代（＝社会主義）へという二段階革命的な発想は退けられているかにみえる。しかし、このすぐあとで、「西への道（近代）」を第一のちからとし、「東への道（超近代）」を第二のちからとして、この二つのちからの合成のもとに第三のちからが生みだされるが、「このちからの指し示す方向こそわたくしたちの道になるのだと思います」とのべている。このコースは、図式化していえば、広汎な民主主義的課題を完遂しつつ社会主義革命への基盤をつくるということになるだろう。この見取図は、基本的骨格においては、戦前の「講座派」の思想と同一次元のものであり、当時の共産党の戦略構想とも大枠ではほとんど一致している。

すでにみたように、戦前マルクス主義にたいする批判でも、「その世界観には異論がない」ということがひとつの前提としてあった。したがって、理論レベルでその革命論を承諾しながら、思想レベルでは、主として自分たちの実感的素材に依拠しつつ、〈党〉の思想体質を批判するという二正面作戦を余儀なくされたのであった。そこが、当時の荒たちの理論的隘路であり、いいかえれば、限界でもあった。

もちろん、それは、あくまでもいまだからいえることである。それほどまでに、進歩的インテリにとっては、非転向の倫理を背景においた当時の〈党〉の政治的権威は、今日では想像もできないほど強力なものであった。戦争で手を汚していない比肩《ひけん》すべき価値体系が他になかったということも作用していたであろう。

それゆえに、哲学的次元で問題を深化できないままに、もっぱら感性のレベルで〈党〉の思想体質の批判にむかった荒・平野たちの孤立無援のたたかいは、悲壮感すら感じられたのであった。

一九四六年春から、党の側は、中野重治を先頭に、蔵原惟人、宮本顕治、岩上順一らが一斉総攻撃に出た。たとえば、中野の第一弾はつぎのようであった。

「……彼らは文学批評家として、人間的な文学を育てるための批評家として表むきうって出ようとしているように見える。しかし彼らは正しいか。またうつくしいか。……その批評は批評自身人間的であるか。反対のように私には見える。彼らは正しくない。あやまっている。彼らは美しくない、みにくい。彼らは批評そのものにおいて非人間的である」（『批評の人間性1』）。

戦争中の中野の作品に流れているその文学的感性の豊かさと鋭さにぞっこん惚れこんでいた私は、

このような上からの高圧的批判を中野がやるとは、まったく意外であった。われわれのだれもが、中野の意見をききたかっただけに、そのもってまわった無内容な論理展開には、いささか驚いた。ついでにいっておけば、たしか中野の戦後第一作であった『五勺の酒』もいただきかねた。天皇にたいするなんという甘さだ！——当時の私のノートにはそのように書き込んである。

四〇代と三〇代とのこのような論戦を、われわれ二〇代も深い関心をもって見守っていたが、どうも四〇代のほうが精彩もハリもないという点では、みなの認識が一致していた。三〇代のほうは、人間としての血が通い熱気が感じられたが、四〇代の側は、おしなべて紋切型で熱気も迫力もなかった。文章も干乾らびていた。政治的権威で押しきろうとする姿勢がありありと見えた。

なぜ、まともに戦争中の体験や問題を押しだして、堂々と論戦しないのか。論点をはぐらかして、非転向の倫理で押しきろうとするのか。私たちは、戦争中の運動内部の複雑な様相についてまだまだ知らなかったが、これはなにかあるなと、漠然としたものを予感した。

しかし、三〇代のほうも、《非転向》の倫理そのものには正面から挑戦することもできず、しかもその革命戦略の大筋は支持していただけに、理論的偏向とキメつけられると、しだいに後退戦に追い込まれることを余儀なくされた。その点については後でふれる。

(Ⅳ)

このように、三〇代と四〇代との論争を、私たちは複雑な気持ちで見守っていたのだが、三〇代の主張に理論的には反発しながらも、感性のレベルでは、奇妙にふりきれない重いなにかをそこに感じたこともたしかであった。理論的には否定しながらも、心の奥底のほうで、なにか惹かれるものがあったのだ。

ともかくも、そのときは、学内の「エゴ論争」の過程で、近代的主体の形成を観念的に唱えるエピゴーネンとわたりあうことが急務であった。観念論議に明け暮れて停滞した運動に風穴をあけるためにも、当時の俗流化されたレベルでの主体性論をたたくことが、運動の発展にとって不可避だったのだ。しかし、いまから考えると、われわれの論理も、かなりつま先立っていたことは否定できない。

かれらの主張にたいして、われわれはつぎのように主張した。客観的な運動過程として展開する社会発展の法則性を認識し、その実現のための政治的実践に全力を挙げ、階級闘争の渦中に飛び込むことによってはじめて革命的主体は形成される――いかに口先で内部変革といい、近代的自我の確立を唱えてみたところで、実際の革命運動とかかわらぬところでわめいているだけでは、一歩たりとも現実を動かすことはできないと切り返した。

このような公式主義的な俗論は、いまからみれば冷汗ものであるが、哲学的にこの問題を深化させるには、われわれはまだあまりにも未熟であり若すぎた。

一人ひとりの実感としては、荒などの主張にかなり足をすくわれ、その鋭鋒にホンネのところではたじろいだことは否定できない。しかし、そういう動揺はプチブル的実感であるとして、タテマエの上では強引に切り捨てていったのである。

一九四八年四月には、はじめて細胞機関紙として「東大戦線」を二千部ばかりガリ版刷りで発行し、その創刊号は近代主義批判の総特集にあて、焦点を荒正人の批判においた。その頃、学内でおこなわれた『近代文学』主催の講演会には、公開討論を要求して二〇人ばかりでおしかけたこともあった。

（この件については、埴谷雄高「近代文学・同人拡大の頃」、原通久「講演会当日のこと」が当時の想い出を語っている。）

だが、断わっておかねばならないのは、われわれは、ただ外側から批判していただけではないということだ。当時『近代文学』の編集部は正門前から近い八雲書店におかれていたが、事務局長格の平田次三郎がしばしばわれわれを訪れ、こちらからも何度か八雲書店へ出向いたこともあった。それは、細胞の文学メンバーを中心に「赤門文学」会というのをつくっていたのだが、合同でなにかやらないかという平田からのさそいかけがあったからだ。（この「赤門文学」会というのは、リーダー格であった森本哲郎らの上級生が卒業してしまい、またわれわれは実践活動で多忙になったので、ついに一回も雑誌を出さないままに潰れてしまった。その前後に、いいだもも、日高晋、吉行淳之介、中村稔らが学内で『世代』を創刊していた。われわれ硬派からみればヤワナ雑誌ということだったが、時々交流会をやり、いいだらを公開細胞会議に招いたこともあった。）

ところで、いよいよメイン・エベントの登場である。五月祭で、われわれの文学グループと『近代文学』同人との公開討論会が実現したのである。これはスラスラと事が運んだように覚えている。出席したのは、荒、平野、本多ら数名で、中村真一郎も出席していたから第一次同人拡大の後のことであろう。われわれの側は一〇名ばかり出たが、公開というのに聴衆は数人もいなかったのは残念であった。ガランとした教室で、前の方の席にわれわれが一列にすわり、同人諸氏は黒板の前に並べた椅子に二列にすわってわれわれと対峙した。

血気盛んな私たちも、こうズラリと目の前に並ばれると、さすがに最初の間はものおじしたが、やがて気をとり直して語気鋭く突っかかっていった。ところが意外なことに、われわれにまともに応戦してきたのは中村真一郎であった。中村は、当時仏文の講師で、クラス討論にわれわれが行ったときはもっとも気前よく時間をくれて協力してくれる教師の一人であった。加藤周一、福永武彦と組んで「マチネ・ポエティク」として人気上昇中であったが、われわれからすれば、あくまでも〈星菫派《せいきん》〉であって、主要打撃目標からは除外されていた。ついでにいっておくと、加藤周一も医学部で助手かなにかをやっていて、いつも白衣を着て顕微鏡をのぞいていた。よくカンパをもらいにいったがその都度激励してくれた。ともかく、中村真一郎がたえずパイプをふかしながら、物凄いスピードでまくしたてたのである。これにはわれわれも目算がはずれた。三時間ばかりの討論で、平野はポツリポツリと二、三回発言しただけであった。荒は後列にすわって背をかがめ、結局、一言も発言しなかった。

もっとも鋭く切り結ぶであろうと予想していた荒が、このとき、なぜずっと沈黙していたのか。それは、われわれにもまったく意外であった。(このことは、六〇年代後半に、小田切秀雄、柴田翔と三人で『近代文学』をめぐる諸問題について座談会をやったときに、小田切から直接きいたのだが、じつは、荒は当時党員であった。速記録では小田切の注文でここのところはそのときカットしてある。党員であった荒には、党の上層部からも、いろいろ有形無形の圧力がかかっていたであろうと思われる。いまとなっては本人に直接きく術もなく、ただ推量するしかないのだが、四面楚歌のなかで、戦前運動の内実もわからぬ若い学生党員と正面からわたりあってみても、もはやどうにもならぬと覚悟していたのかもしれぬ)。

このときは、野間宏も参加していなかった。すでに同人になっていたかどうかはたしかめていないが、同人諸氏のなかでは、私たちともっとも親しい間柄だったのは野間宏であった。『暗い絵』以後の一連の作品は、当時の若者たちにひろく愛読されていたが、その二階借りの手狭な一室が正門のすぐ前にあったので、昼休みなどはわれわれがドヤドヤと押しかけてよくダべり込んだものだった。ネジリハチ巻姿の執筆中でも、心よく迎え入れてもらったが、おそらく大変な迷惑であっただろう。野間も文京地区委員会所属の党員だったので、大学の細胞会議に出席したこともあったし、学生大会を傍聴にきたこともあった。その帰途などは、当時はあまり喫茶店などもなかったので、外食券食堂に入って文学論をたたかわした。バルザックのリアリズムについてとか、ベリンスキー、チェルヌイシェフスキーの批判的リアリズムについてなどが主な話題であった。ある日、評論家ではだれに関心をもっているかという話題になり、私は平野謙をあげ、野間は花田清輝をあげた。それで、その二人に来てもらって、一度討論会をやろうということになり、いまにも崩れそうな狭い二階の一室で、花田清輝をかこんで、「芸術の本質と機能」をめぐって激論をやった。平野謙をかこむ会は、理由は忘れてしまったが、結局実現しなかった。

一九四九年段階に入ると、『近代文学』の戦前マルクス主義批判も、すっかり影をひそめてしまった。四九年段階といえば、外から見たときには共産党の党勢は量的には戦後最高の上昇を示した——内部的にはすでにさまざまの腐蝕・分裂・対立が生じつつあった——段階であった。なぜ、鉾《ほこ》を納《おさ》めてしまったのか、そのあたりのことについては、以後も荒は一切語っていないので、一度事実をたしかめておきたいところであった。

そのような『近代文学』の後退戦とは反対に、われわれは、運動の政治路線において、党主流とますます溝を深めるに至った。対立は急速に激化し、五〇年段階には、ついに細胞全員が党から除名されるという結末をむかえた（その間の道程については、当時の運動参加者の多くの証言を集めて書かれた安東仁兵衛『戦後日本共産党私記』〈現代の理論社、一九七六年〉を参照されたい）。

(V)

一九五〇年代に入って、敗戦当初からの再建共産党の錯誤と腐敗は、いろんな形ではっきりしてきた。戦前派内部で確執がつのり、また若い戦後派の反乱にあって、戦前派マルクス主義の不様な実態が暴露されてきたのである。この内部抗争は、労働運動をはじめとする大衆運動をも大きく混乱にまきこんだ。少数の戦中派が危惧していたことが、現実化してきたのである。

コミンテルンからコミンホルムへとつらなる官許マルクス主義の国際的権威を含めて、われわれが戦前派左翼にいだいていた《前衛》概念が物神化された幻想であり、《非転向》神話は、われわれ戦後派の倫理主義的な思い入れにすぎなかったことが、しだいに明らかになってきたのであった。

だが、そのことは、反面では、私たち自身の戦後の思想的道理を全面的に再検討する必要があることをも意味していた。すなわち、そのような腐蝕作用は、私たちの主体形成にも少なからぬ影響を及ぼしていたからである。すでにその頃は、われわれの組織もバラバラになり、それぞれが小さなグループや研究会にたてこもっていたが、私たちの小さな研究会でも、戦前運動の洗い直しから再出発することになった。戦後マルクス主義運動のさまざまな誤謬、腐蝕、分裂、解体は、総括も自己批判も抜きにして出発した、戦前《正系》の延長線上で発生したものであったからだ。そこまで遡及しなければ、今日の問題状況の深層にあるものを洗い出せない、と考えたのである。

第一次共産党いらいの日本マルクス主義の生成とその後の運動過程全体にたいする批判的分析が当面の課題となったが、私が分担したのは、〈山川イズム〉と〈福本イズム〉との対立抗争を出発点として、〈二七年テーゼ〉から〈三一年テーゼ（草案）〉〈三二年テーゼ〉へ展開する過程であった。

そして一九五五年、ソヴエト共産党第二〇回大会におけるフルシチョフの戦慄的な秘密報告を知るに及んで、さらに頭から冷水を浴びせられたのであった。拷問、強制収容所、銃殺——モスクワ裁判を頂点とし、二〇〇万近い革命家とその家族たちが国家反逆罪の名によって粛清されたスターリニズムの実態が、はじめて暴露されたのである。そして、ずっとコミンテルン指導下にあった日本共産党の運動体質にも、このスターリニズムが深く浸透していることがしだいにわかってきた。

《転向》問題にしても、国家権力の弾圧と脱落、裏切りという一筋縄の論理でとらえられるものではないこと、つまり、当時の少数幹部独断の官僚主義や、社民主要打撃論に典型的にあらわれた極左セクト主義を下敷きにして、さまざまの複合的視点から剔抉《てっけつ》されねばならぬことが明らかになってきた。裏返えせば、あの段階において最後までコミンテルン路線に忠実であった《非転向》とは、いったいなにであったのかという問題である。もちろん、国家権力に屈服して天皇に忠誠を誓った完全転向は論外であるとしても、最後まで民衆のなかに入ってたたかうことが可能であったような第三の道はなかったのかどうか……。

そういった問題意識でもって、当時の資料や記録を調べているうちに、一人の興味ある人物に出会った。その名を高橋貞樹という。高橋は、今日ではもはや忘れ去られた存在である。三〇歳の若さで、獄中で危篤となり、まもなく世を去るのであるが、最後の段階で党中央に意見書を出して転向したという理由でもって、戦前マルクス主義運動の歴史にもまったく登場してこない。

高橋は山川均の〈水曜会〉の出身で、若くして第一次共産党の結成に参加し、その後、水平社運動の理論的リーダーとなり、やがて入露して「レーニン研究所」に入り、コミンテルン第六回大会に出席した後、二八年の三・一五で党再建のため急いで帰国する。ただちに指導部に入った高橋は、休刊状態にあった『マルクス主義』を再建し短期間に多くの指導的論文を書く。しかし、四・一六で逮捕され、その六年後に長年病んでいた結核のため獄死するのである。

かれが逮捕される直前に書いた〈福本イズム〉批判の論文は、当時の党の思想体質についての自己批判であって、このような鋭い感性の持主が当時の指導部にいたことを私は知らなかった。当時の研究会の成果をまとめた論文のなかに、私は高橋貞樹を積極的に評価した一項を挿入した。ちょうど五〇年代も終わろうとする頃であった。

それから一〇年ほど経過して、いままで読めなかったいろんな資料や文献がどしどし復刻され、あらためて高橋貞樹の著作や意見書を読むことができた。かれが転向する際に獄中で書いた意見書は、今日的視点からすれば、マルクス主義の立場からするコミンテルン＝日本共産党批判であって、けっして国家権力にたいして屈服したものではないということもわかってきた。その内容は、今日においても充分に評価しうるオリジナリティに富んだものである。

しかし、なんといっても大きい感動をうけたのは、すぐ発禁になったのでどこの図書館でも見当らず、幻の名著といわれていた『特殊部落一千年史』の復刻版を手にしたときであった。これは、高橋が一九歳のときに書いたものである。

はっきりいえば、この書は、当時まだ自分の座標軸を明確に定めかねていた私にとって、決定的な衝撃をあたえた。この本は、それまでの私の部落問題についての浅薄《せんぱく》な問題意識を徹底的に喰い破り、私の心底を大きくゆさぶった。かれは、部落史研究の先駆者である喜田貞吉、佐野学の研究に刺激をうけながら、荒削りであるが唯物史観によって独自の部落史を構築したのである。その論理構成力も素晴しいものであるが、人間の真の自由を希求する部落解放へのかれの熱情は、そのイメージ喚起力の豊かさとあいまって、私の精神の深部に鋭く突きささったのだ。

　私は、部落解放同盟の土方鉄に、高橋夫人であった小見山富恵が山口県の片田舎で八〇歳をこえて元気でいることを教えてもらって、早速会いにいった。それから高橋の友人でなお存命しておられる方々を教えてもらって歴訪した。もちろん、ほとんどの人はすでにこの世にいなかったが、それでも何人かにお会いすることができた。

　このようにして、高橋貞樹という若くして斃《たお》れていった一人の革命家の思想的軌跡を追っていったが、一応のまとめができ上がったので雑誌に連載していった（「日本マルクス主義の一つの里程標」『思想』一九七六年十二月号、七七年一月号、五月号、六月号。本「著作集」第三巻に所収）。

　この論文は、一人の革命家がなぜ転向するに至ったかという、そのギリギリの思想的苦悩を追っているだけではなかった。もう一点は、私たちの青春時代からいだいていた、〈西欧近代〉を普遍的モデルとして、それを必須の経過点として社会主義への道を構想していた既成マルクス主義の近代主義的限界についての、主体的な自己剔抉という意味も含まれていた。

　その論文の第一回目を発表してから数日経ったある日、夜遅く電話がかかってきた。かなりせき込んだ高い声で「東京の荒です」という。私には荒という知人はないので、ちょっとためらったが、一瞬、荒正人ではないかという思いがチラと頭をかすめた。やはりそうだった。

「やあ、三〇年ぶりですね。あのときのことを覚えておられますか、五月祭の討論会のことですよ……」忘れていないという返事だった。それから、「君が『近代文学』の再評価について書いたいくつかの原稿はみなちゃんと読んでいるよ」ということだった。

ひとしきりの懐旧談が終わって、「ところで用件はなにですか」ときくと、いや特別の用事はないのだが、君の高橋貞樹論を読んで、急に電話することを思い立ったんだ、いま埴谷雄高ともそのことを話したところなんだ。じつはいまだからいうけれど、自分たちの青春時代でもっとも注目していたのが高橋貞樹でね、かれが部落出身ということで特別に深い関心をもっていた。それが逮捕されて獄中で転向する。そこのところがいまでも気にかかっていて、いつか暇ができたらぜひ高橋のことを調べて書きたいと思っていたんだが、それをまさか君がやるとは夢にも思わなかったよ。高橋貞樹論を含めて、一度ゆっくりいろいろと話しあいたいね。上京して暇があるときは、ぜひ連絡して下さいよ……。

たしか三〇分ほどいろいろ話しあったが、およそ以上のような内容だった。この論文には、私も意外に思うほどいろんな反響があって、ひとつの時代を生きてきた人間について書くことの重みを感じたのだが、とくにこの荒正人の電話は嬉しかった。その晩は、妙に興奮してなかなか寝つかれなかった。

それから、連載の続稿が出るたびに、荒からハガキが舞い込んだ。そのなかには、いま夏目漱石のことを調べに山陰を旅行中で、旅先で読んで早速読後感をのべたくなった、というのもあった。

この世で私と荒との出会いは、以上のようにたったの二回である。それも、じっさいに会って話したことは、結局は一回もなかったのだ。だが、いつも、自分の思想のひとつの曲り角のところで出会っているので、荒正人のことはいろんな意味で私の脳裏に深く刻み込まれていくだろう。

一九七七年の末に、荒が編集した『「近代文学」創刊のころ』という一冊の本をおくってもらった。

そこで荒は、自分の青春時代にいかにマルクス主義運動にかかわっていたかという話をかなり克明に書いている。たぶん、荒がこんなにはっきりと自分の青春期の思想と時代について書いたのは、はじめてではなかろうか。だが、その文章は、敗戦の八月十五日のところで終わっている。

おそらく荒は、いつかは機会をみて戦後のことも書き継ぐつもりであったのだろう。だが、それは、もはや永久に実現することはない。

生ある人の世では、死もまた必然事であるといってしまえばそれまでだが、つぎの時代が定かにならぬままに、戦後思想の先進的な担い手たちが、その仕事をやり残してつぎつぎと去っていくことは、なんとも淋しいことである。

第四章　近代主義とマルクス主義——『近代文学』の提起したもの——

一　はじめに

いま、わたしの机辺には、『近代文学』終刊号がある。一九四六年一月の創刊いらい通刊一八五号、年月にして約一八年である。同人雑誌でこれほど続いたのも記録的であるが、商業ベースにのらない小雑誌でありながら、一つの知的潮流として同時代の思想形成に黙視できぬインパクトをあたえたという点でも、この雑誌は、日本の近代ジャーナリズム史上特筆すべき存在であった。たとえそれが果たした役割は、実質的には初期のほぼ三年に限定されるとしてもである。

創刊号を手にしたのは、終戦からまだ半年、爆風で破れたままのガラス窓からすきま風が遠慮なく吹きこんでくる高等学校の寒い教室であった。戦死者や未復員者の空席がまだところどころにみられる頃であった……。中学初期に太平洋戦争を迎えたわれわれ昭和の世代は、うぶ湯のときから天皇制ファシズムの教育体系で育てられた世代であるが、敗戦前後の思想状況はどうであったろうか。工場動員の最中でも、みながよく読んでいたのは、日本の近代作家をのぞけばトルストイやドストエフスキーであり、バルザックをはじめとするフランスのリアリズム文学とボードレエル、ランボーらのサンボリズムであった。いわば科学としての学問は存在しない段階であったから、その代位補充の機能を主として果たしていたのは文学であった。

もちろん、ファシズムのワクから自発的に抜け出す条件はなかったが、まるごと自分の魂まで、ファシズムに同化させていった部分は少数であった。敗戦による衝撃、それにひきつづく知的虚脱感は、あるにはあったがそう底の深いものではなかったし、長続きもしなかった。ファシズムは、結局はわれわれの精神の根底を把握することには成功しなかったし、死を免れたという解放感は日とともに現実的な感覚となってきた。九月一日の学校再開日に集まったみなの顔には、予想外に明るいものがあった。八・一五による思想解禁は、わたしたちをむさぼるように新知識の吸収にむかわせた。古本屋にドッと出廻った左翼本をみなは争って手に入れてきた。戦犯教授追放運動が始まり、聖戦説をとなえた教師たちの講義はボイコットされた。

年がかわっていろいろな雑誌がでてきた。そのなかで、『近代文学』は、三〇代の若い「戦中派」によって組織されていること、しかもその人たちは「プロレタリア文学の殿軍」（本多秋五）にぞくするグループでありほとんどが戦時中の逮捕歴をもっていること、積極的な自己主張――思想的指南力をもっていること、などの理由によってわたしたちにきわ立った印象をあたえた。その名称そのものが、一つの戦後感覚を代表しているようにすら思われた。昭和十年前後の左翼運動の壊滅、その惨たんたる後退戦の模様を、かなり後まで歴史的につかむことができなかったわたしたちにとって、むろんこの七人の同人の名は未知であった。いわば抵抗派のシンボルとして、創刊号のゲストに登場した蔵原惟人の名にしても、ようやく学内に社会科学研究会が創立されたばかりのその頃であってみれば、戦前においてどのような思想的役割を果たした人物であるか、まったく知る由もなかった。（二号のゲストの小林秀雄は、戦時中のもっとも親しい名前の一人であった。）

二号にのった荒正人の「第二の青春」。そこで語られている時代の社会的背景について無知であったがために、この論文の真の意味を理解するにはまだしばらくの時間を必要としたが、〈第二の青春〉というコトバは、教室でもひとつの流行語となった。わたしたちは第一の青春の形成期にさしかかったばかりであったが、このコトバのもつニュアンスは、いくぶんはわたしたちの世代でも共有できるものであったのだ。ことに戦場で、いったん死を決意させられた級友たちはそうであった……。

このように回顧的に書きだしてみると、とどまるところを知らないほどいろいろな感慨が胸中に去来するのである。今日的視点からすれば、そこから戦後史のなかでの積極的な要素をひきだすにしろ、あるいは否定的なものをひきだすにしろ、自分たちの青春の歴史——精神形成史の一コマに『近代文学』の名を刻み込んでいる人は、けっしてすくなくないだろう。このように戦後の出発点に立ちかえって、そこからのわたしたちなりの精神の軌跡を追跡しながら、『近代文学』の提起したものの戦後史的意味について考察することは必要な作業であるが、スペースの関係もあってそれはつぎの機会にしたい。つまり、この論文では、その前提となる思想的諸問題の考察が主であって、今日的視点からする、わたしなりの概括的な評価にとどまることを最初におことわりしておきたい。

二　『近代文学』の登場と近代主義批判

戦後日本の思想史をひもといてみると、マルクス主義の内部およびその周辺でおこなわれたいくつかの論争において——思いつくままに列挙してみると、敗戦直後の時点で日本の未来にかんするヴィジョンをめぐって多くのテーマを論争点とした『近代文学』派と戦前派マルクス主義との激しいポレミックをはじめとして、「主体性」論、「戦後資本主義」論、「国民文学」「国民の科学」論、「思想の平和共存」論、「戦争責任」と「転向」論、日本独占の自立段階での「大衆社会」論、「スターリン批判」を契機とするいくつかの論争、安保闘争の頃の「市民主義」論から、現代革命の方法論を中心とした「構造改革」論の提起をへて、今日、独占の側からその積極的プログラムとしてだされている「近代化」理論にいたるまで――近代、近代主義、近代化、近代化理論というコトバは、ボールのやりとりのように使用されてきた。*

＊おおざっぱにいうならば、近代主義というコトバが主に流通したのは、独占資本の自立が完了しその支配体制が確立する五〇年中期までである。それ以降は、近代化理論（近代理論）というコトバにとってかわられたようである。

しかしあとでのべるように、わたしはこの両者は明確に区別すべきであると考える。限定的な意味では、前者は日本イデオロギーの特殊な思想的系譜をさし、その担い手は進歩的インテリゲンチャであって、戦後は主としてマルクス主義の周辺部分に継起した。近代化理論は現代の独占ブルジョアジーの主導的イデオロギーであり、それはプラグマティズムを方法論とし、技術史観にもとづく生産力理論としてあらわれている。前者はマルクス主義の側からの規定であり後者は独占の側から出された概念である。もちろん前者から後者への転位・発展（？）はありうるわけだが、充分な歴史的論理的論証なしに、思想的接続関係を機械的に設定することはマチガイである。

近代主義という概念についてみても、近代にかんする統一的な見解もないままに、多義的な解釈のもとに無差別に使用されてきたといえよう。つまり、現実の歴史的発展と認識を一般化し抽象化したカテゴリーとして科学的に定立されないままに、一種の慣用語として適用してきたのだ。したがって、このようなコトバをモノサシとして諸問題にアプローチすることじたいが、対象を正しくとらえる認識方法としても非科学的であったといえる。

しかしいずれのばあいにも共通していえることは、日高六郎も指摘しているように、近代主義を自称したグループがあったわけではなく、この定義づけそのものがマルクス主義の側からの一方的規定として、しかもマイナス・シンボル（日高六郎）として使用されたことである。*〈マイナス・シンボル〉というアイマイな表現が、近代主義といわれたものの実体をむしろ適切に表現しているともいえるのである。あえて極論するならば、近代主義というコトバは、マルクス主義からの偏差値を測定し、〈修正〉された容量を表示するモノサシとして使われたのである。しかもその規準の最初の提示者は、皮肉なことに蔵原惟人であった。

＊『現代日本思想大系―近代主義』（筑摩書房）解説。日高氏の解説には全面的には賛成できないが、手ぎわよく整理されている。ぜひ一読されたい。なお、氏じしんもことわっておられることであるが、『近代文学』関係の論文が収録されていないことは大きな欠陥である。

さきにあげた戦後のいくつかの論争には、ある種の共通の問題意識が、基底的なものとして一貫して存在していた。そのうちの大部分は、一九四六年から四七年にかけて『近代文学』の手によって論争のペースが設定されたものである。こころみに荒っぽくシェーマ化してみると、〈政治〉①日本後進国論、②社会主義への平和的移行、③民主革命における統一戦線論、④日本共産党論（⑨⑩との関連において）、〈社会〉⑤日本社会の特殊構造論（①との対比）、⑥世代論、⑦知識人論、⑧小ブルジョア論→市民主義、⑨組織と個人、〈思想〉⑩戦争責任論、⑪転向論、⑫民族→人類、⑬西欧近代思想（日本的伝統精神との対比）、⑭マルクス主義における人間の問題（⑤と関連して）、⑮政治と文学（政治の優位性否定→芸術自律論）といった分類が可能である。もちろんそれぞれのすべてが明確な目的意識をもって体系的な論理として主張されたわけではなく、そのほとんどが文学論として文学的素材をもって語られたのであった。だが、文学論の形態をとっていたとしても、文学そのものを論ずることに目標は限定されていなかった。

かれらには、戦後文学を展開するうえでどうしても解決せねばならぬ一つの必要条件があった。それは、ファシズムの前にもろくも潰え去った戦前の文学運動の崩壊過程をいまこそ徹底的に究明し、そこにひそむ諸要因を白日のもとにさらけだすことによって、誤りなき第二の出発を期することであった。プロレタリア文学のしんがり部隊としてその後退戦を歯ぎしりしながら見つめてきたかれらにとって、それは絶対的な前提作業であった。ぶざまな潰走《かいそう》戦のさなかに「かつての人民の友がいかにして下僕に、幸福な町人に堕ちてゆくか――その無数の事実を雙眼《そうがん》に焼きつけてきた」（荒正人）かれらにとっては、この問題を明らかにすることなくして一歩も前に進むことはできなかったのである。正確にいうならば、そのことじたいが、戦後文学の最初の文学的作業でなければならなかったのだ。

「敗戦とともに、私どもはあらゆる面での価値顚落とその再建を強いられたわけだが、その場合、昭和初年代の左翼運動の挫折と昭和一〇年代の戦争下の荒廃とを、私どものいやしがたいただひとつの傷痕として、いかに敗戦後の動乱のなかによみがえらせるか、という点に私どもは再出発の拠点を見出さざるを得なかったのである」という平野謙の述懐はかけ値なしにうけとられてよい。そしてこの観点を思想的に再確認しようとするとき、文学運動だけに対象領域をとどめることは不可能であり、その基底にあった戦前マルクス主義運動の実体の解明に必然的にむかわざるをえなかったのだ。さきにシェーマ化した多くの問題意識も、ここから発生したのである。そして、簡単にその結末だけをのべておくと、①と②をのぞいて、以下のことごとくが戦前マルクス主義派と意見を異にした。「第二の青春」がその最初の一撃であった。

荒は明確に目標を意識しながら、「民衆とはたれか」(同二号)「終末の日」(同三号)というふうに、体内から熱い湯がほとばしりでるような勢で書き続けた。それは一九四八年の末まで続いた。かれはその三年間に、『第二の青春』(八雲書店)、『戦後』(河出書房)、『赤い手帳』(同上)と三冊の論集に収められている、短いものを入れてほぼ七〇篇の文章を書いた。そしてそのことごとくが論争形式といっていいものであった。平野謙も、「ひとつの反措定」、「基準の確立」、「政治と文学(1)」(『新生活』一九四六年四、五合併号、六、七号)というふうに、いわば荒の側面援助のかたちで書いた(本多秋五『物語戦後文学史』はこの間の事情に詳しい)。

反撃の第一弾は中野重治の「批評の人間性1」(『新日本文学』一九四六年四号)であった。それは「批評の人間性2」(同六号)、「批評の人間性3」(『展望』一九四七年三号)とつづいた。宮本顕治が一九四七年一月に「新しい政治と文学」(『人民の文学』岩崎書店)を文芸評論家として書き、同年十一月号の『前衛』に「文化革命と文化活動」を書いて、その第四章〈文化革命と「人間性変革」の問題〉で『近代文学』批判を党の立場から公式に展開した。蔵原惟人は最初は直接的なかたちで批判を展開しなかったが、「文化革命と知識層の任務」(『世界』一九四七年六号)と「近代主義とその克服」(『前衛』一九四八年八号)で、トータルな批判を展開した。

三　近代における四つの指標

論をすすめる前提として、まず近代とはなにか、近代化とはいかなる歴史的社会的現象を意味するのかについて、マルクス主義の立場からみてみよう。常識的には、近代とはブルジョア資本主義社会をさす。したがって近代化とは、一国の資本主義化であるとされている。近代を資本主義社会の成立としてとらえるのは、たしかに基本的な視覚であるが、それを表面的に解釈しただけでは、近代の本質を充分に認識したとはいえない。

マルクスは、『ドイツ・イデオロギー』において根源的な〈歴史的関係の四つの契機〉をあげ、そのなかのもっとも重要な契機として第四番目に、ある歴史的段階において人間たちの利用しうる生産力の総体が、その段階での人間の社会的状態を条件づけることを指摘した。マルクスは生産諸力を「人間の全歴史の基礎であるところのもの」（大月版『マルクス＝エンゲルス全集』四巻、五六三頁）とよんだが、生産力の発展とともに物質的労働と精神的労働の分割がすすみ、現存の社会関係が発展する生産力と相容れなくなってくると、生産力、社会的状態、および意識は相互に矛盾におちいらざるをえないと規定する。そしてこの意識と現存の社会関係の矛盾は、ある特定の民族的な社会関係の圏内においてだけではなく、「この民族的意識と他の諸民族の実践とのあいだ、換言すれば一民族の民族意識と普遍的意識とのあいだに生じることによっても起こりうることである」（同三巻、二八頁）とのべている。いったいこのばあいの普遍的意識とは何をさしているのか。マルクスは具体的な説明をしていない。だがそのあとの叙述からつぎのように推論することは可能である。

疎外の揚棄の絶対に必要な〈実践的前提〉として、マルクスは「生産力の普遍的発展とそれにつながる世界的交通」(同三巻、三二一頁)をあげている。資本主義的生産力の世界的発展は、普遍的な交通をもたらし、封建社会の孤立性と封鎖性を破壊し、人間の狭い政治生活、精神生活の境界をうち破って、すべての国家を経済的全一体——世界市場に結びつける。かくして「諸個人の世界史的なあり方、換言すれば諸個人のじかに政界史と結びついたあり方」(同三巻、三二二頁)を物質的に条件づける世界市場が成立する。ブルジョアジーは世界市場を創設し、プロレタリアートは世界史的存在として登場する。各国の国民はかくして「さまざまな国民的および局地的な枠から解放され、全世界の生産と(また精神的生産とも)実践的なつながりをもたせられ、全地上のこの全面的な生産(人間の創造物)をエンジョイできる立場におかれる(同三巻、三二二頁)のである。(もちろん資本主義の段階においては、すべての人間がこの「人間の創造物」を平等な資格でエンジョイできるわけではない。それはあくまでも物質的な前提条件をあたえたにとどまる。)

そして、このような生産力の発展と世界的交通関係が現実化するのは、「やっとブルジョアジーとともに展開した」市民社会においてである。「この市民社会が、あらゆる歴史のほんとうのカマドであり現場である。」生産力のある特定の発展段階の「内側における諸個人の物質的交通の全体」——「商業的および工業的生活の全体」を包括するものをマルクスは市民社会とよんでいるが、それは内にあっては国家として編成され、外にたいしては国民として存在するが、その根本においては「国家と国民を越えたもの」と規定している(この項の引用部分は同三巻、三二二頁)。

つまり、わたしなりの概括をすれば、《近代》の経済的指標はいうまでもなく資本主義の成立である。資本主義的商品生産は、封建制度の現物自然経済を破壊し地方市場を単一の国内市場に統合することによって、民族を単位とする国民国家の形成を促進し、その内部に市民社会を形成する。この市民社会の成立が近代の社会的指標である。ブルジョアジーのへゲモニーによってうちたてられた市民社会は、その上部構造として議会制にもとづく民主共和制国家をつくりだす。この共和制国家こそ近代の政治的指標にほかならない。

「政治的社会を現実の社会にしようとする市民社会の努力は、立法権へのできるだけ普遍的な参加の努力としてあらわれ」（同一巻、三六二頁）るが、それは三権分立を基礎とする議会制度として現出する。すなわち、「立法権としての市民社会」は国会の要素としてあらわれるが、この「国会の要素は国家への市民社会の代表であって、それは〝多数者〟として国家に対立する」（同一巻、二九八頁）。もちろん市民社会内部においても階級対立は激化する。基本的人権の容認（もっともブルジョアジーは私有財産制の視点にウエイトをおいてこれを提出した）にもとづく形式上の全人民の同権と平等は国会の要素のなかにもりこまれるが、この国会の要素を媒介としての市民社会と政治国家の分裂、つまり市民社会からの国家の疎外は、資本主義の経済機構と政治的上部構造の矛盾の反映にほかならない。レーニンもいうように「民主的共和制は〝公的には〟富者と貧者を同一視するから〝論理的には〟資本主義と矛盾している」（大月版『レーニン全集』二三巻、四三頁）のである。このような諸関係のイデオロギー的反映としてあらわれたブルジョア民主主義の思想が、近代のイデオロギー的指標なのである。

近代の一応の基準として、以上の四つの指標をあげてみたが、純粋な資本主義というものが存在しないと同様に、これらの指標のすべてを純度の高い内容でもってかねそなえた、〈純粋な近代〉というものもまた存在しえない。比較的純度の高いものとみなされている、イギリス名誉革命、アメリカ独立革命、フランス革命のそれぞれについてみてみればよい。

さいしょのマルクスの言葉にたちかえるなら、ブルジョア民主主義革命の前後における、一民族の意識と普遍的意識とのあいだの矛盾は、上記のそれぞれの指標に到達していない前近代的後進的段階にある民族の民族的意識と、抽象的一般的な理念としてのこの「純粋な近代」とのズレという視点から理解できぬこともない。(ここに後進国において、いわゆる近代主義が発生するひとつの歴史的根拠がある。)

ブルジョア革命の瞬間——この瞬間こそブルジョアジーが「社会一般と心からむすびついて溶けこみ、社会一般と入りまじってその普遍的代表者と感じられみとめられる瞬間」(同一巻、四二五頁)であって、その時いらい、かれらは「社会の頭脳」となってあらわれる。つまりかれらは、人類的理性の発展を全人間の名において現実化しようとする「一般的意志」の体現者としてあらわれると同時に、ひとつの階級として「その特殊な地位から社会の普遍的な解放をくわだてる」(同一巻、四二四頁)特殊意志の貫徹者としてあらわれる。いわば二重の意志がそこに作用しているのだ。しかも社会の普遍的権利の名においてでなければ、その特殊意志も貫徹されえなかったのである。かれらの支配が完了した瞬間から、人類の名における普遍的意志の実現は空文化され、後者つまり階級意識が前面にでてくる。「市民社会の精神、すなわち利己主義の領域、万人の万人にたいする戦いの領域」(同一巻、二九四頁)として市民社会が展開され、「貨幣と教養とがその主要基準」となる。そこにおける「最高の政治的心情は私有財産の心情」(同一巻、三二四頁)であって、政治的国家はその心情の法体系化として組織される(カッコ内の傍点はすべて原著者)。

ブルジョアジーは一八四八年、あるいはパリ・コンミューンを契機に突如として反革命化あるいは反動化したわけではない。上述のように、革命成立の当初からその要因はかれらの階級意識の内部に存在していたのである。（前記の三つの革命のばあいでも、革命の成立当初の段階から、支配的ブルジョアジーと急進的民主主義派の対立は一刻もやむことはなかった。）かれらにとって、自階級の独裁のためには、ブルジョア革命があまりに徹底化されない方が有利である。かれらは封建的残存物をできるだけ利用し、より緩慢な改良的方法でその政治支配を確立しようとする。完全な民主主義は他階級の進出をゆるす。国会の要素、立法権への参加はかくて制限される。

ブルジョア民主主義の内部にある矛盾は、民主的共和制のもつ、全人民にとっての公共的性質と、ブルジョア独裁のための階級的機能、この二つの対立としてあらわれる。前者は、人類の歴史がもたらした理性的要素として普遍的価値をもつ。それは、人民の抵抗権・革命権の承認をふくめての基本的人権の容認、宗教と国家の分離、普遍選挙制の実施、思想・言論・集会・結社の自由となってあらわれる。ブルジョアジーにとって、これらはその支配のための障害物に転化する。かれらはそれをなげすてようとする。民主主義のこの普遍的価値の発展的継承者として登場するのがプロレタリアートである。かくしてここに、真の意味の近代の超克の展望がひらける。

四　現代主義としてのモダニズム運動

さて話を近代主義にもどそう。近代主義（Modernism, Modernismus, Modernisme）は、世界観としての体系性はないが、一定の共通な思想的傾向性をもつ諸流派の総称である、といわれてきた。近代から現代への過渡において、とくに十九世紀末から二十世紀初頭にかけて、ヨーロッパに発生した一定のイデオロギー現象をさす。より限定的には、自然主義的な伝統的美意識への反措定として登場してきた、反リアリズム、反アカデミズムの美術運動——いわゆるアヴァンギャルド芸術運動にたいする俗称として用いられてきた。フォーヴィズム、キュビズム、未来派、ダダ、構成派、表現主義から、さらにシュールレアリズムへと発展していったこれらの系譜は、一般的な美術史の規定では〈近代芸術《モダン・アート》〉とよばれるのが普通であるが、リアリズムの側、とくにマルクス主義の立場から、否定的、嘲弄的なニュアンスをふくめてこれらの傾向をモダニズムともよんだ。

つまり、帝国主義段階に入ってますます深まる人間の疎外感——危機意識を、巨大化した産業社会のなかで、不安と懐疑におびえる小ブルジョアの立場から表現しようとした退廃的な実験であり、現実から遊離した観念的な形式主義にすぎぬとみなした。こうした観点から、造形美術、演劇、映画、音楽、さらには文学、哲学へと領域をひろげて、そこから一定の思想的共通項を抽出し、それをモダニズムと名づける拡大解釈も存在した。*

＊アヴァンギャルド（Avant-garde）　芸術の意味を広義にみるならば、つぎのようなジャンルのものもモダニズムの中に算入される。造型芸術の綜合化によって機械文明下での芸術の機能化・合目的化をとなえた建築を中心とする革新運動、これは《バウハウス》に結集したグロピウス、コルビュジエらによって推進された。演劇では、カイザー、トラー、シュテルンハイムらの、近代劇のルールを無視した表現主義的戯曲、ラインハルトやピスカトールは機械を使った立体的装置でそれらを演出した。メイエルホリドらによるソヴェトの構成主義的演劇もそれらとは無関係ではない。動く抽象絵画といわれたハンス・リヒターらの絶対映画、カメラの機械性を強調したジーガ・ヴェルトフのドキュメンタリー論、さらに構成主義のなかにあった群衆というイメージは、プドフキンや、エイゼンシュテインのモンタージュ理論にも影響をおよぼす。シェーンベルクの十二音音楽をはじめとする実験的な現代音楽も逸することができない。

文学運動ではソヴェトの未来派の一部、《レフ》に結集した革命派の詩人たちのなかからマヤコーフスキー、パステルナークの名をみつけることができるし、産業的構成主義からエレンブルクがでている。フランスでは、ダダから超現実主義をへて左翼に入ってきたエリュアールやアラゴンについてはあらためていうまでもない。超現実主義の指導者ブルトンは一時フランス共産党に入党したが、スターリン粛正に反対して脱党し、トロツキーに接近した。さらに、表現主義から新即物主義をへてコミュニストになったドイツのブレヒト。英国の批評家D・クレイグのようにカフカ、T・S・エリオット、ドス・パソス、ジョイスなどを、現代における人間の〈不条理〉と〈孤独〉を観念的に追求した作家としてモダニズムの範疇のなかにいれているばあいもある（"Marxism Today" 63, 9)。もっともかれにしても、それらの傾向を全的に否定する立場ではない。哲学の領域でも世紀末の思想といわれた〈生の哲学〉や〈実存主義〉、さらにはニーチェやシェストフの〈不安の哲学〉までもモダニズムとみなす立場もある。そしてこのような拡大解釈を最初におこなったのは、わたしのみたかぎりではさきにあげた蔵原の「近代主義とその克服」という論文である（外国ダネがあるのかないのか、あるとすればどこにあるかは調べる余裕がなかった)。

一九五九年五月にひらかれたソ連作家同盟第三回大会の議事録（邦訳・新日本出版社版）をみると、モダニズムというコトバはほとんどあらわれていないが、わたしの目についたのは、二カ所である。「モダニズム、抽象主義、デカダンス——これらの概念はすべて現在ひじょうに具体的な定義を要求している。第一に、西方のすべての芸術的探求はかならずしもモダニズムにしわよせできない。第二に、モダニストのマスクのかげに新しい人間の理想と精神的にちかしい作家または芸術をみいだしうる……」（モスクワ支部、カ・ゼリンスキー)。

またはイタリア代表のマリオ・アリカータはつぎのようにのべている「マルクス・レーニン主義者は、

デカダン的な傾向にたいして原則的な闘争をおこなうと同時に、また現代の芸術の指導的および先進的な傾向——すなわち社会主義リアリズムにぞくしていない作家たちの経験のなかから、興味ぶかい、有益な側面を目ざとく発見しなければなりません。……要するに、イタリアのような国では、現代の芸術と文化にかかわるすべてのものを〝モダニズム〟というレッテルのはりつけで一掃することはできません。または芸術・文学上のいっさいのこのような現象が、社会主義リアリズムとの手のつけようのない矛盾のなかにある、と考えることもあやまりです。」

この直後に、ローマのグラムシ研究所でひらかれた、《アヴァンギャルド芸術とデカダン主義》にかんする討論会では、イタリアのマルクス主義者の共通見解として、このアリカータ発言の内容が基本的に承認されている（『イル・コンテンポラーネオ』一九五九年一〇月号）。

この二人の発言からもうかがわれるように、モダニズムというカテゴリーは便宜的に使われているにすぎないのであって、マルクス主義の内部において、科学的にオーソライズされたカテゴリーではない。最近の抽象絵画をめぐる例の〈ロバのしっぽ論争〉でもそうだったが、これらの芸術的傾向は形式主義の範疇でとりあつかわれるのが普通である。そもそも特定の時代の名称をもって、一定の思想的現象の本質を、包括的に表現しようとすることじたいが非科学的なのである。資本主義の機械文明がもたらしたメカニックな感覚を造型的に表現し、人間の疎外感＝危機意識を芸術形式の革命的変革によってとらえようとしたこれらの流派、伝統的近代の否定・破壊のなかから近代→現代→超近代への契機を、たとえ主観主義的にであれ、芸術方法の革新をつうじて追求しようとしたこれらの傾向を、もしモダニズムとよぶならば、その訳語は現代主義のほうがふさわしい。*

＊N.E.Oをひくまでもないことだが、*modern* の意味は① *nowexisting* ② *of the present and recent times* というのが本義なのであって、ここからさらに③ *new fashioned* という意味がみちびきだされる。アヴァンギャルド芸術をモダニズムというばあいは、語感としては、むしろこの③意味〔新型の→新しがり屋の〕で解釈した方が、そのニュアンスを正確につたえるのではないか。

このいわゆるモダニズムは、近代市民社会の爛熟期をへて帝国主義段階にさしかかっていた、西欧の先進諸国家に発生したものである。パリ・コンミューン以後の、たえまない政治的危機にみまわれていた第三共和政下のフランスが中心であり、パリ、ミュンヘン、ベルリン、ミラノ、チューリッヒ……とヨーロッパ各地に影響をひろげていった。第一次大戦後はワイマール共和国ドイツが一つの軸となる。一九一〇年代から二〇年代にかけてのモスクワも、副次的な軸としては忘れることができない。＊

＊ロシアのアヴァンギャルドたちは、祖国ロシアの後進性を根底から破壊する十月革命を〈新時代への船出〉としてうけとった。一九一七年に開校されたモスクワ美術学校も、抽象派の理論的巨頭カンディンスキーをはじめとして、ガボ、ペヴズナー、構成主義のタトリン、シュプレマティズムのマーレヴィッチやリシツキーなどが国外から帰還して顔をならべた。機械と科学の合理性、プロレタリア思想の合目的性、未来のための宣伝の功利性――この三者の統一を主張したタトリンは、革命政府の依頼をうけて「第三インター記念塔」を設計する……。これらの流派の活動の自由が奪われるのは、レーニン死後であ

り、スターリン路線の確立と照応している（この項については沖浦編『マルクス主義芸術論争』合同出版社、一九六三年、解説を参照）。

芸術運動としてのモダニズムについては、ここでの主題とは直接の関係がないのでふれないが、ただ、これらの諸流派を、ブルジョア・イデオロギー、その一変種、随伴者として機械的に裁断してしまう、硬直した単眼には賛成できないことだけをいっておこう。（芸術の本質を、反映的・模写的機能と教育的・啓蒙的機能に限定してしまう、スターリン―ジュダーノフ的な社会主義リアリズム論の根本的批判をふくめて、いままで政治主義的なイデオロギー批判で片附けられていたアヴァンギャルド芸術の問題は、芸術方法論の観念からの徹底的な再検討を必要とする。）

芸術方法論としては、一定の共通項をこれらの流派から抽出することはできるかもしれないが、世界観を規準にしてそれらを分解してみると、じつに多様な因子に分解できる。雑多なまま羅列すると、リップスの感情移入説、ベルグソン哲学、フロイト、ニーチェ、実存主義、カトリシズム、新ヘーゲル派、コミュニズム等々……。政治地図からすれば、左翼運動に身を投じた部隊がおそらく最大多数派であり、マリネッティのようにファシズムに接近していったのは、むしろ少数派であった。

五　西欧主義としての近代主義

さてわたしは、言葉の正確な意味において、近代主義とよばれるべき思想的系譜が、もしも歴史的に存在するとするならば、たとえば十九世紀のロシアでの、《スラヴ主義《スラヴォフィル》》と《西欧主義《ザパドニキ》》との論争に、ひとつの先進的なモデルをみることができるのではないかとおもう。つまりかいつまんでいえば、さきにのべたように、後進的段階にある国家の民族的意識と、一般的な理念としての純粋な近代というイメージでうけとられていた普遍的意識とのズレ、その歴史的落差を意識するところからうまれたイデオロギーである。ロシアや日本や中国などの、ブルジョア民主主義すらが未完成の後進資本主義国や植民地従属国に発生した、いわば、西欧型市民社会の理念を抽象化して、それの自国での実現を希求したイデオロギーである。

もちろん、この思想のにない手は、民族一般ではなくして、多少とも西欧の先進的思想に接触した自覚的知識人であった。資本主義の進歩性を追求した後進国の知識人たちが、実現し追体験しようとした近代精神は、普遍的意識の代弁人としてあらわれた上昇期ブルジョアジーによってうみだされた啓蒙主義の思想であった。

何十年もおくれて、近代の波動を自国の岸辺にうけることになった後進社会の先進分子は、自分たちをとじこめている前近代的な社会を憎悪し、そこからの脱出の近距離目標として、彼岸にある西欧市民社会をひたすら美化し、対象として純粋化するようになる。そのころはすでに、ブルジョア的反動の段階に入りつつあったのだが、そこにあらわれた負のモメントは、あまり目に映らなかった。近代を矛盾の総体としてうけとる立場は、マルクス主義が普及するまでは一般化しなかった。〈明るい西欧と暗い自国〉——その対比軸はしだいに固定化され、そこからでてくる隔絶感とははるかなる羨望は、自民族についての歴史的な劣等感とニヒルな現状認識をかきたてるばかりで、西欧近代を理想化する傾向に拍車をかけた。

スラヴ派が没落したあとで、ロシアにおける近代化への道について、激しい論戦をたたかわせたのは、「ナロードニキ」派と「マルクス主義」派であった。これはともに西欧主義派左派という同じ母胎からうまれた。西欧主義派は分類すればだいたい三つにわかれる。（一）ゲルツェン、オガリョフからスタンケヴィッチのサークルに結集したメンバー（ベリンスキー、キレーエフスキー、アクサーコフ、バクーニンら）である。この主流はドイツ啓蒙哲学とフランス空想社会主義の影響が混交していた。（二）グラノーフスキーやポトキンらの自由主義的中間派、（三）立憲君主制を唱えたカヴェリンらの貴族主義的開明派である。（マサリックは、「青年ロシア」は、スラヴ主義、自由主義、社会主義の「三つの陣営に分裂した」という表現を使っている）。*ヘーゲルからフォイエルバッハへと進んでいったゲルツェンは、サンシモニズムの影響もかなりうけていた。一八四八年の革命の失敗を実地に見聞したかれは、ロシアにおける西欧的近代化コースの採用について疑惑をもつ。それは「フランス、イタリアからの手紙（一八五〇）にも書かれていることだが、やがて農村共同体を基礎として資本主義を経由しないで農本的社会主義の実現を夢みたナロードニキ派の一つの理論的支柱となってゆく。チェルヌイシェフスキー、ドブロリューボフにもこの傾向は大きな思想的作用を及ぼしている。かれらこそが、プレハーノフ、レーニンへの接続路をつなげたのは事実であるが、マルクス主義がナロードニキ派の影響をうち破るのには、一九〇〇年までかかったことは周知の通りである。

＊マサリック『ロシア思想史1』（邦訳、みすず版）。この書の第二部におけるスラヴ主義の研究はユニークである。両者ともにドイツ啓蒙哲学の影響をうけているが、スラヴ主義はシェリング、西欧主義派はヘーゲルと、その哲学的後景を指摘している。

この段階になると、かつて五〇年代にゴンチャロフが「オブローモフ」のなかで形象化した、ロシアの〈余計者〉たちは、もはや無気力で孤独な存在としては存在しえなかった。自由主義的西欧派であったツルゲーネフも、ニヒリスト・バザーロフ（『父と子』）を描きだすと同時に、行動人・インサロフ（『その前夜』）をも描かずにはいられなかったのである。オブローモフ主義は、しだいにマルクス主義の方に転進していったのである。しかし、このような歴史的傾向からハズれていったものが皆無であったわけではない。ペトラシェフスキー事件に連座してあやうく死刑をまぬがれ、その結果、社会主義を離れて不条理の哲学とキリスト教的愛のなかに深く沈潜していったドストエフスキーは、その一人である。その意味でもかれは西欧主義者のなかで特殊の地位を占めている。暗い戦前の日本で、ドストエフスキーがとくによく読まれたのは、このこととは無関係ではあるまい。

六　日本の近代化と近代主義

明治維新いらいの日本イデオロギーにおいて、〈西欧→日本〉という歴史的落差を意識するところからうまれてきた思想潮流は、近代日本社会の発展の独自性を反映して、特異な思想構造をもっていたし、またそのはたした思想史的役割もユニークなものがあった。もちろんそれらは、一色に塗りつぶされるようなものではない。

ロシアの西欧主義に対応するものとして、一応考えられるのは自由民権の運動である。ここでそれにふれる余裕はないが、地主的立場からする反対派の限界をこえられず、結局は明治政権内部に組み込まれていった自由党の主流と、天賦人権論をタテにあくまで民主主義の徹底を追求した中江兆民、大井憲太郎らの左派の系列は、なぜともにその初志を貫き通すことがなかったのか。権力の圧迫が強烈であり、労働者階級が未成熟であった、という理由だけでは、思想主体の根底的な脆弱さの説明としては不充分である。明治初期の主として欧米留学生より成り立っていた、進歩的知識人の思想集団である「明六社」〔明治時代初期に設立された日本最初の近代的啓蒙学術団体〕のメンバーも、その大半はいつしか体制派イデオロギーに転化する。いや当初から、かれらはせいぜい立憲的開明派にすぎぬという反論があるかもしれない、絶対主義的要素の濃厚であったドイツ系の学問と体制が主として移植されたからだという意見もあろう。

しからばなぜ、その代表的論客であった加藤弘之が、その著書(『真政大意』明治三年、『国体新論』明治七年)をみずからの手で発禁にし新聞広告まで出したのか。(時あたかも、河野広中らの福島事件をはじめの自由民権運動がそれなりの高みに達しようとする明治十四年末であった。)ドイツ絶対主義との結びつきも決定的な理由にならぬ。ロシア西欧主義の思想的培養源はドイツとフランスだったのである。問題はまだある。フランスに学び、ルソー思想を『民約訳解』(明治十五年)にまとめて、急進民主主義の代表的論客となった中江兆民ですら、福沢諭吉らの実学主義に反対して儒教国民道徳説を唱え、晩年に「東洋経論」を主張した大井憲太郎とともに、大陸進出型ナショナリズムへ転進していったのはなぜか。

ここでは若干の手がかりを走り書き的に提示するにとどめる。明治における社会主義思想のそれなりの成立が、急進民主主義派(自由民権左派)の手によってではなく、むしろキリスト教社会主義派とアメリカ帰りの労働者の合作によるものであることはよく知られている。前者から後者への思想史的接続関係がほとんどなかったことは、それ以後の社会主義思想の運動体質にマイナスの影響をもたらした。*むしろ接続関係を設定できないほど前者の思想的骨格と基盤が弱かったというほうが適切かもしれぬ。それは、たとえば、伝統的日本思想における唯物論的思想方法の欠如といった問題に還元することで片附くようなものではない。もっと巨視的な視角からの解明を必要とする。

＊たとえば中江兆民から幸徳秋水へといった系譜は、人間関係としても設定できるから、機械的に両者の関係を切断はできない。しかこの系列の延長線からでてきたのは、マルクス主義というよりアナーキズムであったことに注意する必要がある。明治・大正をつうじて、先進的知識人が層としては社会主義派に参加することがすくなかったのも、以上の状況と無関係ではない。

ロシアにおける西欧主義からマルクス主義への展開が、西欧の民主主義イデオロギーの発展の道すじをかなり忠実にフォローしつつおこなわれたのにたいし、日本では急進民主主義の系列よりも、ロック、ミル、スペンサーという自由主義的系列のほうが多く紹介され、しかも両者の思想的相違点についての意識的な究明もほとんどなされなかった、という事情も考慮に入れる必要がある。そのような事情をうみだし、それを深部から規制していたのはいったい何であったのか。

それはいうまでもなく、明治維新のブルジョア的変革の不徹底――それを歴史的社会的に制約した諸条件である。ここで詳細にのべる余裕もないので基本的な視角にだけふれておく。歴史のタテ軸からみれば、その頃の日本の生産力は（精神的生産もふくめて）、その社会的外皮を自然的に突き破るほどの段階には達していなかった。「歴史のほんとうのカマドであり現場である」市民社会は未成熟であった。歴史のヨコ軸からすれば、すでに産業革命をおえて独占段階に入りつつあった西欧資本主義国は、その市場をもとめてアジアまでおしよせていた。「世界交通」の波は日本の岸辺を洗いだしたのだ。植民地化を防ぎつつ、封建体制を改変して新しい階級をうちたてる任務をもって登場した明治政府は、外からの強行的開国と、上からの急激な近代化をせまられた。そしてかれらは、一、西欧の技術・思想・教育・制度・機構を、共和主義的要素を排除しつつ巧みに輸入し、一、労働人口をはじめとする潜在的には巨大な未開発の生産力の急速な発展をはかり、一、島国としての地理的条件と、西欧諸国が主に中国市場にウエイトをおいていた間隙を利用して、徴兵制による富国強兵政策を強行し、一、制度面では封建的諸関係をできるだけ残して下からの急進派擡頭の条件を除去し、一、みずからの手による革命の歴史をもたぬ受動的な民衆を、封建倫理+ナショナリズムで馴致し、一、国家資本主義的展開に対応して集中的に教育投資=人材開発をおこない、知的才能を政府権力に吸収することによって近代化路線*を再生産の軌道にのせる先進部隊を作りあげた。

*最近のライシャワー論文（『朝日ジャーナル』九・六号）にみられる日本近代讃美論は、だれがだれのための犠牲になったかという、階級関係論をぬきにした、技術決定論にもとづく生産力論の立場からなされている。日本の歩んだ暗い行程にはすべてカーテンをはり、後進国向けの新帝国主義版「近代化」のパターンに仕立てようとしている。たとえば、E・H・ノーマンの『日本における近代国家の成立』を横におけばすぐ分かることだが、ここにみられるのは、詳細な科学的検討を必要とするような歴史学者としての眼ではなく、政治家の眼である。

このおおざっぱな概略が、自由民権運動壊滅前後の見取図である。広く解釈すれば、特殊日本的な近代主義の思想的系譜は、じつはこの運動の消滅後にあらわれてくる。つまり、政府の敷いたレールにのれなかったもの、というより意識的にのることを拒否したグループから発生したのである。明治一八年の大阪事件を契機に運動から離脱し、「人生に相渉るとは何の謂ぞ」、「内部生命論」などを通じて近代的自我の内面的な把握という観念の世界に逃避し、キリスト教もその苦悩を思想的に解決するにいたらず、ついに死をえらんだ北村透谷はその先達の一人である。ロシアの西欧主義左派の思想的影響のもとに、開化明治のなかでの実人生に徹しきれず、先覚的な〈余計者〉の像を提出したままに、ベンガル湾上で悩み多き生涯を終えた二葉亭四迷もまたしかりである。

かれらはともに、時代の巨大な壁を突破できなかった。ヨーロッパから帰った鷗外と漱石は、思想的には明治体制批判の観点をついにもつことはなかったが、体制の支配的権威と心底から和することはけっしてなかった。『あめりか物語』、『ふらんす物語』を書いて正金銀行社員の地位を去り、庶民の眼からの風俗批評にペシミズムをひそめることで、観照と耽美の世界に生きた永井荷風にも片隅の席はあたえられるべきであろう。時代とのたたかいが、ほぼ全面的に放棄された時点であらわれたのが私小説の系譜である。もちろんかれらも、積極的に時勢に唱和したわけではない。おのれをとりまく状況の真の認識がないままに、歴史の波間に押し流されてゆく平凡人の生活を切り刻んで再現したにすぎないとしても、消極的抵抗の一類型であったと、いえないこともなかろう。白樺派も、知的、身分的エリートという両資格をそなえたものにとってのみ可能な、西欧近代への日本インテリの対応形態であった。

このように対象領域を拡大してしまうと、いったいどこに、近代主義者と非近代主義者の境界線を引くのかという声が当然予想される。わたしは、がんらいそのような明確な線は存在しないし、近代主義者の系譜を設定するとしても、じつはそのようなアイマイな想定の域をでないのだとも考える。より限定的に定義しても、西欧近代を意識的に対象化することを、未来への必須の媒介と考えたひとびと、といったぐらいの回答しかでてこないだろう。この基準では、さきにあげたうちの何人かは除外される。しかし除外したからとて、その系譜がクッキリと浮かびあがるわけではない。それらのなかで際立った系列は、北村透谷、有島武郎、芥川龍之介、太宰治という、みずから生命を断った三代にわたる系譜である。かれらはすべて日本的近代とのたたかいに敗れたが、近代を獲得し、さらにそれを超克する展望を手に入れようとして、ついにみずからの膝を屈してしまった。しかしいくらかの差こそあれ、かれらの共通の問題意識がどこにあったかを推量するのは困難ではない。

近代主義のもう一つの側面は、日本社会の後進性をスタティックに把握し、その「特殊日本型」のなかに絶望的状況を見る傾向である。近代性と後進性を資本の優位において矛盾のまま統一し、内部における二重構造としてたえずその矛盾を拡大しながら、日本は近代化の道を歩んできた。この日本社会の複雑な重層的構造を、小ブルジョア知識人の立場からそれをもっとも深刻に反映した思想がこの近代主義にほかならぬともいえよう。そこからうまれてきたのは、主として破滅型のニヒリズムか、西欧近代への観念的逃避であった。それをのりこえる展望は、大正中期以後のマルクス主義の登場をまってはじめて現実的なものとなった。かくして西欧派知識人と日本社会主義運動との接触が開始される。有島の『宣言一つ』(大正十一年)が、その最初の号砲であった。

七　戦後派マルクス主義と『近代文学』

いよいよ紙幅もつきてきたのであとはカケ足になることを許されたい。ここで戦前のマルクス主義運動についての全面的検討が必要なのだが、それは他にも詳しく書いたので省略する(「日本マルクス主義の思想方法の一特質」『講座・現代のイデオロギー』二巻、三一書房、一九六一年。本「著作集」第二巻に所収)。思想史上からも戦前と戦後をつなぐ重要な方法論的媒体となった、〈講座派〉的思想と近代主義との関係から論をすすめよう。戦前派マルクス主義の特徴であった、現実から遊離した観念的セクト主義、ダイナミックな現実への適応性を欠いた国際権威依存による教条主義、組織内民主主義を保証しない家父長的官僚主義――これらの指標にしめされる運動体質こそが、じつは『近代文学』のメンバーが戦後初期に語気鋭く批判したものの正体であった。これの社会科学上での純粋結晶としてあらわれたのが、「三二テーゼ」を頂点とするいわゆる〈講座派〉理論の現代日本の分析の視角であった。

寄生地主的土地所有とその上部構造としての絶対主義的機構を、日本資本主義の内部矛盾の基底的要因と考え、そこから軍事的半封建的日本資本主義の「特殊範疇」を導きだして独特の日本後進国論を構築した講座派的見解は、ブルジョア民主主義(=近代)をへて社会主義革命へという二段革命論を極端に図式化した。そこに作用している資本主義発展の一般法則と独占ブルジョアジーのヘゲモニーを軽視する傾向が強かった。誤解をおそれずにいうならば、アジアのなかの日本であると同時に、アジアのなかでの唯一のヨーロッパである日本、この関係が科学的に把握されず、実感としても後者は脳裏に存在しなかったのではないかと思われる。天皇制軍部の猛烈な弾圧を考えるとき、絶対主義権力という規定のもとに天皇制とそのイデオロギーに主要打撃が向いてゆく、その道すじについては、実感的にはわかる気がする。しかし革命は実感だけで動かされるものではなくて、なによりもそれは科学を基礎とする。

さて、封建的諸関係に主要打撃を設定し、民主主義を目標にする点では、西欧派もマルクス主義派もまったく意見を共にした。とくに上昇期の啓蒙的ブルジョアジーの系譜を欠いている日本では、前者はマルクス主義にアプローチするいがいに、自己を主張する社会的基盤がなかったし、〈前近代〉にたいする闘争も有効に行いえないのであった。昭和十年前後までに、文学の領域でも、どれほど多くの非マルクス主義者が革命運動の周辺に結集していたか、そのリストを作れば驚くほどである。それらのひとびとが離れていったのは、権力の弾圧だけではない。マルクス主義が、その理論の優位性を誇るならば、なぜ協力と統一の関係を維持しつつ、そのイニシアティブで思想的均質化を行いえなかったのか、現実の運動の諸過程でのその内部要因が問われねばならない。

もちろん、『近代文学』の戦後の出発点もそこにあった。だが、西欧派左派としての立地点から一歩でたところにいたかれらは、皮肉なことに敗戦当時の日本認識においては、〈講座派〉とまったく同じ屋根の下にいたのである。たとえば荒正人は、「前近代的、近代的、超近代的という三つの精神の層がかさなりあっている後進国・日本が、先進国に追いつこうとして演じた悲劇の一齣という視点で戦前派批判を展開した。しかし「日本では、ほんとうの意味では近代も個人主義もなかったのだ……自由・平等・友愛を理想としてかかげたフランス大革命がなかったのである」という表現からも判断できるように、論調のウエイトは、前近代日本におかれていた。さきにあげた『近代文学』の提出したシェーマで、①と②だけは党中央の見解と矛盾がなかったとのべたが、①は講座派的視角とほぼ同一であり、②は当時の占領下平和革命論そのままである。そして、もう一つの特徴は、戦前派マルクス主義のなかで、非転向グループと海外帰国組は免罪されていることである。これが第二の致命傷であった。

「後進国の悲劇は、個人主義が確立するいとまのないうちに社会主義を迎えなければならなかったことである。そして後者が主体的に前者をくぐっていないことのなかに『党生活者』に至る悲劇が二重に準備されていたのである。くりかえしていえば、それはやむをえないことであった。後進国が先進国に追いつくための最短コオスをえらんだ以上、当然支払うべき代償であった。——たれがそれを責める資格をもっているか」(荒正人「横のつながり」一九四七年五月)。

この文章を書いたのは、すでに党からの批判・攻撃が頂点に達する頃であって、初期の大胆な問題提起からすればやや防衛的姿勢がみられるから、必ずしも真意としてうけとることはできないが、非転向グループの政治責任を免罪し、戦前派マルクス主義の欠陥の主要なモメントを、市民革命を完了していない社会の前近代性が左翼にも投影された結果にもとめていることは明瞭である。したがって近代的自我の未確立がその主要原因であり、西欧的民主主義の理念の現実化と個人主体の確立こそが急務であるという結論がでてくる。かくして理論的レベルでは、結局は日本型特殊「後進国」論と、講座派理論の生みおとした西欧派鬼子であった「近代的自我の未確立」論にいっさいが流し込まれることになってしまった。そしてそのことは、戦前左翼の主体的責任を免除することを意味した。

戦前的伝統の無媒介の再生にあって組織された日本共産党が、その骨がらみの硬直した講座派理論でもって、またもや戦後の現実認識に失敗したことは当然といえば当然であった。その背骨を残していた独占ブルジョアジーが、中国革命を契機とするアメリカの占領方針転換を利用しつつ帝国主義的自立のコースを直進しているときに、ありもしない封建的残存物を探しまわり、植民地的従属国と自己規定していたのである。現代の把握に失敗しただけでなく、非転向軸の物神崇拝をタテとして、なしくずしに戦後の再転換をはかろうとしたとき、修正主義退治の最初の血祭りにあげられたのが『近代文学』であった。

共産党無謬論というフェティシズムが捨てきれずに、近代的自我論で対決しているかぎり、党の批判を正面から受けて立っても抵抗が長く続くはずがなかった。また、占領軍のもっていた反ファシズム的性格が後景にしりぞき、逆に帝国主義的側面が前面にでて、日本独占の復活・自立が軌道にのりだすようになると、後進国論を分析視角とした現状認識では、現実の思想状況に介入することは、もはや不可能であった。そして、感性的な触知にすぎなかったとしても、多くの重要なテーマと貴重な示唆をふくんでいたその問題提起は、みずからも筆を折ることによってついに押し流されてしまったのである。ちょうど一九四九年にさしかかろうとしていた頃であり、それはまた戦後思想の第一期の終結をも意味した。

（附記、『近代文学』そのものの検討もやっと戸口にさしかかったところである。それを基点とする、戦後諸思想の展開過程についてもまったくふれられなかった。わたしたちじしんの問題状況の批判的検討をふくめて、それはまたつぎの機会にゆずる。これはいわば、その序論的な部分である）。

第五章　戦後マルクス主義思想の出発——荒正人と吉本隆明の所説にふれて——

（Ⅰ）

わたしにとって、『近代文学』とその周辺に継起した諸問題について語ることは、青春期における自分たちの主体形成の深部にいまなお暗くよどみながら沈んでいるなにものかを、あらためてよびおこすことを意味する。

敗戦という〈異常な年〉に、わたしたちははじめて『近代文学』同人たちの激烈な自己主張をきいた。かれらがまだ三〇代の若い「戦中派」の集団であること、そのほとんどが戦争中の逮捕歴をもっており「プロレタリア文学運動の殿軍」（本多秋五）にぞくするグループであること、ヨーロッパ文化についての深い学識を基盤とする独自の市民意識と屈辱にみちた戦争体験をふまえた強力な思想的指南力をもっていることなどによって、その登場はわたしたちにきわ立って鮮烈な印象をあたえた。表紙がなくて直接タイトルを簡明に刷りこむことによってかえって新鮮な印象をあたえた創刊号を手にしたのは、敗戦からまだ半年、爆風で破れたままのガラス窓から寒風が遠慮なく吹き込んでくる高等学校の教室であった。戦死者や未復員者の空席がまだところどころにみられる頃であった。戦争中にあたえられたすべての既成の価値意識が音をたてて崩れ去り、よるべき基盤を見うしなって思考の均衡をなくし、あらゆるものにたいして不信と嫌悪をおぼえていた。そのような混迷と停滞のさなかにあったわたしたちにとって、『近代文学』という名称そのものが、ひとつの新しい戦後感覚を代表しているようにすらおもわれた。

かれらは、戦争の暗い谷間において民衆から完全に孤立したインテリゲンチャの無力感にふれ、多くの先輩や仲間たちの裏切り・屈従・退廃によって生みだされた暗い〈実存の湿地帯〉についてふれ、戦争中の自我・エゴイズムについては一切語ることをさけつつふたたび〈民衆の権威〉の名において政治的復権をいそぐ戦前左翼の実態についてふれながら、革命運動の内部深く巣くっている偽感の徒を痛烈に告発したのであった。

「かつての人民がいかにして下僕に、幸福な町人に堕ちてゆくか――その無数の事実を隻眼に焼きつけてきた。それは仮面のずり落ちたあとの素顔の醜さであった。ヒューマニズムの衣裳にかくされたエゴイズムの肉体であった。わたくしたち三〇代が、四〇代のあるひとびとにたいしてこんにちひそかに抱く、不信、軽侮の念は、この日に崩したのであった」

「一言にしていえば、わたくしは自らの青春を棄てるとともに人間に絶望した。牢獄にゆくか、外国に逃げるか、それ以外に生きた青春を確保する純潔な手段はないように思われた」

「この荒涼、寂寥の内的風景をいったいだれに眺めてもらおうか……」

「なぜ自らが自らを責めるという絶対の尺度を用いないのであるか。まず自分の冠を正せ、そのうえで他を責めることができるであろう……」

「羅針盤の頼るべからざること、船長も暴風のもとでは無為無能であること、そして救命袋の隠し場所さえ、第一の航海においてことごとく知りつくしてしまった。一切は自分のみ！　これがかぎりない悲哀と、かぎりない歓喜にみちたわたくしたち三〇代の解纜である」

これらの発言は、いずれも『近代文学』の思想的なペース・メーカーであった荒正人の発言であるが、同人全体の結集基準ともいえるイデオロギー的志向性の裏にひそむ情念を強く集約したものにほかならない。当時のわたしたちにとって、むろんこの七人の同人（荒正人、小田切秀雄、佐々木基一、埴谷雄高、平野謙、本多秋五、山室静）の名は未知であった。昭和十年前後の左翼運動の壊滅状況、その後の惨たんたる後退戦のさなかにくりひろげられた思想的・人間的な葛藤と腐敗をめぐる諸問題についてまったく未知であり、それをささえている社会的背景について知る由もなかったわたしたちにとって、これらの激烈な声高い発言の意味するものを理解するのになおしばらくの時間が必要であった。

創刊号の座談会のゲストに蔵原惟人をえらび、二号に小林秀雄をえらんでいることは、昭和前期の文学界におけるこの二つのシンボル的ポールのあいだをゆれ動いた戦争中の同人の思想的位相を暗黙のうちに表示しているだけではなく、この雑誌の今後の方位測定にとってもひとつの目安となるものであった。戦争抵抗派のシンボルとして登場した蔵原の名をみても、ようやく学内に社会科学研究会を創立して、チューターもなしで『ドイツ・イデオロギー』を読みだした頃であったから、戦前においてどのような役割をはたした人物であるのか、知る由もなかった。（ついでにいっておけば、この座談会の冒頭で、本多秋五がつぎのように蔵原を紹介している。「私たちのジェネレーションにとっては、日本プロレタリア文化運動の指導者としての蔵原惟人の名はあまりにも有名でありますけれども、現在は蔵原惟人が何者であるかをよく知らないような人たちも相当多いように思われますので……。私は当時、蔵原さんにお目にかかったことは一度もなかったのでしたが、それだけに蔵原惟人の名は私にとって――そしてまたわれわれにとって、神のごときものであったのであります。このことは、蔵原惟人の名を知らない人々に知ってもらいたいし、蔵原さん自身にもきいておいていただきたいし、自分自身にもいってみたい気がするのです」。座談会の全体の調子もこのペースのうえで神の御託宣をうけたまわるといった雰囲気が濃厚である。それにたいして小林秀雄のばあいは、「小林さんが文学報国会の評論随筆部会でお話しになったのは、たしか昭和十八年の初め頃……あのとき小林さんは、文学者はみんな専門家にならなくちゃいかん、ゼークト〔ドイツの軍人。一八六六～一九三六年〕が軍人として純粋な専門家だったように専門家になる必要があるとおっしゃったように憶えています。あの時以来、終戦になった今日までの約二年半以上の間に、小林さんがどういうことをお考えになっていたか……」といった平野謙の言葉ではじまる。対話者とのあいだに醸成される微妙な人間的な情感の流れをみても前者とはあきらかに異質である。今回あらためて読みかえしてみたが、蔵原をかこむ座談会は、すでに指導者的権威を自負して発言する蔵原の平板かつ図式的な理論を拝聴しているにすぎず、まったく面白くない。それにたいして、後者のそれは、すでに戦後における孤高を意識しまた覚悟している小林の度胸のよさと独特の鋭利な分析眼がはっきりとでていて面目躍如たるものがあり、同人たちが軽くいなされている情況をまざまざと想起できる。）

二号にのった荒の「第二の青春」。〈ドストエフスキーのあの稀有の体験〉、あるいは〈シェストフの悪魔に似た囁き〉を戦争中に肌身にしみて実感することによって、「地獄を知らなかったものは天国を見ることはできぬ。絶望に徹しなかったものは、ついに希望の何たるかを解しえぬであろう」というその到達した境地については、そこで語られている時代の思想的背景について無知であったがゆえに、そのまま率直に理解することはできなかった。しかし《第二の青春》というコトバは、わたしたちのあいだでもひとつの流行語となった。われわれはようやく第一の青春の形成期にさしかかったばかりであったが、このコトバの含意するものは、いくぶんなりともわたしたちの世代でも共有できるものであった。ことに戦場でいったん死を決意させられた者にとっては。

このように回顧的に書きだしてみると、とどまることを知らないほどいろいろな感慨が胸中を去来するのである。今日的視点から、戦後思想の生成史のなかでそれがはたした積極的な要素をひきだすにしろ、あるいは否定的なものをひきだすにしろ、自分たちの青春の歴史——精神形成史の一コマに『近代文学』の名を刻みこんでいるひとは、もはやほんの一握りであろう。しかしながら、このように戦後の出発点にたちかえって、そこからわたしたちなりの精神の軌跡を追跡しながら、かれらの提起したものの戦後史的意義について考察することは、今日またあらためて新しい意味をもつとわたしは考える。

流星のごとくあざやかな光芒を放ちながら若いわたしたちの前をよぎり、やがて一九五〇年代の地平に消えていった『近代文学』にたいして、当時いだいたいくらかの異和感は、いまもなお姿をかえて消え去らぬ残像としてあることは率直にいっておこう。しかしそれも二十余年をへた今日では、深い感慨のなかでべつの意味をもってよびさまされるのである。もちろんこのにがい感慨は自分自身の足跡にもむけられているのである。鋭利なメスを正面からふりかざし、老いた四〇代を切り去らんとする二〇代に警告したその声高な主張は、二十年余の今日ではもはやなにほどかの意味も残っていないのであろうか。「これは四〇代のひとたちにも期待できず、また来らんとするわかい世代にも望むべきものではなかろう。歴史の暗い谷間を通ってきた三〇代の宿命にも似た使命が生まれるのだ」（荒正人）という先行世代の名において、わたしたちのまえで大きく引き裂いてみせた日本革命運動の汚辱にみちた内部風景とそのなかで傷ついた自らの傷口は、はたしてそのまま治癒してしまったのであろうか。

（Ⅱ）

中学三年で太平洋戦争をむかえたわたしたちは、うぶ湯のときから天皇制ファシズムの教育体系のなかで育てられた世代であった。わたしが高等学校に入った十九年には、――それもその年から徴兵猶予がなくなり文科は一クラスだけだった――もはや反戦運動やマルクス主義の余燼すらどこにもなく、『世界文化』や『日本浪漫派』の声もきくことなく、〈抵抗の精神〉の側からの刻印をうけるどのような機会もなかった。もっぱら西田―田辺哲学が幅をきかせ、三木清などもよく読まれていたが、もちろんその前歴については知らなかった。もはや科学としての学問は完全に存在しない段階であったから、イデオロギーへの関心よりはむしろ文学への興味が残された唯一の道であった。工場動員のさなかでみながよく読んでいたのは日本の近代作家をのぞけば、トルストイやドストエフスキーであり、バルザック、フローベルなどのフランス・リアリズムと、ボードレール、ランボー、マラルメらのサンボリズムであった。

いうまでもなく、そのような方向にわたしたちの文学的志向をひろげていったのは小林秀雄の影響であった。ファシズムの体系から自発的に抜けだす条件はどこにもなかったが、平泉澄の歴史学や西田哲学右派の『世界史の哲学』などを読みふけってこの戦争での死を国家への忠誠として讃美しつつそれを論理化していった部分はごく一部にすぎなかった。いまも手元にある当時のクラスのささやかな世論調査では、読書に関しては漱石、鷗外、藤村などにつづいて白樺派と横光利一らの新感覚派が上位を占め、「嫌いな時間」の項では教練が圧倒的多数であった。「尊敬する人物」ではファシストまがいのものは一名も入っていない。工場に入ってから数人で手書きの同人雑誌をだした。おなじ現場にいた若い労働者も仲間に入れた。雑誌名はいろいろ考えて『孤舟』ときまった。新刊書はもはやなく、ときたまクラスに割当配給があった。最後のはたしか島木健作の『再建』と太宰治の『右大臣実朝』の各一冊であった。改造社版の日本文学全集の「プロレタリア文学集」をだれかが工場にもってきて廻し読みをしたことがあった。〝プロレタリア〟とはなにのことか最初はだれにもわからなかった。そのような本をもっていることがなにを意味し、いかなる結果をまねくかということすら気がつかなかったのだ。

〝日本が敗ける〟ということを、日本の未来のみならず、自分の生死にかかわる思想の問題としてまともに考えてみたことはなかったが、連日のように凄まじい空襲を浴びる工場にいても、いろいろな情報をそれなりに入手することができた。それをきくたびに、〝はたしてこれで勝てるのかな〟という心理的実感のほうがしだいに強くなってきた。われわれのつくっている発動機の生産量も眼にみえて落ちてきた。生産力理論の立場から暗に敗戦をほのめかした教師がたった一人だけいた。

親しくなった四〇すぎの労働者で、全協運動の生き残りの、いまも名を覚えているが、岡田さん、大熊さんという二人がいた（もしもなお存命していれば七〇歳位であろう）。秀れた技能をもった旋盤工だったので、徴用工や学生にたいする指導を行なうという理由で兵隊にとられずに残っていたのだ。この二人の現場指導員はたくみな話術でいろいろと人生の裏街道についての知慧をわたしたちにさずけてくれたが、同時にスキをみては鋭いが低い声で戦前の運動を語り、敗戦論をそれとなしに説いた。そのときの表情はいつもの柔和な顔とちがって異様に輝いてみえた。それがどこからか洩れて刑事がやってきて二人の姿は消えた。あと三カ月で敗戦という頃であった。

どんどん赤紙をうけてその頃には、もうクラスで早生まれと結核患者をあわせて五人しかのこらなかった。工場も空襲でヅタヅタになり山に疎開しつつあった。一八歳になっていたわたしも徴兵検査をうけさせられたが、病人をのぞいて全員甲種合格であった。母は奉公袋を用意した。浪人二年で一番早く兵隊にとられた大北君が中国から「万葉集の研究会をやっています」と簡単な手紙をよこした。かれはその直後に戦死した。戦闘機による空襲でおなじ工場の中学生が数名一瞬にして射殺されたとき、戦争への恐怖感が突如として、身震いするような実感として胎内にもたげてきた。

一九四五年八月十五日。夏のこげつくような田舎道を歩いて、二上山に近い妹たちの疎開先にいった。その農村の小さな広場で敗戦の放送を聞いた。一〇〇人ほどの年老いた農民と幼少児ばかりのひとびとに、あんたはんは「学生さん」だからということで、なんとなく代表格のかたちでラジオの前に立たされた。口ごもってはっきりせず、また人間としての情感がほとんど感じられない無機質ともいえる天皇の声に、はじめは判断に迷ったが、やがてポツダム宣言無条件受諾とわかって、「戦争は終わった」と大声でみなに叫んだ。一瞬の沈黙があった。だが、すぐざわめきがおこり、しだいに大きな声にかわっていった。肉身の安否を問う素朴な声があちこちからわたしにはねかえってきた。「うちの父さんは仏印におるんじゃけど」「うちの息子はマレーじゃが……」。わたしは答えることができなかった。日本はどうなるのか、天皇様はどうなるのか、そんな高尚なことは、ここにいるひとびとには問題ではなかったのだ。

すでに前日に今日の放送の意味するものを工場で話しあい、広島・長崎への原爆投下、ソヴェトの介入などを考えあわせて、ほとんどみながこれは敗戦だと判断していたので、自分でも予想外に平静であった。いや平静をよそおうことができたのだ。もちろん、現実に「無条件降伏」というコトバをきいたときに、虚脱も汚辱も感傷もまったくなかったといえばウソになろう。いままでの自分の立っていた地盤が、ふんわりとどこか未知の地底へ沈んでいくような、一種の崩壊感覚に似た感情が身体をしずかに通りぬけてゆくのを感じた。すぐその足で二上山に登った。人影はまったくなく、蟬しぐれをのぞいては山は静まりかえっていた。一点の雲なく澄み渡った夏空の彼方に日本列島全体を望見しているような錯覚をおぼえた。

人影もまばらな帰りの電車のなかで、案外ゆったりした表情で乗客たちは号外を読んでいた。早速ゲートルをはずしているひともいた。その晩は何年ぶりかで家々の窓があけ放たれた。電灯がまぶしかった。近所のひとびとはステテコ姿にウチワをもって外にでてきた。みな口数はすくなかったが死なずにようやく生きのびたぞ、という一種の奇妙な解放感がなんとなくただよっていた。

早々に軍隊から帰還してきた級友をふくめて、九月一日の学校再開日に集まったみなの顔にも、意外にあかるいものがあった。いわば精神的にも知的にも一種の大きな革命を経過しつつあったにもかかわらず、学校の授業はすべて旧態依然としていた。底がぬけてしまった教師たちのなかには改革の推進者すら不在だったのだ。沈痛な顔をしていたのは平泉派直系のファシストの歴史の教師だった。八・一五の思想解禁は、わたしたちをむさぼるように新知識の吸収にむかわせた。本屋はしだいに活況をとり戻し、粗悪な仙花紙の薄っペラな雑誌が店頭に並びはじめた。学校のスグ隣りの病院にも占領軍の部隊が入ってきた。下手な英語で話しあったが、率直で陽気なかれらにべつに人間的な違和感は覚えなかった。

自分たちの思考範囲を制約していた既成の枠組がゆるんでくるにつれて、日本国家とはいったいなにであったのか、そのなかでの自分自身の存在はそもそもなにであったのか、今後なにのために生きてゆこうとするのか、という問題意識がしだいに浮上してきた。占領下の、これまで考えてもみなかった社会状況のなかで、自分の内部の隅々までがまったく新しい戦後の波で洗われだした。自分の日常生活と精神的営為と大状況の政治とが、そのまま重なりあって奔流のように走りはじめたのだ。その波にそのまままおし流されないためには、ともかくも根本から学問をはじめとしてすべて出直すほかはなかった。警察に押収されていた左翼本が古本屋にドッと出廻った。よくもこんな大量をどこに隠していたのかと驚くほどであった。それを手に入れ、工場の文学グループを中心に一〇人ほどで研究会をやりはじめた。もちろん指導者とてなく、どこから手をつけてよいかもわからない状態であった。

毎日が新しい見聞の連続であった。グループでの討議も熱気があった。八・一五いらい、いちはやく形骸化の過程をたどりはじめていた戦前的な価値意識の、完全な壊滅をうながすいくつかの衝撃がわれわれをつぎつぎにおそった。図式化していえばつぎのようなところであった。

第一は、欧米の植民地として収奪されてきたアジア解放のための《聖戦》として教えられてきたこの戦争が、じつは外国の資本と競いあった日本帝国主義の海外侵略戦争にほかならず、教科書で真実として叩きこまれてきたことはすべてウソでねりあげられたものであることがはっきりしてきたことだ。その命令のもとに三〇〇万を殺した（日本軍による海外での殺戮をふくめれば一〇〇〇万以上になる）天皇制は、この侵略型ナショナリズムの価値的統合の中心として、国家の名において一切の抵抗と批判を許さず猛威をふるったのだ。

第二は、あの苛酷な戦争のさなかに「獄中十八年」を耐えぬいた抵抗部隊が日本にもあったという事実を知ったことである。かれらがマルクス主義という強固な思想体系をもち、それを基盤として反戦運動を展開していったことを知って驚いた。なによりもその倫理的姿勢にうたれた。たとえ最後には潰滅したとしても、天皇制ファシズムの最大の対抗軸としてあったマルクス主義思想とその運動実態をぬきにしては、今後の日本の進路は語れないだろうという問題意識をもたざるをえなかった。

第三は、ヨーロッパと比較したばあいの日本の知識人のあり方、とくにその戦争責任の問題であった。戦争中にわたしをとらえていたのは十九世紀のフランス文学であったが、その後継者たちがファシズムにたいする人民戦線を形成してレジスタンスを行なったという事実を知った。アラゴン、サルトル、カミュなどの問題意識や、ナチス・ドイツを脱出した文学者たちの動向がいちはやく紹介されるにつれて、戦後思想の対象領域がインターナショナルなレヴェルで拡大していった。それとくらべて日本の小市民インテリゲンチャは、傍観と逃避いがいにいったいなにをなしえたのか。広汎に展開されはじめた左からの〈戦争責任論〉が、自分の問題意識としてもしだいにとらえられるようになってきたのだ。

第四は、天皇制下の支配層は降伏してほとんどが無傷で生きのこったのに、戦場にかりたてられ家を焼かれ、自分の生命も家庭もうしなって侵略戦争の犠牲となったのは、労働者であり農民であったという事実が、大きい思想的比重もって頭をもたげてきたことである。しだいに湧きおこってきた左翼政党活動と労働運動の高揚がその問題を考えることを否応なしにわたしたちにせまった。と同時に、ごくせまい工場の体験であったとしても、小市民インテリゲンチャとプロレタリアートのおかれている現実的な諸位相のギャップについて無意識的に実感したことが、あらためて新しい意味をもって想起されてきたのである。

（Ⅲ）

もちろんそういった思想的衝撃をまとまったかたちでうけとめたのではない。いわばあちこちから乱反射的にとびこんでくるのだ。貪婪《たんらん》に新しい生き方と知識を求めたが、新しいからといってすべてを軽々に信ずることはできなかった。自己解体の深淵を一度のぞいたものにとって、すくなくとも〈戦前〉の世界を知っていてそれなりの処世術で生きてきた先行世代にたいするわれわれの懐疑と不信は根深いものがあった。戦争を讃美した教師は徹底的にボイコットした。戦犯はだれであったかという全学投票をして、その一覧表を張りだした。

十月に徳田球一出席の解放大会があり、クラスのほとんどでそれを見にいった。解放宣言を入場料がわりに一円で買わされた。場内は超満員、半分は朝鮮人で、われわれのような若者の姿はほとんど見かけなかった。場違いの感じがしておずおずと一番後列に座った。非転向組が順番に手を挙げて壇上に出そろったとき、何人かが足元にかけよってひれ伏した。おそらく転向者なのだろう、すすり泣いている。「大統領！」という声がとんだ。ちょっと離れたところに中学時代の同級生で仲の良かった朝鮮人の高君をみつけた。わたしはハッとしてかれによびかけたが、チラッとこちらをみただけで冷たい視線がかえってきた。彼の腕には〈赤色防衛隊〉の腕章があった。ショックだった。

徳球［徳田球一］の演説がはじまった。純粋な理想主義的なイメージで期待していたわれわれにとっては、その弁説はなんとなく威丈高に見え、どこか野卑で粗雑な感じを最後までぬぐいきれなかった。理論としてもえらく常識的で、そうレヴェルの高いものとは思えなかった。血盟の誓いのもとにあの激しい弾圧に耐えてきた同志たちが一〇余年ぶりに集まったものとしては、場内の雰囲気はなにかまとまらず、心なしかよどんだものがあった。グッと凝集するものが感じられなかった。真の精神の高揚のうえに統一されたものではないような気がした。「天皇制打倒！」とぶったときに、〃それはもう古い〃というヤジがとんだが、「たたきだせ！」という指令で、ただちに赤色防衛隊によって力づくでその年輩の男は引きずり出された。わたしはかすかな身震いがとまらなかった。最後に決議の採決があったが、わたしたちはとてもすっくと立てる思想状況ではなかった。立たなければ放りだされる雰囲気だったからやむをえず立ったが、そのあとのデモも無言のまま見送った。

われわれの研究会に理科から一人はいってきた。これはあとからわかったことだが、大阪商科大学〔現大阪市立大学〕の「真理」事件で検挙された友人の影響をうけて、彼は戦争中から非合法文献をもちあるいていたのだ。かれは敗戦直後に入党していたのだが、その積極的オルグもあってわたしたちのサークルも出獄してきた同人の諸君の社研〔社会科学研究会〕活動と接触することになった。科学のレヴェルでは帝国主義戦争の本質を理論的に明示していたマルクス主義よりほかには、今日的状況を打開して未来への積極的展望をうちだせるものはないではないか、というふうにしてしだいに惹かれつつあったが、芸術の問題では簡単に首肯することができなかった。戦争中に貧しいなりに自分の内部深く棲みついていた芸術至上主義的な考えは一夜にしてひっくりかえるものではなかった。ドストエフスキーやボードレールの世界がわたしの足を引っ張った。さきの出獄グループとも研究会ではかなり激烈なポレミイクをやったが、蔵原の『芸術論』や宮本顕治の『敗北の文学』を読んでから出直せという回答がかえってきた（なおこれ以後の過程についてはべつのところで詳しくのべたのでここでは省略する。『朝日ジャーナル』五六一号、五六二号、一九六九年参照。本「著作集」第一巻に所収）。

Ⅳ

『近代文学』と出くわしたのはちょうどその頃であった。「第二の青春」をはじめとして、毎号のようにのせられる歯切れのよい文章がわたしたちを強く惹きつけた。多くの例証を引いてそこで展開される理論はまことに鋭利であり、しかも独自の戦争体験をふまえてきわめてオリジナルなもののように思われた。手さぐりで歩もうとしているわたしたちの胸にズシリとこたえるなにものかがあった。たとえばつぎのようなコトバである。

「もし、ほんとうの希望が、敗戦日本という砂漠のなかから、不死鳥《フェニックス》のごとく羽搏いて生まれるとするならば、その死灰となるものは、第一の青春に夢みたヒューマニズムを悉皆《すっかり》否定し、焼き尽したものにほかならぬ。似而非ヒューマニストの、スコラ的弁証法などというごまかしの形式を通らず、もっと直線的に電気のように肉体に伝わってくるものとしての、否定を通じての肯定、虚無の極比に立つ万有、エゴイズムを拡げていった果ての高次のヒューマニズム——これこそわたくしたちが、第一の青春という浪費のなかから購うことのできた唯一の財貨ではないのか……。

『第二の青春』はそのような精神の栄養失調であってはならぬ。絶望を知り、深淵をくぐり、虚無の世界をかいまみたわたくしたち三十代は、それだからこそかえって、この汚れた人生をいっそういとおしむことができるのである。理想と人間とヒューマニズムの世界から、地の涯《シューレ》をこえて、対蹠人《アンティポデス》の棲む地の果まで遍歴してきたこの特異な世代が、もし、第二の初恋のように、理想を、人間を、ヒューマニズムをいまひとたび愛しうるとするならば、それはたとえよそめには、みにくい、うすよごれた、あかのついた、解しがたい情熱と映ろうとも、いやそれだからこそ、第一の青春ではついにめぐりあえなかった一条のあかき道を探りあてることができるのではあるまいか」（荒正人「第二の青春」）。

「ひとつの回想が私を誘ふ。大正十一年に発表された有島武郎の『宣言一つ』と、昭和八年に発表せられた小林多喜二宛の志賀直哉の手紙と、このふたつの文献、このふたつの時期に挿まれて、日本プロレタリア文学運動は生き死にの歴史とたたかったのだ。その歴史の最初に『宣言一つ』が据えられ、その末期に三通の書簡が活字にされたという事実は、日本プロレタリア文学運動の運命をさながらに象徴している。その非命の歴史を追回し、私はふかい感慨に沈む。

志賀直哉の手紙が雑誌『文化集団』に掲載されたとき、私は一読者としてくりかえし読み、感動を抑へることができなかった。小林多喜二に宛てた二通の書簡とその母親に宛てた一通の手紙は、そのままひとつの短篇小説のやうな構成を持ってゐた。『御面会の折にも同君帰られぬ夜などの場合貴女様御心配の事お話あり、その事憶ひ出し一層御心中御察し申上げて居ります。同封のものにて御花お供へ頂きます』という結びを持った三通の手紙は、志賀直哉といふ一個のゆるぎない人間と小林多喜二の短かい生涯とのかかはりかたを美くしい残闕のやうに示しているだけでなく、ふたりの文学観のどうしやうもない時代的相異とその文学観に文字どほりいのちを賭けたプロレタリア文学運動そのものを鋭く切なく泛びあがらせてゐる」（平野謙「政治の優位性とは何か」）。

かれらには、戦後文学を展開するうえで、最初にどうしても解決しておかねばならぬ問題があった。それは、天皇制ファシズムの前にもろくも潰え去った戦前のプロレタリア文学運動の崩壊過程をいまこそ徹底的に究明し、そこにひそむ諸要因を思想的にも理論的にも白日のもとにさらけだすことによって、誤りなき第二の出発を期することであった。敗北の要因をすべて国家権力の弾圧に還元してしまってよいのであろうか。あの運動をになってきた多くの主体自身は、はたして戦後の今日に涼しい顔をして再結集できる資格をそなえているのであろうか。他者を責めるまえに、まず自らの過去をふりかえる必要はないのであろうか。プロレタリア文学のしんがり部隊としてその全面的な後退戦を歯ぎしりしながら見つめてきたかれらにとって、そのことをあきらかにすることは絶対的な前提作業であった。

ぶざまな潰走戦のさなかに、多くの裏切りと退廃の無数の事実を隻眼に焼きつけてきたかれらにとっては、この問題の実質とその歴史的意味をあきらかにすることなくして、一歩も前に進むことはできなかったのである。正確にいうならば、そのことじたいが、戦後文学の最初の文学的作業でなければならなかったのだ。「敗戦とともに、私どもはあらゆる面での価値顚落とその再建を強いられたわけだが、その場合、昭和初年代の左翼運動の挫折と昭和十年代の戦争下の荒廃とを、私どものいやしがたいただひとつの傷痕として、いかに敗戦後の動乱のなかによみがえらせるか、という点に私どもは再出発の拠点を見出さざるを得なかったのである」という平野謙の述懐、あるいは、「孤独と懐疑の中から、苦しい否定と掘鑿の中から、今日新たにより深く、より豊かに、より新鮮な生と芸術の水脈に到達したのではないか、と胸躍らせているわれわれには、壊滅直前のプロレタリア文学の文学観は、——相つぐ検挙によって良質の指導者が失われたというハンディキャップはあるにもせよ——

あのままでは狭く浅く、どうにも発展のしようのないほど硬直したものであったと思われる」という本多秋五の指摘は、かけ値なしにうけとられてよい。もちろんそのことは、自分の自我・主体・エゴイズムにも徹底したメスを入れることを意味した。そしてこの視点を思想的に再確認しようとするとき、文学運動だけに対象領域をとどめることは不可能であり、その基底にあった戦前マルクス主義運動の実体の解明に必然的にむかわざるをえなかったのだ。

ペース・メーカーとしての荒は、明確にこのような目標を意識しながら、「民衆とはたれか」（『近代文学』二号）、「終末の日」（同三号）というふうに、体内から熱い湯がほとばしりでるような勢いで書き続けた。それは一九四八年の末まで続いた。かれはその三年間に、『第二の青春』（八雲書店、一九四七年十一月）、『負け犬』（真美社、同年七月）、『戦後　荒正人評論集』（河出書房、一九四八年十月）、『赤い手帳』（同、一九四九年三月）と四冊の論集に収められている、短いものを入れてほぼ七〇篇の文章を書いた。

平野謙も、「ひとつの反措定」（『新生活』一九四六年四・五月合併号）、「基準の確立」（同六号）、「政治と文学（1）」（同七号）というふうに、いわば思想的ペース・メーカーとしての荒の側面援助をおこない、具体的なデータで共同作業を補完するというかたちで書いた（本多秋五『物語戦後文学史』新潮社、一九六〇年はこの間の事情に詳しい）。真っ向からプロレタリア文学を批判する視点を原理的に明確にして、戦後における新しい文学の方向性とその規準をあきらかにしようとしたのが本多秋五の「芸術・歴史・人間」（『近代文学』創刊号）であった。埴谷雄高と佐々木基一は、それぞれ「死霊」と「停れる時の合間に」を連載して、戦中の心象風景を形象化しながら、それを思想的につきつめようとした。

既成左翼を攻撃対象として、荒を中心にくりひろげられた論争のテーマは、未分化・未成熟のままのものを含めれば、じつに多岐にひろがっていった。文学プロパーに関係する諸問題を省略して思いつくままにあげてみても、戦争責任論、転向論、知識人論、主体性論（＝近代的自我論）、組織と個人の問題、日本後進国論（＝日本社会の特殊構造論）、統一戦線論、社会主義への移行形態論、というふうにひろがっていった。もちろんそれぞれが、体系的な論理構造をもった独立した論争主題として展開されたわけではなく、そのほとんどが戦中体験をふまえた実感的素材をもって語られたのであった。

ここで一言だけ平野の所説にふれておこう。かれの発言のアクシスは、文学者の戦争責任とマルクス主義文学運動の功罪、ならびに転向問題を、三者不可分のものとして、「文学界全体の自己批判に打ちこむべき大きなくさび」として積極的に提示することにおかれた。戦前左翼がおのれの過去に口をとざしつつ、なれあい的再結集をいそぐ状況のなかにあって、このことはまさに焦眉の課題であった。「私は現在かつてのマルクス主義運動を、いわばそっくりそのまま蘇らそうとする機運にいささかの疑問を抱かざるをえない。マルクス主義文学運動の功罪、それが転向を結果せざるをえなかった道ゆき、それらの複雑な内外の事情をひとつの必然的偏向として運動の内部から剔抉することが大切だと信ずる」（「ひとつの反措定」）。

そこから問題解明のひとつのカギとしてだされたのは、さまざまな偏向と誤謬とをはらんだプロレタリア文学運動のもっとも忠実な実践者であった小林多喜二、そして侵略戦争遂行のすさまじい波におし流されついにそれにのみこまれた火野葦平――「誤解をおそれずにいえば、小林多喜二と火野葦平とを表裏一体と眺めうるような成熟した文学的肉眼こそ、混とんたる現在の文学界に必要なのだ」という視点だった。そして平野は、〈誰よりも民衆を愛した君は、誰よりも民衆を軽蔑した君だ〉、〈誰よりも理想に燃え上った君は、誰よりも現実を知っている君だ〉、という芥川龍之介のレーニンを歌った詩を、かれの論理の根底に内在する思考の原点として正面にかかげたのである。

もちろん平野は、このような斬り込み方が、旧プロレタリア文学運動の指導者たちから、どのような反撃をくらうかは百も承知であった。またその尻馬にのって、「いきまくことで無意識に不在証明を提出したがる」底の一度ぬけてしまった転向者たちの罵声を浴びることも覚悟してのことであった。

(V)

戦前のマルクス主義運動の功罪と、その戦争責任の問題——それを解明するためには、平野のいうように、どうしても転向の問題にふれざるをえないのであった。まずその恥部を、思想の問題として剔抉することからはじめて、戦前の運動の全的な総括にもとづいて、運動の新たな出発を期すべきであった。かれらの思想的な主要打撃目標は、それに頬かぶりしたまま、そ知らぬ顔でふたたび大衆にたいして大声でアジりはじめた旧指導部にむけられたのである。

しかし『近代文学』同人たちの転向論は、戦中体験をふまえた自らの実感の開示としては、暗い谷間の実存の淵を泳いできた人間の深部のかなりギリギリのところまでおりてゆくことができたが、かんじんの部分で矢がそれてしまうところがあった。それは、四〇代を批判した荒の、「かれらは観念をただひとつの杖として、この『暗い谷間』をわたってゆこうとするのだ。その世界観については異存がない。——かれらは考えるひとではあったが、かんじるひとではなかった」(「三〇代の眼」)という言葉にも、その限界がはっきりあらわれている。もちろんこの場合の四〇代とは、〈党〉そのものをさしているのだ。たとえば平野や荒にしても、その多喜二論にみられるように、「非転向」だけをカッコに入れて神格化してしまったわけではもちろんない。空白の一〇年をとびこえた〈再生〉をそれも当然視野に入れていたのであるが、もう一歩突っ込みえなかったのだ（なぜだったのか。それについては後述する）。

ここで、その後一〇年ほど経て書かれた吉本隆明の「転向論」にふれることによって、もう一歩問題をふみ込んで考えてみよう。

吉本は、つぎのように転向の三つのタイプを析出する。第一は、佐野［学］・鍋山［貞親］のような、日本の封建制の優位へ完全に屈服してしまったタイプである。吉本は、このばあい、天皇制権力と大衆的な動向への全面的な追従という二つの契機をあげているが、これは正当な指摘である。第二は、蔵原［惟人］・宮本［顕治］のように、典型的な日本的モデルニスムス（近代主義）としてあらわれたマルクス主義者のばあいである。かれらの思想は現実社会の構造や時代の推移とは無媒介に原理として自己完結しているので、「日本的モデルニスムスによってとらえられた思想は、はじめから現実社会を必要としていないのである。自己の論理を保つに都合のよい生活条件さえあれば、はじめから、転向する必要はない」ものという視点からとらえられる。第三は、かろうじて日本封建性の優位と正面からたたかうことによって、「日本の革命運動の伝統の革命的批判」の道を歩んだ中野［重治］のばあいである。そして吉本はつぎのように結論する。

「小林、宮本、蔵原らの所謂『非転向』をも、思想的節守の問題よりも、むしろ、日本的モデルニスムスの典型に重みをかけて、理解する必要があることを指摘したいとおもう。このような『非転向』は、本質的な非転向であるよりも、むしろ、佐野・鍋山とは対称的な意味の転向の一型態であって、転向論のカテゴリーにはいってくるものであることはあきらかである。なぜならば、かれらの非転向は、現実的動向や大衆的動向と無接触に、イデオロギーの論理的なサイクルをまわしたにすぎなかったからだ」。

そして以上の視点から、吉本の論理はさきの第三のタイプの評価へと展開する。「原則を固執して獄中に『非転向』をまもった蔵原、宮本も、大衆的動向から前衛が孤立した原因である封建的優性との対決を避けてとおったにすぎぬ。中野は、おそらく独り、これと真正面から対決した」。しかしこのような規定は、根本的なところでうけ入れることができぬ。なぜか。

吉本は、日本の戦前左翼を、〝かがやける日本革命の前衛〟としての能力と資質を、まるでア・プリオリに所有しているべきかのような仮想のもとでとらえているのではないか、あるいはまた、そのような力量をゾルレンとして要請しうるかのような〝ないものねだり〟のうえにその論理を組み立てているのではないか。

そのことは、大正末期から昭和のはじめにかけて、コミンテルン—日本共産党を軸とする戦前左翼がいったいどのような過程を経て形成されてきたのか、ということと深くかかわっている。あまり適切な例ではないが、話を簡単にするためにたとえていうならば、近藤栄蔵の『コミンテルンの密使』と荒畑寒村の『寒村自伝』（上、下、岩波書店）、それに福本和夫の『革命は楽しからずや』（こぶし書房）のそれぞれの著作が赤裸々に物語っているような三つの系譜の混交物としてその主流が生成されてきたのである。近藤の下関事件に象徴されているように、もっとも卑俗なタイプの庶民が、そのままが全「前衛」の代表を名のりうるような悲喜劇が現実にありうるような、そしてまた、二年余のヨーロッパ滞在でレーニンとルカーチの理論を仕入れて帰ってきた若い一教授がたちまち最高の思想的権威をもつものとしてうけいれられるような、そういった底の浅い運動体質のうえに組織づくりが展開されてきたのであった。佐野・鍋山・三田村〔四郎〕などの路線が直線的ではないにしても前者の延長線上から出てきたものであり、蔵原・宮本路線がその主張した理論内容は異なっていても、思想的体質としては本質的には後者と同根であったとみることができる。（もっとも苦労し、かつ考え悩みながら労働運動の先頭に立ってきた山川均や荒畑の系譜が、いろいろの屈折を経てついにコミンテルン路線に参加しなかったことは、その体質をよりぜい弱なものたらしめることになった。アナ・ボル対立から、山川イズムと福本イズムの対決、さらに二七テーゼによるその揚棄と三二テーゼの流産を経て三二テーゼにいたる過程を、現実の大衆闘争のありようを媒介にしながらくわしく総括しなければ、転向論も、たんなる机上の論理のオートマティズムにすぎないものとなるであろう。）

日本的転向の外的条件として、「権力の強制、圧迫というものが、とびぬけて大きな要因であったことは、かんがえない。むしろ大衆からの孤立（感）が最大の条件であった」という吉本の指摘はそのとおりである。しかしよく考えてみれば、以上二つの外的条件は、運動の出発当初から（たとえば第一次共産党、あるいは第二次共産党の結党前後の事情をみよ！）、革命を達成するためにはどうしてもまず、克服すべき目前の前提条件としてあったのだ。（わたしはもうひとつの条件として、国際的な次元でのコミンテルン——当時はすでにスターリニストによって首脳部がおさえられていた——路線の敗退をあげたい。ドイツ革命をはじめとして各国のそれが挫折し、世界革命への展望はますます遠のいていた。そして孤立したソヴェトの内部ではトロツキー派の一掃いらい、人材の全的解放をめざすコミュニスト集団のありようとしてはとうてい考えられないような、血なまぐさい粛清がひきつづいていた。マルクス主義思想の唯一の現実的な〝あかし〟として、一国社会主義をどうにか守ってきたソヴェト内部のこのような動向は、多くのコミュニストの内面を深くゆさぶり、多くのひとびとを〈実存の深淵〉に追いこんだ。ヨーロッパでの転向が、直接的に身にふりかかる外的条件からではなくて、むしろ個々の主体的な思想の選択としてなされたのは主としてこのような要因によるものである。そしてその総仕上げとなったのが、スペイン内乱と独ソ不可侵条的であった。）

したがって、大正末いらいの運動の高まりが権力を刺激し、そこから起こった新たなる外的条件の発生によって転向現象が続発したというのではない。むしろ問題は、ついにその巨大な壁を自力で突破できずに、理論的にも運動論的にも前進打開の方策なく、つぎつぎに大衆的基盤を喪って、最後にはかろうじて「地下の洞窟で信仰の火を細々とまもりつづけている異教徒」（山崎春成「『戦後』のはじまり」『現代の理論』八月号）として革命の旗を守るところまで追いこまれてしまったところにある。

しかも後退をかさねつつあるばあいの階級闘争の通例であるが、権力の弾圧と巧妙な工作（スパイ等をふくむ）が、味方内部の思想的動揺と複雑にからみあい、地滑り的な崩壊への道を歩むことになる。抽象的なシエーマとしてはありえた革命の戦略も、具体的には一歩も先に進めない状況のなかでは、自己の信条の証明となる一片の護符としてあるだけであった。現実のうえでの理論的かつ運動論的な展望の行き詰まりは、思想的な動揺を広汎にひきおこし、それにひきつづいて文字通りの自己解体を、あちこちでひきおこすことになった。（佐野・鍋山が転向声明をだしたのは、満州事変後の日本帝国主義の高揚とナチスの勝利によるヨーロッパ状勢の新局面ということもあるが、大森ギャング事件と熱海事件というスパイによる破壊的工作がキメ手になって、その思想的動揺にピリオドをうったとも考えられる。そのような絶望的気分は、すでに組織的にひろがっていて、両名の声明後二カ月たらずで既決囚党員の三六％が転向し、党組織にとって決定的打撃となった。）

中央委員会の上層にまで国家権力の手がのび、組織内にデマが乱れとび、昨日の同志も今日は信用しうるかどうかわからないような末期的段階では、下部組織にたいして擬装転向を指示し、それによってふたたび大衆運動に入ってゆくというコースも、今日的視点からする構想としては考えられても、じっさいには不可能であった。しかも大正期いらいの左翼内部の不毛のセクト間の党派闘争が、コミンテルン―プロフィンテルンの社民主要打撃論によってさらに激化し、反戦・反体制組織の分断と解体に、ますます拍車をかけるにいたった。（さきにのべたように、わたしが十月の解放大会で最初に実感した全体の雰囲気、すなわち、戦前の「前衛」部隊の再結集の模様が、どことなく精神の凝集点と統一された高揚性に欠けていると感じられるのも、けっして見当はずれではなかったわけだ。荒は以上のような解体過程について、「みんながちりぢりになってしまったとき、この同志愛はどんな形に歪められていったであろうか、……かつてのヒューマニストたちは仮面をはいで、醜い利己主義の徒になりさがったのではないか」とのべ、その理由として、「それは同志愛といった新倫理がいまだ肉体に十分根を下ろしていなかったからにほかならない。内部革命はきわめて不十分であった」（「横のつながり」）といっている。しかしこのような〈外邸革命〉と〈内部革命〉の二元論で裁断できるような簡単な性質のものではなかったのである。）

マルクス主義運動にとびこんでまだ何年も経っていない、大学を出たばかりの青年が、党の最後の旗を守らねばならなかったことは、その個人の責任問題ではなくて、運動全体の責任の問題であろう。現実からかけはなれた原理固守の思想をそこに見て、日本型モデルニスムスをそれにかぶせることはたやすいが、かぶせている論理そのものも、当時の現実を媒介にしないで今日的観念で裁断しているという点では、けっしてモデルニスムスのレヴェル以外のものではないことを知るべきだ。すでに現実社会から見離された孤立した小集団として、全面的敗退の過程にあって指導部の旗をもたされたものは、いったいなにをなすべきであったろうか。大衆にたいする思想上の、また運動上の責任をとるうえで、牢獄において「非転向」を宣言することは、いわばこれ以上後退できぬギリギリ最低の義務ともいうべきものではなかったか。

獄死した多くのひとびとは、はたして自己の原理にのみ固執したのであろうか。かれらは、大衆にたいする思想責任、あるいは自らが指導した運動にたいする責任の問題を一切考えていなかったのであろうか。かれらが、現実の社会構造や時代の推移を媒介せずに、原理に固執したといって高所から批判してみても、なにもはじまらないだろう。あの時代の運動をささえてきた原理そのものも、じつのところは「上海テーゼ」以来、日本の前衛だけで独自に作成されたものはなかったというのが実状なのだ。それが独力でできるだけの理論的・思想的力量が、そもそもなかったみじめなところから運動は出発したのではないか。しかも、上からあたえられた原理のオートマティズムを国際的に普遍化し、各国の運動に強制していったコミンテルン—スターリニズムの路線が、圧倒的な影響力をもっていた段階であってみれば崩壊寸前の日本の運動だけがそこから独自に離脱することを、だれが望みえようか。

吉本が別格におくところの、中野重治の歩んだ第三の道とて、これと大同小異であって格別のものではない。吉本がその例証として引いているのは、転向小説の白眉として推している『村の家』である。この小説の全モチーフを凝集させた優れた部分としてあげているのはつぎのところである。主人公勉次に、他人の先頭に立って革命を叫んできたお前は、当然小塚原で刑死するものと思っていた、それなのに主義主張に殉ずることもできないで頭を下げて帰ってくるのなら、今後はもう筆を折れ、と年老いた父親が問いつめる場面だ。そして、「このときほど、中野が、日本封建制の総体の双面をまざまざと目のまえに据えたことはなかった」と吉本はいう。

ここでいささかの疑問を対置しておこう。年に税金三〇〇円を払う庄屋の家柄であり、田舎の小役人をして二人の息子を大学まであげたこの父親孫蔵の意見を、はたして「日本封建制の土壌からの批判」とよべるだろうか。吉本はいう――「平凡な庶民たる父親孫蔵は、このとき日本封建制の土壌と化して、現実認識の厳しかるべきことを息子勉次にたしかめる。勉次のこころには、このとき日本封建制の優性遺伝の強靱さと沈痛さにたいする新たな認識がよぎったはずである」。

この小説を熟読するならば、孫蔵の意見は、その日の生活に追われて思考の自由な能力すら奪われ、牛馬のごとく働かされていた農民や労働者によってささえられてきた日本封建制の土壌とは、いささか異質なところから出ていることはあきらかである。この主人公にしても、父親にいわれて、あらためて「日本封建制」の優位性を認識するような甘さをもって運動にとびこんだわけではあるまい。

中野が「その転向によってかい間見せた思考変換の方法」――それを吉本は、「それ以前に近代日本のインテリゲンチャが決してみせることのなかった新たな方法」ともち上げる――といったものは、いうならばギリギリのところまで追いこまれたうえでのやむをえざる変換なのであって、それも獄中「非転向」という存在があったからこそ、選びえた道なのである。父親にしてもそれを意識していたからこそ、勉次にあのように迫りえたのであろう。そして中野は、消えさらぬ転向の「疵を頬に浮べたまま」この〈第三の道〉を歩むことができたのである。

しかしこの〈第三の道〉が、燎原の火のごとくひろがった帝国主義戦争の進展にたいして、はたしてなにほどのことをなしえたのか、とあらためて問うとき、獄中にあって細々と抵抗の灯を守りつづけていた部分にまさるなにごとかをなしえたのであろうか。この「日本封建制の優位性」とのたたかいを正面にすえる道が普遍化していたならば、という吉本の想定は、せいぜい三〇年後の今日においてのみ構想可能な、ひとつの仮設にすぎないのだ。

吉本は、いまもなお、かれの内部にある〈庶民〉の映像のうえに、大衆の思想的自立への夢を追いつづけている。かれの「転向論」のひとつのアクシスは、じつはそこにあるのだ。そして、自然生成的な庶民意識に、外部からもちこまれたイデオロギーを安直に接ぎ木することによって成立している政治の世界に、かれは本能的な反撥と憎悪をいだいてきた。あるがままの大衆を、あるべき大衆にまで上昇させるという自称「前衛」の思い上がった手口に、かれは汚辱と憤怒をおぼえたのである。そこから、「庶民社会が、イデオローグたちの社会にたいして自立性を獲得しなければならない」(『日本ファシストの原像』)というテーマへの一貫した執心が生まれる。吉本は日本のモデルニスムスと、庶民の生活思想との乖離をたえず指摘しつづけた。それはそれできわめて重要なことであろう。しかしかれ自身は、この二つのあいだを尖端的な言語をもってさまよいながら、ついにその断層をのりこえる地平にでることはなかったのである。その乖離状況について分析し批判はするが、その一歩先では言語は空転し、ふたたび自らの観念のなかに舞い戻って現実のなかへでようとはしないのである。なぜならば、いかなる支配イデオロギーにも捕捉されず、自らの原初的エネルギーによって自立を志向する〈庶民〉とは、吉本の観念の世界にのみ棲んでいるイデア的実体にほかならないからだ。

(Ⅵ)

客観的にも主体的にもはじめからほとんど〝のりこえ〟が絶望的に見えた国家権力の壁に、底の厚い大衆的運動によるバックアップもなしに正面からぶちあたったとき、その戦列はたちまちガタガタに破砕された。いや、真っ向から衝突するまえに解体してしまった、といったほうが正確かもしれない。そして、国内における徹底的弾圧と前後してすすめられていた満州・上海両事変いらいの日本帝国主義の海外進出は、国民大衆を、まるごと侵略ナショナリズムの側にとりこんでゆくことに成功しつつあった。かつての左派のなかからも、上昇気流にのるファシズムの側に転進するものがあいついだ。

昭和十年代にはいると、反戦・反体制の勢力はほぼ完全に解体され、もはや地上にちょっとでも頭をだすことすら不可能であった。大東亜聖戦のための一億総進軍のラッパは、農民や労働者をその先頭におしたてて、全国津々浦々になりひびいた。日本の国家権力は、アジア的後進性とヨーロッパ的近代性という二つの要素を巧みに結合して、縦横にはりめぐらされたイデオロギー的統治構造と、軍隊を背景とした強権的圧迫によって、大衆にたいするほとんど完璧にちかい権力支配を確保することができた。吉本のいう「コミンターン・テーゼに要請された日本の革命運動と、日本の庶民の動向とのあいだの断層」（『芸術的抵抗と挫折』未来社）は、もうどうしようもないほどの溝となっていった。そのようなとどめようもない時代精神の右への流動を、その狂気じみた奔流からとりのこされたごく少数のひとびとは、もはや無為無策で見送るほかはなかった。激流にあらがう竿をたてることはもはや不可能であった。荒のつぎのような述懐は、そのままかけ値なしにうけとられてよい。

「ファシズムと戦争の悪時代のなかで、最後まで自分を護り、自分を失はうとしなかったひとびとは、実践的関心や世界観的関心、それをひっくるめて社会的関心とよんでいいと思ふが、それとは局面のちがった実存の深淵を嫌が応でも覗いてみぬわけにはいかなかった。――この侵略戦争はまもなく終焉に達するだろう。だが、さういった歴史的な見透しとはべつに、この自分といふかけがへのないひとつの生命はどのやうな運命に遭遇するのであろうか。かういった定式のなかにも表現されてゐる実存的関心は、たしかに民衆からきりはなされたインテリゲンチャの孤独感の表白にすぎぬであろう。こんにちになってみれば、そのやうな割り切り方はむしろ容易なことである。だが当時は、出口のない密室のなかで、そのやうな孤独感に耐へることが精一杯の、戦争への抵抗ではなかったらうか」（「拒絶症」）。

またつぎのような当時の一学生であった吉本の率直な心情吐露も、けっして学生全体の普遍的な感情ではなかったにせよ、かなりの部分の青年たちの気持ちを代弁するものであることはたしかである。荒との年の差はわずか一〇歳ほどである。そのような短い歴史的時間の推移のなかで、天皇制ファシズムは、このように決定的に対立する時代認識を一般化することに成功していたのである。イデオロギーのもつ魔力を、わたしたちはここに見ることができる。

「わたしは、絶望や汚辱や悔恨や憤怒がいりまじった気持で、孤独感はやりきれないほどであった。降伏を肯じない一群の軍人と青年たちが、反乱をたくらんでいるという風評は、わたしのこころに救いだった。すでに思い上った祖国のためにという観念や責任感は、突然ひきはずされて自嘲にかわっていたが、敗戦、降伏という現実にどうしても、ついてゆけなかったので、できるなら生きていたくないとおもった」（『高村光太郎』春秋社）。

敗戦直後の諸変革は、形からみれば占領軍による直接的な介入が主導因になっていることは否定できない。多くの他民族を殺りくし、自らも三百万人にのぼる死者を出した大衆は、大日本帝国は〈万世一系ノ天皇之ヲ統治ス〉〈天皇ハ神聖ニシテ侵スヘカラス〉という、その骨肉にまで滲みこんだ国家的規範の解体のあとに、いったいなにがやってくるのかまったく予想もつかなかった。

一般的にいえば、旧社会内部における新しい物質的基盤の一定の成熟と、既成の時代精神をのりこえようとする意識的諸要素の生成があってはじめて、新しい社会の枠組がしだいにでき上がってゆくのであるが、この敗戦革命という特殊な形態では、まず体制が上から規定され、内容の充塡はそれからはじまったのである。《民主主義》という、上から提示された新しい社会的規範に、ひとびとはすぐ喜んで同化できたわけではなかった。政治体制の変革に対応して、既成の人間内容をただちに捨て去って新しい路線にのり換えることは、とうてい不可能であった。とくに長年にわたって、国家の手で培養され飼いならされてきた天皇制イデオロギーの呪縛から脱れ出るためには、戦後の新しい現実をしかと見すえながら、自分自身の主体との思想的格闘が必要であった。

大衆のイデオロギー的な志向性は、このような深い低迷と懐疑のなかにあったのであるが、それをおしのけて強く噴出してきたのは、戦時中から戦後にかけての、戦災、食糧危機、インフレ、失業などでたまりたまった憤まんであった。人間の生存条件としてはギリギリのところまで追いやられた大衆の自然発生的な高揚は、ヤミ市と帰還兵に象徴される混とんたる社会状況とあいまって、騒然たる時代的雰囲気をかもしだした。ズタズタにされたその精神の荒涼は、行動における決断となってあらわれた。〈ダマサレタ戦争ダッタ〉という精神的な挫折感と、〈食エナイ現実ヲドウスルノダ〉という生活的危機感がかさなって、ひとびとは、そこまで自分たちを追いこんだ既存の権威と秩序にたいする信頼を急速に失っていった。どの方向からであれ、危機を緩和し克服する衝撃力が加われば、ひとびとはかつて経験することのなかった新しい行動へすすんでとびこんでゆくことができた。

そのばあい、賛否はともかくとして、ともかくもまずひとびとの注目の的となったのは、マルクス主義の思想と運動であった。戦争中に手を汚していないという倫理的な清新さと、あの戦争にたいして体系的な批判をもちえていたその所説の理論性がひとびとを惹きつけた。長年の禁断の思想への拒否反応もきびしかったが、同時に、かくされているもののなかにこそ真理があるのではないかという期待も強く作用した。とくにわたしたちのような、戦前の運動実態についてのいかなる知識も経験ももちあわせない世代についてはそうであった。その倫理的優位性と理論の科学性にまず大きく吸引されていったのであった。

(Ⅶ)

このような生活的危機のうえに生成された大衆の自然発生性にのっかって、戦前左翼は一挙に上潮に転じた。(一九四六年十月の第一回総選挙では、社共両党をあわせて九七議席、総得票数の三分の一ちかくを獲得した。)産別会議を中心とした労働運動と、民主主義科学者協会や新日本文学会を軸としていた文化運動は、ほぼ完全に共産党の指揮下にあった。そしてそれらの運動は、戦争ですこしでも手を汚したものが、「非転向」の〈党〉からの批判をおそれてウロウロ方向喪失しているさなかに、自信にみちた足どりで全国的にも大きな比重をしめるにいたった。

このような状況のなかにあって、たとえば荒は、日本社会の未来についてのヴィジョンをどのようにえがくことができたか。まず「日本民主主義のこみいった条件を考えるとき、地図にしるされた坦々たる苦難の道など全然ないことを知らねばならぬ」と前提において、「近代をどのように通過して現代に達するか。西への道〈近代〉や東への道〈超近代〉がそのまま直接の目標にはならず、このいずれをもふくむ現代への最短コースがもとめられねばならぬ」という。いいなおせば「こんにち取り組まねばならぬのは、西ヨーロッパ近代社会のなかに発生した市民の倫理の移植といった事柄ではなく、それを越える民衆の倫理なのだ」(「哲学者Qへの手紙」)。ここまでならば、戦前の三二テーゼ流の二段革命論を適当にこねまぜたものにすぎないのであって、オリジナルなものとはいえぬ。荒の四〇代批判のなかですでにみたように、「その世界感には異論がない」ということがひとつの前提としておかれていたのである。だいたいにおいて『近代文学』派の政治への戦略的発想は、戦前の「講座派」の思想をこえるところはほとんどなかったといえよう。したがって、悟性のレヴェルでの問題意識と、感性のレヴェルでの問題点の追求が統一的に把握されずに、そこに大きなギャップをのこしたまま実感的素材に依拠した〈党〉批判へとむかわざるをえなかったのだ。そのことが大きな弱点であり限界でもあった。それゆえに、感性の次元での問題意識を「非転向」の倫理性でハグラかされて、理論的偏向として正面から反撃に出られたとき、トータルな思想問題として全面的に反批判する条件も、力量もなかったのだ。(スターリン批判によって、コミンテルン─共産党無謬説に国際的に終止符がうたれるのはその後なお一〇年を要したのである。この時点でそこまで望むのは、やはり「ないものねだり」というべきであろうか。)

しかしつぎのような、自らの主体へのするどい剔抉をふまえた荒の主張は、今日読みかえしてもなお生命力をもつ言葉であり、ひとつの予見的な問題意識をひそめていたものということができるであろう。

「わたくしたちは大屠殺のなかに赴く青年たちを手放しで見送ったのだ。──ここに自分のエゴイズムを確認した。……もはやひとりひとりが自分の全存在を守るだけではないか、これがわたくしたち三〇代のエゴイズムであった。わたくしたちはその傷痕を、そのエゴイズムを唯一の足場としてヒューマニズムに達したく思うのである」

「インテリゲンチャは、賤民として、自分のための発言を封じられ、プロレタリアートのために（真理のために）革命への参加をもとめられた。エゴイズムは蔑視され、ヒューマニズムが神聖化された所以である。だが今日の政治課題は民主主義革命である。……小市民インテリゲンチャは自己精算ではなく、自己主張によって、つまり、なによりも自分のために、この革命に参加するのだ。自己解放が民衆解放にもそのままつながるのである。民衆とはわたくしだ──という感覚は反措定でもなんでもなく、実感そのままなのである。それを大さわぎしているある種の四〇代人は、やがて歴史のながれから置き去りにされるであろう」

「わたくし自身の肉眼、すなわち小市民インテリゲンチャの生活感覚のほか、一切が虚妄であると断言するのだ。これ以外にどんなメガネも借り物の感覚も必要ではない」

「それがいかほど小市民インテリゲンチャの卑小賤劣な、小汚ない、醜悪にみちたエゴイズムの権化であろうとも、いなそれだからこそかえって、かれは聖山への岩みちを志すことができるのだ。……エゴイズムを拡充したところに展開する、眼もはるかなヒューマニズムの新世界、これをこそ希うのだ」

この文章のなかに、哲学や科学のレヴェルでの、成熟していないいくつかの難点を発見することは容易であろう。しかしそんな分析や解説はここではまったく不必要である。生きている言葉としてとらえればそれでよいのだ。

もちろん当時のわたしは、この文章の意味するところを理解できなかった。当時のノートをみてもはげしい批判の言葉とともにうつしとられている。当時の荒の思想的原点としてあったのは、西欧市民社会の倫理としてあったキリスト教精神と、ドストエフスキー、シェストフの線に代表される実存の極北をさまようたロシア・インテリゲンチャの暗い姿であった。革命、プロレタリアート、帝国主義、資本といった大状況を解明する公式の摂取に余念がなかった当時のわたしたちにとって、荒のこれらの言葉は、まさに小ブルジョア市民の一反措定としてしか見えなかったのであった。『新日本文学』よりも『近代文学』のほうが、反撥しつつもはるかに惹かれるなにものかがあった。論理としてはそれを積極的に否定しようとしながらも、感性のレヴェルでは、奇妙にふりきれない重いなにかをそこに感じたことはたしかであった。それはいったい、なにであったのか。

さて当然のことながら、党の側から頭に火のついたような猛烈な反批判が展開された。（小田切秀雄はこの論争の進行過程にあって同人を脱退する。）その先頭に立ったのが中野重治であった。

反撃の第一弾は中野重治の「批評の人間性1」（『新日本文学』一九四六年四号）であった。それは「批評の人間性2」（同六号）、「批評の人間性3」（『展望』一九四七年三号）とつづいた。宮本顕治が一九四七年一月に「新しい政治と文学」（『人民の文学』岩崎書店）を戦後はじめて文学批評として書き、同年十一月号の『前衛』に「文化革命と文化活動」を書いて、その第四章〈文化革命と「人間性変革」の問題〉で『近代文学』批判を党の立場から公式に展開した。蔵原惟人は最初は直接的なかたちで批判を展開しなかったが、「文化革命と知識層の任務」（『世界』一九四七年六号）と「近代主義とその克服」（『前衛』一九四八年八号）で、修正主義批判という思想問題としてトータルな論理を展開した。

中野の第一撃はつぎのようにはじまる。「……彼らは文学批評家として、人間的な文学を育てるための批評家として表むきうって出ようとしているように見える。しかし彼らは正しいか。またうつくしいか。人間的な文学を育てようとする、あるいは文学を人間的に育てようとするというその批評は批評自身人間的であるか。反対のように私には見える。彼らは正しくない。あやまっている。彼らは美しくない、みにくい。彼らは批評そのものにおいて非人間的である。そう私はおもう」(『批評の人間性1』)。

これ以上の引用はやめよう。この言葉になにもつけ加えることはなかろう。〈党〉の側にあったわたしが当時直観的に感じたことは、これらの反論がおしなべて奇妙にひからびていて、ポレミイクとしても三〇代の真摯な内容と嚙み合う鮮烈な内容をもっていないということであった。かれらのあとにつづこうとして刀折れ矢つきた部隊にたいする説得的な反論として人の心底をうつものはなにも感じられなかった。

また、昭和二十二年に大学に入って、はじめて『敗北の文学』の著者の玄関を大きなあこがれと期待をもって訪れたとき、その姿が意外に若々しかったことを記憶している。しかし『近代文学』批判として戦後はじめて書かれたその評論を読んだとき、ほとんど公式的な言葉の連続であって、なにか期待を裏切られたような印象をぬぐいきれなかったこともはっきりおぼえている。

わたしたちの文学グループで五月祭で「近代文学同人との文学討論会」をおこなったとき、ほとんどの同人が出席したが、もっとも戦闘的にわれわれと嚙みあったのは意外にも中村真一郎であった。どうしたことか荒や平野は後列でほとんど発言せず、いやに老けて見えた。とくに荒はその尖鋭な文章とは、まったくべつの人格のような印象をもった。(中村が出ているから、この時は第一次同人拡大のあとであろう。なお中村は仏文の講師でもあったが、クラス討論ではもっとも気前よく時間をくれる教師の一人であった。野間宏は出席していなかったが、大学の近所ということもあって何人かとよく訪問し、例の二階でよくだべった。平田次三郎もわれわれのグループと『近代文学』を結びつけようとして何回か足をはこんできた。加藤周一（当時医学部にいた）にはよくカンパをもらいにいった。）

当時は、「近代文学」、「大塚史学」、サルトルを中心とする「実存主義」、梅本克已らの「主体性論」が、わたしたちのあいだでの批判的目標であった。当時のわたしたちには、それらの意味するものを十全に究めるだけの力量も、余裕ももちあわせていなかった。が、ともかく、運動のささやかな暇を見てはできるかぎり勉強し喰いついていったことはたしかだ。きわめて俗流化されたレヴェルでわたしたちのあいだに浸透してきた〈近代的自我論〉や〈主体性論〉を正面からたたいたのは、当時の運動の発展のために不可避であり、それはいまでも当然だったとおもう。しかし、主体の規定にしても、レーニン－スターリンの弁証法的唯物論を絶対的基準として設定し、それらの反措定が内包していた重要な問題意識も、全部客観的な土台の問題や、歴史法則の必然性の認識に流しこんでしまっていた。たとえば、客観的な運動過程として、それ自体の法則性をもって展開する社会発展の必然性を認識して、その実現のために政治実践に全力をあげることによってのみ革命的主体は成立をするんだという具合に。日常性のレヴェルでのすべてのモメントを政治的課題に直結し、一種のピューリタン的セクト意識に埋没することによって、自己のあの戦争中のふやけきった主体をたたきこわそうとしたのであった。まずそこから確認してかからねばならない自分の実感は、小市民的プチブル性の自己否定として強引に切り捨てていった。そのようなツマ先立った無理な飛躍は、やがてまもなく大きな思想的つまづきとなってあらわれる。たしかにわたしたちの世代は、戦後運動史の一コマをかざるに足るだけの仕事はなしとげたという自負はいまもって捨ててはいないが、それと同時に、〈歴史の弁証法〉による正当な復讐をのちにうけることになったのだ。

その正当な復讐を身にこうむる過程で、「非転向」を中心とした〈党〉の実態がいかなるものであったかについて、いささかなりとも正当な認識をもつことができた。〈党〉はどこから出発すべきであったか。戦前の運動の総過程を、外的条件としても主体的条件としても、理論・思想の全面的なレヴェルで再検討し、そこに含まれていた一切の誤謬と退廃の諸相を大衆のまえに明示しつつ、戦後の新たなる出発を期すべきであった。それこそがまさにマルクス主義者としての倫理的な姿勢にほかならぬのであって、「非転向」という指導部としてはいわば当然の責任行為を神格化し、そこに戦争に身も心もまきこまれてズタズタにされた庶民にたいする倫理的優位性をみるという発想は、まさしく本末を転倒した思想であったのだ。戦前と戦後を安易に直結し、「非転向」＝無謬説にあぐらをかいた党再建に、〝待った〟をかけたのは、荒をはじめとしてほんの一握りの昭和十年代の「殿軍」にすぎなかった。このことは大きな不幸であった。しかしそのこと自体が、日本革命運動の総体の思想的限界と深く結びついていたのだ。

日本共産党が、占領軍のもつ帝国主義的側面について過小評価し、また戦後国家の階級関係においても前近代的残存物に主要打撃をむけて独占資本の力量について見誤り、三二テーゼの延長線上でのアイマイな二段革命コースによる上からのアミ打ち方式で、〝革命近し〟の錯覚に溺れたのは、かならずしも偶然事ではなかった。

かくして戦後体制の内容充塡競争においては有利な状況がひろく存在していたにもかかわらず、戦前派左翼は、最後には自滅ともいえるかたちで独占に主導権をゆずり渡した。そして、かつては癒着し利用した古い諸要素をきりすてて、より純粋な階級支配を貫徹しようとする独占ブルジョアジーのペースで、五〇年代以降の新しい状況がきりひらかれていったのである。

マルクス没後百年を記念して

第六章　マルクスの歴史認識――その西欧中心史観の限界――

最近、私は、インド、中国、東南アジア諸国などアジア諸国を訪問する機会が多いのでありますが、そのたびに、《近代西欧文明》と《アジアの文明体系》について、比較文化史や比較思想史の立場から、あらためていろんな問題をとらえ直さねばならないと思うのであります。

アジア各地を歩いて考えることは、マルクスの〝アジア認識〟は、いろんな点でかなり歪んでいたのではないか、その根本的な再検討が今日迫られているのではないか、ということであります。それはまず、現地の歴史と生活文化に接して、実感として、そう思いました。今日はそのことをすこし理論的に掘りさげて考えてみたいのですが、私自身の〝文明観〟〝人間観〟を再構築していくうえでも、アジアの文明体系についてこれまでの認識を再検討することが不可欠であると考えています。私なども二十歳から三十歳にかけ、主としてヨーロッパの文化・思想史を研究してきた者ですから、長年にわたって西欧中心の文明観・歴史観に呪縛されてきたわけで、今日は自分自身が持っていた問題性をえぐるという視点に立って、お話しすることになります。

《近代・西欧・文明》西欧中心史観の定立

ひるがえって考えますと、日本のマルクス主義の中に刻印されてきた西欧中心史観はぬぐいようもなく根深いものであります。それを根底から見直して、西欧市民社会を価値規準とした歴史観を根本から見直してみることが必要ではないか、そう考えます。

お配りしたレジュメに沿って進めたいと思うのですが、この通りに詳しく話しますと、とても与えられた時間内で終わらないでしょうし、優に二、三冊分の本が書ける分量になるでしょう。したがって、全面的にフォローできかねますので、今日は骨組みのところだけお話しします。

明治維新以来の日本人は、――とりわけ、知識人は――福沢諭吉以来、一貫して〈脱亜入欧〉をめざしてきました。それはたんに科学技術や社会改革や教育政策のレベルでそうであったばかりでなく、価値的に追求すべき理念的モデルとして設定された目標でした。

明治初期に、福沢諭吉がこのことを唱えたとき、彼は世界史の現状を次のように捉えていました。すなわち、世界を〈野蛮（未開）―半開―文明〉という、三つの段階に分けました。「文明」というのは欧米の諸国であり、「半開」は中国やインドなどのアジア諸国、「未開」はアフリカや中南米、そしてアジアの周辺諸国を指していました。そして、歴史は、未開↓半開↓文明という発展段階をたどると考えたわけです。

さらに、福沢は、これまでの日本は古代いらい中国文化圏の一員として、中国の文明を理想的モデルとして後追いしてきたが、欧米の文化がアジアまで進出してきた今日では、そのような「半開の文明」国である中国や朝鮮からは学ぶべきものがなくなった、彼らはもはやわれわれにとっては「悪友」にすぎないのであって、これからは彼らとの交友を断って西欧文明こそが模範とされるべきだと主張したのです。

それいらい、自由民権派にせよ、明治政権の中枢を握った国権派にせよ、これまで依拠してきた中国文明を中心としたアジアの文明体系をもはやモデルとしない〈脱亜〉路線においては、戦略的に一致していたのであります。そして、近代西欧文明を追走するという至上命題の下に、日清・日露戦争から第一次世界大戦を経て、第二次世界大戦に至るまで、ひたすらアジアに政治的・経済的版図を広げ、同時に、文化・教育・技術の面で欧米文明を追っかけていったのであります。こういう形で、アジアの一角に、〈欧化されたアジア〉をつくり出し、文化帝国主義とでもいうべき侵略的膨張路線をひた走りに走っていったのであります。明治以来の日本の知識人の思考パターンは、このような〈脱亜入欧〉路線の上で形成されてきました。もちろんすべての知識人がそのような路線に乗っかったのではありません。たとえば夏目漱石や永井荷風などの、欧米まで洋行してその世界をよく知っている文学者たちは、〝欧化された日本〟の実態に深い疑問をいだいていました。

そういう問題はここで詳しく取り上げられませんが、明治中期からわが国の思想界に導入されたマルクス主義もまた、大まかにいって〈脱亜入欧〉をめざすイデオロギーの一つとして受けいれられたといえます。それ以後の日本マルクス主義は、〈遅れたアジア〉という認識を基調において、日本の現状を「封建的」ないし「半封建的」要素がかなり濃厚に残っている半開の段階をまだ脱しきれない社会であると規定してきました。そして、日本における前近代的要素の一掃を前提において、社会主義へというコースを構想していました。

この革命コースには、一つの媒介項＝中間的段階が措定されていました。それはいうまでもなく、資本主義化された欧米型市民社会であります。すなわち、遅れた封建的アジアから社会主義を展望する場合、いったんは欧米的市民社会に離陸《テイクオフ》しなければならないという戦略構想であります。

戦前の日本マルクス主義の革命論争については、〝講座派〟と〝労農派〟の論争が有名であります。

周知のように、講座派マルクス主義は二段階戦略でした。すなわち、社会主義革命はいったんはブルジョア民主主義段階を経過しなければならないと規定していました。これに対して、労農派は、一足跳びに社会主義に移行すべきであり、残存している封建的諸要素はこの過程で一掃されるべき性質のものであると説いていました。それでも西欧型ブルジョア民主主義を、社会主義を実現するための前提的な獲得目標にしていました。したがって、大筋においては、両者とも、資本制市民社会の形成を社会主義へ移行する場合の不可欠の前提というか、それが可能になる社会的基盤であるとみなしていた点においては共通していました。

このように見てきますと、唯物史観で日本社会を構造的に捉え、革命の諸条件を分析していたマルクス主義においても、西欧型市民社会を当面のモデルとすることで、結果的には〈脱亜入欧〉路線にとりこまれていたといえます。そして、アジア的なるものの評価においては、これを「前近代的な文明」「封建的遺制」としてすべて切り捨てました。もちろん、君主制をそのように位置づけることには異論はないわけですが、アジアの各地に自生していた古くからの独自の文明体系を、西欧社会のそれと比較しながら、それぞれの歴史的段階においてことこまかく見ていくという問題関心はまったく視野に入っていなかったといえます。しかも「奴隷制」あるいは「封建制」というコトバが、未開、あるいは半開とほぼ同義のものとして使用されました。つまり、西欧社会にあらわれた奴隷制や封建制をそのまま横滑りさせて、アジア社会の構造的分析の一つのキィ概念として用いたのであります。そこにまず大きな問題がひそんでいました。

『ドイツ・イデオロギー』から『共産党宣言』に至る「初期マルクス」の論稿をみますと、よく知られているようにマルクスの考え方はヨーロッパの近代産業文明を軸に据え、そこにおける生産力と生産関係の矛盾の成熟を突破口にして、プロレタリア革命を起こすというものでした。

生産諸力と生産諸関係の矛盾は、生産の社会性と領有の私性との矛盾としてあらわれてくる。この矛盾の体現者として生み出された工業プロレタリアートは、この矛盾を解消するためにまず国家権力を奪いその権力を通じて私的所有制を廃棄して社会主義社会をつくりあげていく——このような方程式は、なによりもまずイギリスを中心とした高度に発達した工業国において現実化する。そしてこのような形で発生するプロレタリア革命こそが、世界革命への起爆力だと考えていました。

したがって、機械制大工場制がまだ存在せず近代的プロレタリアートが未形成であるアジア諸国においては、世界革命の起爆力がいまだに形成されず、その前提条件すら整っていないという考え方が、一八四〇年代から五〇年段階にかけてのマルクスのアジア認識でありました。

つまり、大ざっぱにいえば、「西欧社会」は、歴史の発展法則にそくしたプラスの価値を体現した一つの理念型として設定されました。それに対して「アジア社会」は、人類史の進歩にとってもはやマイナスの価値しかもたぬ遅れた社会であるとして固定化されたのであります。さきに述べた〈脱亜入欧〉イデオロギーは、このような考え方を忠実に投影していたわけであります。

マルクスの「インド観」のゆがみ

この段階のマルクスの考え方の基調にあったのは、《生産力の発展と社会的交通の普遍化》というテーゼでした。いわば、革命の基本的条件として、西欧の産業社会を中心とした「資本の文明化作用」の世界史的浸透という視座を設定したのであります。

簡単にいってしまえば、資本主義的生産力の発展が、必然的に〈資本の墓掘人〉たるプロレタリアートを量的に拡大再生産してゆく。そして、かれらは、しだいに資本主義の矛盾を感知して世界革命の駆動力に成長してゆく。かれらプロレタリアートは、「資本の文明化作用」による普遍化によって、プロレタリアート相互の世界的連鎖を形成しうるのだというわけです。したがって、《生産力の発展と社会的交通の普遍化》というテーゼは、世界革命を構想するうえで不可欠の前提条件とされたわけです。

このように、西洋近代文明の発展こそ、生産力の発展と社会的交通の広がりを準備する唯一最大の条件であって、これを基礎にしてはじめて、プロレタリアートによる世界革命を展望することができる――『共産党宣言』段階のマルクスは、ほぼ、このような思想をいだいておりました。

もちろん、非西欧社会における民族解放闘争がまったく眼中になかったわけではなく、それなりに深い関心をいだいていましたが、「プロレタリアートのブルジョアジーに対する勝利は、同時に、全被抑圧民族解放の合図でもある」とみていたわけです。そして、「すべての国のうちで、イギリスこそは、プロレタリアートとブルジョアジーの対立がもっとも進んだ国である。だから、イギリスのプロレタリアートのイギリスのブルジョアジーに対する勝利は、全被抑圧者の、その抑圧者に対する勝利にとって決定的である。だからアイルランドはアイルランドで解放されるのではなく、イギリスで解放されるのである」と説いていたのであります（『マルクス＝エンゲルス全集』第四巻、四三〇頁、大月書店）。

ところが、マルクスのこのような構想は、一八四八年にヨーロッパを襲った革命の嵐の中で必ずしも有効性を持ちえないことが次第にわかってまいりました。

さきほど述べたような単純明快な革命路線では、とてもコトが成就しないことが現実問題としてもはっきりしてきたわけです。そこで、マルクスは、革命構想の一時的な挫折という現実をかみしめながら、経済学の本格的な研究に入ります。これがマルクスの一八五〇年代の主要な仕事でした。世界資本主義の発展をもう一度根本から捉え直そうとするのが、いわゆる「中期マルクス」の仕事であります。その仕事の重要な結晶が『経済学批判要綱』でした。

このノートには、『共産党宣言』時代の思想フレームを必死にのりこえようとするマルクスの理論的苦闘がひそめられています。一八五〇年代というこの時期は、マルクスが生活的にも非常に困窮していたときであって『ニューヨーク・デイリー・トリビューン』紙をはじめとするいくつかの新聞に、アルバイト原稿などを書いて生活していた時代であります。

この時期、マルクスがヨーロッパ以外の地域で、深い関心を寄せていたのは、インドとアイルランドであります。そして、いくつかの重要な論文を書いております。ここでは、そのすべてについて、詳細に論ずることはできませんがよく知られているインド論としては次のような論文があります。一つは、全集九巻に収録されている『イギリスのインド支配』であり、もう一つは『イギリスのインド支配の将来の結果』であります。これ以外にも、九巻には多くのインドについての論文がありますが、とりわけ、この二つの論文が有名であります。

これらの論文で、マルクスはどのようにインド社会を分析したのか。その概要を紹介しますと、基本的に、マルクスはイギリスによるインドの植民地化を肯定していたと言ってもよいでしょう。

すなわちインドは一度はイギリスの植民地支配によって、古い村落共同体を解体されねばならないと、マルクスは明言しております。例えばマルクスはイギリス帝国主義の侵攻によって植民地とされたインド社会の状態を次のように分析しております。

「なるほどイギリスがヒンドゥスタンに社会革命をひきおこした動機は、もっともいやしい利益だけであり、その利益を達成する仕方もばかげたものであった。しかしそれが問題なのではない。問題は人類がその使命を果たすのに、アジアの社会状態の根本的な革命なしにそれができるのかということである。できないとすれば、イギリスが犯した罪がどんなものであるにせよ、イギリスはこの革命をもたらすことによって、無意識に歴史の動力の役割りを果したのである。」（『マルクス＝エンゲルス全集』第九巻、一二七頁、大月書店）

あるいはまた、次のように述べています。

「……その各成員が古代そのままの形態の文明と伝来の生活手段とを同時に失うのをみることは、人間感情にとって胸いたむものであるにはちがいないけれども、われわれは、インドの牧歌的村落共同体がたとえ無害に見えようとも、それが常に東洋専制政治の強固な基礎となってきたこと、また、それが人間精神の歩みをもっとも狭い範囲に閉じ込めて、人間精神を迷信の無抵抗な道具にし、伝統的な規則の奴隷とし、人間精神からすべての雄大さと歴史的精力を奪ったことを忘れてはならない。」（同一二六頁）

つまり、植民地支配をそのまま肯定するわけではないが、イギリスのインド支配は――イギリスの資本主義の主観的意図にかかわらず――結果としては、インドに社会革命を起こすための桎梏を除去し、その引き金を引いたことになるのだと、マルクスは言うわけです。また、あとの方の論文でも、マルクスは、イギリスはインドで「二重の使命」を果たさねばならないと言っております。すなわち、一つは「破壊の使命」であり、もう一つは「再生の使命」である。

「古いアジア社会を滅ぼすことと、西欧的社会の物質的基礎をアジアにすえることである」（同二一二頁）と断言したのです。イギリスのインド支配の使命は、古いアジア社会を解体することと、近代資本主義の物質的基礎をアジアに据えることだというのです。

また、マルクスはこのようなことも言っております。「インドの社会はまったく歴史を持たない、少くとも人々に知られた歴史を持っていない。われわれがインドの歴史と呼んでいるものは、この抵抗しない、変化しない社会という受動的な基礎の上に、あいつぐ侵略者が帝国をつくりあげた歴史にすぎない」（同二一三頁）——このようなインド像をマルクスは描くわけです。

ところで、インドが歴史を持っていないというのは、まったくマルクスの偏見であります。インドには前三十世紀からのインダス文明があり（もっともこの段階ではまだよく知られていなかったのですが）、ヒンズー社会の宗教的基礎を築いた『ヴェーダ』文献が口伝から文字化されたのは前十世紀ごろであり、『マヌ法典』（カースト制の法制的原典）が作成されたのは前二世紀ごろからであります。当時は、インドの歴史や文化の起源についてはまだ西欧ではあまり研究が進んでいなかったのですが、それにしても「インドが歴史を持っていない」ときめつけたのは、明らかに予断と偏見にもとづいた軽率な発言でした。頭からマルクスはそうきめてかかっていたのでしょう。

マルクス自身は、インドには一度も行っておりません。あとで申しあげますが、マルクスがインド分析で依拠した資料は、東インド会社の本国への報告書、イギリスが派遣した行政官の報告書などであります。したがって、これらの資料の多くは丸ごと植民地主義の産物だったのです。

また、マルクスは、このようにインドを認識しております。

「村が孤立していたのでインドには道路がなく、道路がなかったので、村の孤立は長らく続いた。このような方式で、共同体は、一定の低い生活水準を保って、他の村とほとんど交流もせず、

社会進歩にぜひ必要な欲望や努力もなしに生き長らえてきた。」(同二一五頁)

「よく知られているように、インドの生産力は各種の産物を運搬し交換する手段がまったくないから麻痺している。インドほど、交換手段がないために、自然は豊饒なのに社会的には欠乏しているところはない。」(同二一四頁)

マルクスのこのようなインド認識は、誤解のレベルをこえて、どうせこうなんだろうという予断にもとづいた暴論としか言いようがありません。インドに道路がない、村々がみな孤立しているなどという認識は、たとえば七世紀に中国からインドに旅した玄奘法師の紀行文『大唐西域記』を読んでも、それがデタラメな推測だということがわかります。私が昨年、インドを訪問したときには、前五世紀に釈迦(ブッダ)が旅したという道路を歩きました。インドの都市と都市とを結んだ昔からの道路は、当時のままに残っているとのことでした。インドの都市と都市とを結んだ昔からの道路は、街道沿いに大きな樹木が植えられており(暑さよけのため)、それはすでに紀元前の時代から整備されていたのです。こうしたことは、十三世紀にはるばる中国まで渡ったマルコ・ポーロの紀行文などにも出てくるわけですが、このような文献を無視して軽率な断定を下したマルクスの頭には、よほどインドは遅れたどうしようもない社会だというイメージがこびりついていたとしか考えられません。

つまり、マルクスは入手しえた資料の中から自分の論理に都合の良い箇所しか引用していないわけで、このあたりのことについては、小谷汪之氏の『マルクスとアジア』(青木書店)を参照して下さい。小谷氏はこの本の中で、マルクスが原資料の中のどこを引用し、どこをはぶいたかについて、綿密に考証しております。それによると、マルクスがいかにご都合主義的にインドを論じ、自分の西欧中心主義の理論武装に使ったかがよくわかります。

ところで、わが国でも早くから、マルクスのアジア認識の歪みについて指摘していた研究者がいました。福田徳三［経済学者、一八七四～一九三〇年］の「唯物史観、経済史出立点再吟味」という論文（一九二八年）がそれであります。福田は、コミンテルン—共産党系の学者ではなかったので、マルクス的呪縛にとらわれていなかったので書けたのでしょうが、そのかわりに、日本マルクス学界では長らく黙殺されてきました。

ヘーゲルの「インド論」の継承

マルクスのアジア認識は、けっきょくアジア社会というものを、《停滞性・退嬰性・不変性》において捉えていることは明らかであります。ところで、そのようなアジア観は、マルクスが独立で構想したものではなくて、当時の西欧社会におけるいわば共通認識でありました。そういう認識を歴史哲学として体系的に述べたのはヘーゲルで、じつはマルクスも、ヘーゲルの認識を基本的にうけ継いでいるのです。

日本のマルクス学者も最近はマルクスのアジア認識の誤謬について指摘する人が多くなりましたが、それがヘーゲルのアジア論に由来しているとの指摘はまだなされておりません。ヘーゲルの『歴史哲学』は、私は当時では群を抜いた水準に達している書物だと思います。アフリカやアメリカはいうまでもなく、とりわけ、中国とインドについては、多くの頁を割いて詳しく展開しております。もちろん、ヘーゲルも、キリスト教世界を基盤とした西洋近代文明中心史観でアジア社会を分析しているわけです。

しかし、そのヘーゲルはまず、「精神の光と、したがってまた世界史とはアジアに始まった」と正当に指摘しています。そして、「歴史はシナから始めなければならない。なぜなら、シナは歴史の記録が残っているかぎりでの最古の国だからである」と述べ、さらにインドについては次のようにいっています。「それは常に憧憬の国であったが、われわれの目には今もなお夢想の国、魔法の国として写る。」（ヘーゲル『歴史哲学』一七四頁以下、岩波書店）

ご承知のように、人類文明は中国の黄河文明、インドのインダス文明、それに、メソポタミア文明とエジプト文明――この四大文明が人類史のさきがけとなりました。すべて、アジア・オリエント地域であります。歴史は東から始まったのです。ヘーゲルが一種の憧れをもって、人類史のあけぼのアジアを見ていたのも当然のことでしょう。

ところが、ヘーゲルはさきほどの引用のそのすぐあとで次のように言っています。

「……（アジアでは）変化というものは一切なく、いつまでも同一のものが繰り返して現われるという停滞性が、われわれが歴史的なものと呼ぶものに取って代っている。だからシナとインドとは本当の意味ではまだ世界史の圏外にある。両者は世界史の諸契機の前提であり、それらの諸契機の総合からはじめて世界史の生きた進展が生ずるのである。」

「世界史の圏外」にあるインドや中国が、世界史の中に参入するにはどうすればよいか。ヘーゲルはつづけて、

「英国人、というよりもむしろ東インド会社がいまではこの地の支配者となっている。けだし、ヨーロッパ人の配下に立つということはアジアの国々の必然的な運命であって、その点ではシナもいつかは同じ運命に陥いるにちがいない。」

つまり、西洋文明がアジアに浸透し、その結果として、西洋支配下におかれるのは歴史の必然だと

いうのです。

ヘーゲルのアジア論の核心にあるものをまとめてとりだすと、まず中国については次のように指摘しています。

①国家の元首であり宗教の長でもある皇帝の絶対的意志にもとづく専制政治。皇帝の立てる法律が実体であり、個人はただ無反省に没我的にこれを守るだけである。

②血と自然性にもとづく家族の論理が支配的であり、国家においても、〈君・臣〉〈親・子〉という家父長的隷属関係が貫徹している（儒教が支配的倫理となっていることを指している）。

③このように実体（＝専制君主制）に対立する主観性の契機（＝自由への意識）が芽生えてこない国家では、歴史は、永遠に進歩せず停滞したままである。王権の交替につれて首都が移転するので大都市が形成されず、古代の学問・芸術の栄光はもはや地に墜ちている。

インドについても、ヘーゲルは「野蛮で恥知らずの専制政治がのさばっている」として、その元兇はカースト制下のバラモン（僧侶）の支配にあると断言しています。カースト制によって、インドの民衆は「もっとも卑しむべき精神の隷属状態に堕している」とまで言いきっているのです。カースト制がいかにひどい人間差別の社会システムであるかについて、ヘーゲルはかなり詳しく分析しています。マルクスもカースト制にふれてはいますが、ヘーゲルのほうがずっと深く掘り下げています。

このようなアジア認識を下敷にしながら、ヘーゲルはあの有名な「世界史発展の三段階論」をうちだすのです。これは、前述した福沢諭吉の文明への三段階論とも照応するものです。

すなわち、第一の段階は東洋的段階（未開）であり、第二の段階はギリシャ・ローマ的段階（半開）であり、そして第三の段階はキリスト教的・ゲルマン的段階（文明）であります。ヘーゲルは熱烈なプロテスタントでありますからキリスト教的世界を最高の段階に設定し、ゲルマン民族としてゲルマン的世界を最上位においたわけです。

ところで、ヘーゲルの三段階論においては、第一段階は、「一人の者（専制君主）が自由である」状態。第二段階は、「若干の者（貴族階級）が自由」であり、第三段階にいたってはじめて「人間が人間として自由である」状態に達するというのです。つまり、ヘーゲルにあっては、世界史の発展は、「自由の意識の発展」段階に照応するわけです。ここのところはヘーゲルの歴史理論の核心部分であります。

ヘーゲル特有の、弁証法にもとづく世界史発展の三段階論は、マルクスにとどまらず、サンジカリズムの祖であるプルードンやロシアのナロードニキのチェルヌイシェフスキーなどにも深い影響を与えています。つまり、ヘーゲル的歴史観はアジア以外の全ヨーロッパの思想に、何らかの形で影響しているといえます。

このヘーゲルの三段階発展論は、マルクスに受けつがれるのですが、もちろんかなり換骨奪胎されています。マルクスの場合には、この三段階はごく大雑把にいえば、〈封建制に基づく古い共同体〉―〈市民社会〉―〈個人の自由に基づく新しい共同体〉という継起になっています。したがって、そこにはマルクス独自の歴史観による修正がみられますが、三段階論に立っていることにおいては同様です。

ちなみに、マルクスのいう新しい共同体――コミュニズムあるいは、ソシアリズムとして表現されているわけですが――というコトバは明治年間に「共産主義」「社会主義」と訳されました。共産主義では、財産の共有制という思想が前面に出ており、社会主義ではいったいどういう社会をめざすのかよくわからない。そういう点では、これらの訳語は不適当であって、いずれも「共同体主義」あるいは「共同主義」とでも訳すべきでありました。というのは、マルクスが構想した革命は、資本が支配している今日の疎外された物象的世界＝資本制市民社会を変革し、いま一度新しい次元での、プロレタリアートの連帯を核として人間と人間との新しい共同体的結合をとりもどそうとする運動であったからです。

《アジア的生産様式》なるもの

以上見てきたように、マルクスのアジア論はヘーゲルを頂点として当時の西欧社会でほぼ定見として形成されたアジア認識を下敷にしています。そのうえに立って、マルクスは、十八世紀から十九世紀初頭にかけての東インド会社を中心としたイギリス人の現地レポートをもとにインド研究をすすめました。その際、T・S・ラッフルズの『ジャワ史』（一八一七年）、ジェームス・ミル『英領インド史』（一八一八年）、ジョージ・キャンベル『現代インド』（一八五二年）などが参照されました。これらの資料の中で、マルクスが何をどのように読んだかについては、前述の小谷氏の文献学的研究が精緻であります。

インド研究をしているマルクスの問題意識の中心は、西欧の先進諸国とは異質な、アジア固有の生産様式が存在するのではないか、それはいったい何かということでした。

「アジア固有の生産様式」とは、一口で言ってしまえば米作を中心とする農耕社会であり、しかも前近代的な、市民社会以前の古い孤立した村落共同体を基盤としています。米作農耕では大規模な水利体系を必要とします。すなわち、大規模灌漑であります。

ところが、インドにせよ、中国にせよ、「孤立した村落共同体」であり、これらは相互に交通しない「自給自足の小宇宙」であるから、それ独自では大規模灌漑は不可能です。そこで、それを可能ならしめるためには、強力な一元的政治権力としての巨大な専制権力が登場せざるをえない。簡単にまとめて言えば、このようにマルクスは、アジアに固有の生産様式とそれに附随する政治権力の独特の形成過程について指摘したわけです。

さらに、マルクスはアジア的生産様式の特徴として、孤立した村落共同体の形成基盤となっている血縁的・地縁的紐帯をあげています。このような共同体では土地が私的所有の段階になっていないため、血縁的・地縁的な古い共同所有形態がそのまま残存し、私的所有を基礎とするヨーロッパ的な近代的自我・個人的契機が育成されることがない。つまり、諸個人は閉ざされた共同体の一成員として、自立する契機を得られず、その中に埋没せざるをえない、というわけです。

さらに、貢納制と交通の未発達によって自由な商品交換が育たず、それによっても、近代的な諸個人として自立していく道は阻害されている、とマルクスは考えました。

まとめますと、アジア的専制権力が長期間にわたって存在しえた原因として、第一に、大規模灌漑を必要とする自然的要因、第二に孤立した村落共同体という社会的要因、そして第三にイデオロギー的要因であります。このイデオロギー的要因というのは、マックス・ウェーバーが指摘しているのですが、アジアに発達した各地の宗教が土俗信仰と合体して、独特の社会的権能をもって近代化への脱皮を阻害したというのです。

つまり、ある段階にいたれば、宗教が君主権力に接近し、それにとって代わり、あるいはそれと合体して、独特の社会的権力として、肥大化・世襲化・固定化する。インドに前十七世紀ごろに侵攻してきた騎馬民族のアーリア人のバラモン教が、土俗信仰と合体してヒンズー教となり、やがて、その祭祀を司ったバラモンたちがインドの社会的権力を握った道程がその典型であります。日本の天皇制もそれによく似た過程を経て専制的権力として定着しました。その背景にあるいわゆる神道的天皇制イデオロギーに着目せねばなりません。これはアジアの各地で見られるのですが、もともと祭祀を司っていた階層が祭政一致というレベルから宗教が世俗化するにつれて、それがそのまま政治権力に転化してしまうわけです。

インドのヒンズー教の司祭階層であるブラーマン（＝バラモン）が、いわば、膨大な貢納を蓄積して農村における大地主＝領主に転化した例なども、これにあたります。欧米のキリスト教の果たした役割とはまた違った意味で、アジアにおける宗教の世俗的権力への転化が意味する問題を捉えねばならないわけです。その点、マルクスのいわゆる〈アジア的生産様式〉という仮説は、この宗教的権力の内実にメスを入れていない。そういうところからも、多くの問題領域を残しております。

ところが、このようなマルクスの捉え方が間違っていて、そのインド論が、幾多の点で偏見にすぎないことが最近の研究でますます明らかになってきました。前述した以外に、木村雅昭氏の『インド史の社会構造』（創文社）などは、現時点での問題性を鋭く追求しており、国際的水準からみても注目すべき労作です。

小谷氏のマルクス批判が理論的角度からのものであるのに対して、木村氏の批判は実際にインドに滞在しての長期間の史料発掘と現地調査も踏まえているもので、非常に実証的な研究であります。木村氏のマルクス批判を私なりに要約して紹介しますと次のようにいえます。

第一に、マルクスのいうように専制権力としての国家が、大規模灌漑を行なったことは、少くともインドではなかった。そもそも、インドでは大規模水利体系そのものが存在しない。インドでは溜池や井戸などの小規模水利は存在するが、それも村落共同体の農民や地方の小権力＝地主が建設したものである、と木村氏はいくつかの地方を踏査して指摘しています。マルクスのアジア認識の第一の前提条件がまず誤っているというのです。

ちなみに、日本の場合は、大規模灌漑は古代では律令制国家が行なったといわれてきました。日本には農業用の大きな池や堀があります。しかし、それが朝廷が直接命令してその管理下で行なわれたのかどうかは定かではなく、むしろ、大乗仏教的な「作善」の考え方にもとづいて、天台や真言などの鎮護国家的な朝廷とぴったりよりそっていた大寺院ではなく在家の仏教集団——たとえば行基などの在野の聖（ひじり）——の社会的事業の一つとしてなされたものが多いのではないかと考えますが、そのあたりは私も深く研究しているわけではないので結論的な発言はさし控えておきます。

さて、第二に、インドでは土地の私的所有制がずっと発達しなかったというマルクスの指摘ですが、これも文献的にみても誤っていることがすでに立証されています。

紀元前のブッダの創った原始仏教に続く段階での古い文献や、前二世紀からの『マヌ法典』をみても、この時代から土地は私的に占有されていたことが明らかです。村落共同体による共同所有はずっとあとの時代の問題であって、この点でも、マルクスの立論は歴史的事実に反している、と木村氏は詳しいデータにもとづいて指摘されています。

第三に、インドの村落共同体は自足した「小宇宙」的状態にあり、それぞれが相互のコミュニケイションを持たずに孤立していたというマルクスの認識は間違っているという事実です。インドのカースト制の下では、自分の村落外との通婚がふつうでした。

というのも、結婚は御承知のように同じカースト同士（厳密にいえばジャーティ＝サブ・カースト）でないとできません。カーストは大きく分けて、ブラーマン、クシャトリア、ヴァイシャ、シュードラ、それからシュードラから分離したいわゆる不可触民――この五つから成り立つ。

さらにそれぞれのカーストは、合計で約二千五百ものサブ・カーストに分かれています。この厳重な戒律を持つヒンズー教のカースト制の下では、それぞれのサブ・カースト内での結婚しか認められないのですが、小さな村落共同体の中だけで結婚することはほとんど不可能なのです。

私も十回ほどインドを訪れ、その際にいくつかの村落で実地に見聞してきましたが、それぞれの村では、小さなサブ・カーストの場合は構成員はせいぜい数家族です。多くても二〇～三〇家族というケースが多い。したがって、村落をこえて結婚するのがふつうで、そういうチャネルによっても他の村落とのかなりひんぱんな交流があったわけです。

同じように差別されているいわゆる不可触民同士でも、たとえばチャマールという屠畜・皮革・竹細工を専業とするサブ・カーストの間での結婚はあっても、同じ村の芸能賤民のサブ・カーストとは結婚しません。同じことは上層カーストにもいえます。実に複雑な婚姻制度だったわけです。

いうまでもなく、カースト制度は、人間の精神の退廃をもたらし、人間が人間を奴隷にする制度であり、徹底的に弾劾されるべきであります。しかし、そのような厳重な差別制度のもとでも今みましたような広域の通婚圏が形成され、また、村境を越えて分業関係が拡大していく契機が存在しました。なぜなら、ある一定の仕事は特定のサブ・カーストだけが担うことになっているからです。ここでくわしく述べる余裕はありませんが、そのようにして村落共同体の自足的存立を絶えず打ちこわす契機が内部的にもあったわけです。

つまり、カースト制は共同体内のタテの身分序列を固定させましたが、同時に村落をこえたヨコの交流は広げたのです。日本の場合でも、よく近世の農村部落は閉鎖的、自立的でヨコの相互の連関はあまりなかったといわれていますが、事実はそうではありません。交通・情報網もかなり発達していたし、都市へ出る者も多く、旅行する者の数は当時では世界でも有数でありました。江戸時代の被差別部落の婚姻状況を示す資料が残っていますが、たとえば大阪・和泉の南王子村のを見ると、近江や紀州などの被差別部落と不断の交流があったことがわかります。

ちなみに、賤民として身分的に固定化された階層の仕事は日本でも、インドでもよく似ていてほぼ九〇%が同じ仕事ですが、さまざまの古代からの伝統的な手工業や芸能、それに下層の宗教的行事に従事していた層が多かった（詳細は拙著『アジアの聖と賤』、『日本の聖と賤』人文書院参照）。これらの賤民層は、小さな土地をもったり、小作をしたり、いつもは小農として生活している場合が多かったが、もっぱら農業に従事していた農民とは異なって、絶えず村落をこえた交通関係をつくりだしている場合が少くありませんでした。

日本列島の交通網にしても、古代律令制のもとで早くから駅制が施かれ——これは、中国、朝鮮の駅制をまねたものですが——中世・近世では海上交通も陸上の街道もどんどん発展していきました。したがって、一部のマルクス主義者が教条主義的に考えているような、日本も含めて、アジア諸国の村落はすべて相互に閉ざされた、停滞した閉鎖的な古い共同体であったという認識は、まったく論証を欠いたでたらめな断定であります。

さらに、インドでは、イスラム王朝からムガール王朝にひきつがれていきますが、その過程で、政治支配機構として重要な役割りを果たしたのは在地領主＝土侯です。つまり、人民は直接、君主の下に支配されていたのではなく、その中間の土侯の下に従属していたわけです。この土侯が司法、警察、軍隊、徴税という政治権力を一手に掌握していました。マルクスのいうように、専制君主が直接、人民を隷属させていたわけではありません。この点も前記の著作によって詳しく解明されています。

第四に、文明度についての認識ですが、これもヘーゲル・マルクスの認識は偏見にみちています。ムガール王朝というのは、ちょうど日本の江戸時代にあたりますが、この時期には当時の世界史的レベルでもトップに位置する発達した貨幣経済、信用制度、手工業を擁していました。当時の世界市場で注目されていた工業産品としては、綿布、金銀細工、カーペット、象牙細工、さまざまの細工物、香辛料などがあり、造船も非常に進んだ技術をもっていました。げんに、ヨーロッパからインドに出かけていく交易船は、たいそうな利益を稼いでいました。つまりインドの製品を運ぶだけで、尨大な利益をあげられるほど、インドの産品は価値が高かったのです。十七世紀ごろまでは、インドは、世界有数の産業国だったと言っても過言ではありません。

機械制大工場制度が導入された産業革命後は、技術革新を導入せずに依然として伝統的手工業に依拠してきたので西欧との競争力を失いました。また、インド独立を達成したガンジー以来の考え方もあって、大型機械の導入を回避してきたので――急激な機械化は労働力人口を過剰にさせるため――、国際的な競争からとり残されましたが……。しかし、現在でも、統計学や数学などにおいては、世界のトップクラスにあるわけです。

いずれにせよ、インドは伝統的に手工業的な産業においては卓越した歴史をもっていたのです。インドがたんなる原料輸出国に転落し、西欧列強の搾取の恰好の対象となったのは、イギリスの植民地支配以降のことです。マルクスの認識から、どうしてこのような歴史的事実が欠落したのか、あらためて問い直す必要があります。

晩年のマルクスによる修正

このように、マルクスのアジア認識は、いろんな点で誤っていたといわざるをえません。問われるのは、このような認識に立つマルクス・エンゲルスのアジア論を、金科玉条の如く奉ってきたマルクス以後のマルクス主義であります。

一九二〇年代後半から三〇年代初頭にかけて、コミンテルン内で「アジア的生産様式」をめぐって活発な論争が展開されました。しかし、この論争は一九三一年のレニングラードにおける論争を最後として中断され、それ以降の展開はないまま、古代東洋においては、奴隷制が支配的であったという見解がしだいに主流になっていきました。そして、やがて三〇年代末に、スターリンによって、「原始共同体制→奴隷制的体制→封建体制→資本主義体制→社会主義体制」という図式が唯物史観の公式として確立されました。ここにいたって、「アジア的生産様式」論争は完全に抹殺されてしまうのです。

ところで、マルクスは〈アジア的生産様式〉という用語は、たった二回しか使っておらず、それも厳密な内容規定は行なっておりません。基本的出典は次の発言です。

「大づかみにいって、アジア的、古代的、封建的および近代ブルジョア生産様式が経済的社会構成のあいつぐ諸時期として表示されうる……」（『経済学批判』序言）

あとの一回は『資本論』の第一章で、「古代アジア的生産様式」という言葉を使っているだけで、いずれにしても、具体的な内容規定を欠いています。

さらに、わが国では戦後になって紹介された『経済学批判要綱』の中の、「資本主義的生産に先行する諸形態」の章が、この解釈に接近する重要な手がかりとなりました。すなわち、本源的所有と共同体の発展形態を論じたところで、前述したようにマルクスは、①アジア的、②ギリシャ・ローマ的、③ゲルマン的という三つの発展形態を指摘したのです。

この論争は、一九五六年のスターリニズム批判を契機にして再開されました。しかし、せっかくの論争も、マルクスの断片的な発言や、スターリン流の俗流的・進歩史観を実際の歴史に機械的にあてはめようとする傾向から脱却できないままに、あまり生産的な仕事になりませんでした。なによりもまず西欧社会を中心とした一元的な歴史進歩史観を批判する作業が前提的におかれねばならないのに、その点でもきわめて不充分でした。

そして最大の欠陥は、アジア各地の自然・経済・文化・風土の実証的な調査・研究が精密になされねばならないのに、その点での深化が全く見られなかったのですから、論争が不毛に終わったのも当然といえば当然であります。

いうところの〈アジア的生産様式〉とは、マルクスの書物の中に、あるいは観念の片隅に一つのイメージの原基みたいなものとしてのみ存在するのであって、実際の歴史の中に存在するものではありません。

アジアといっても、北はシベリア大陸、東は日本、南はインドネシア、西はトルコ・アラビアにわたる広汎な地域をさします。そこには熱帯もあれば温帯も寒帯もあり、自然的風土も大いに異なります。生活様式からみても、遊牧を主とする民族もおれば米作農耕地域もあります。そこで発生した専制君主制といっても、歴史的にもさまざまなものがあって、とてもひとまとめにくることはできない。

そういうものを〈アジア的〉という形容詞で、一つにひっくくること自体がそもそもムリであります。あえていうならば、その場合の〈アジア的〉とは、西欧からみたところの、〈非西欧的〉なもの、つまり、近代西欧文明からとり残された、「停滞した進歩のない退嬰的社会」というマイナス価値の代名詞として使用されているにすぎないのであります。

ただ、マルクスのために、若干弁護しておきますと、晩年のマルクスは、これらの一連の問題領域に関して、自己反省も含めてかなり突っ込んだ研究に入ろうとしていました。ロシアナロードニキ左派の革命家ザスーリッチの手紙に対するマルクスの返信を読めば、マルクス自身のかつての見解がかなり動揺し、新しい理論的次元へ進出しようと必死に苦闘している様がよく読みとれます。ザスーリッチは、ロシアにおける革命の場合は、古い農村共同体（ミール）を解体し、必ず資本主義的市民社会を経過しなければならないのか、とマルクスに問うたわけです。

これに対してマルクスは回答を寄せるわけですが、その草稿が三つ残っております。実は、マルクスはこの手紙を読む前に、一八七〇年代からモルガンやコバレフスキーなどの人類学的研究や農村共同体論の研究に着手していました。それまでのマルクスはヨーロッパ以外の地域についてはほとんど実地の研究をせず、また、諸外国を訪れる機会もなかったのですが、これらの研究を通じて、アフリカや中南米やジャワの歴史にふれ、人類史においてヨーロッパ的世界を基軸とした以外の多様的な発展がありうることを、ようやく理論的にも感知するようになりました。

ザスーリッチへのマルクスの手紙は、マルクスの動揺ぶりがよくあらわれておりますが、最初に書きかけた手紙の方が三度目に書きかえた手紙よりも、内容的にはよいといえます。その結論は「資本主義的段階を経ずとも、新しい共同体＝社会主義革命に達することが可能だ」というものです。ただ条件をつけておりましてこの条件が問題だと、私は思うのですが——、その条件とは（ロシアの古い共同体が）資本主義的生産様式と同時的に存在していること。あるいは、（古い共同体が）資本主義的生産の活動様式に縛られることなしに、資本主義的生産活動の諸成果を我物とすることができる」というものです。この条件についてどう考えるかが、今後の論争点として残されている大きい問題であります。

この手紙を書いた二年後にマルクスは死ぬわけですが、晩年のマルクスは非ヨーロッパ世界への関心とともに、哲学・宗教・芸術・倫理などいわゆる上部構造における全体的な研究をもっと進めたいと考えていました。このあたりに、マルクスの尽きることのない学問的好奇心が偲ばれますが、それを果たしえないまま終わったマルクスの研究は、結局のところ『資本論』体系を中心とした十九世紀のヨーロッパ世界の解明だけに終わったといえます。これはひとりの人間としては生物学的年齢の限界でもあり、一個人としての能力の限界でもあります。

《脱亜入欧》路線の総決算を

結論になりますが、新しい社会への移行は必ずしも、西洋的近代を経過する必要はないと考えます。私がアフリカやインドを訪れた経験からしても、このことはいえます。アフリカでも、インドでも、たしかに都市は醜悪です。それは、最近の従属学派のテーゼが主張しているように、帝国主義は本国と植民地との間に支配—従属の関係をつくりだすだけでなく、植民地内でも都市と農村の間に、中心（支配）—周辺（従属）の関係をつくりだすものだからです。植民地の周辺（農村）は二重の従属下におかれているのです。そこでの都市はまた、帝国主義本国の文明的・文化的退廃が集中的にしわよせされているわけです。

いわば、近代西欧の生み出した物欲的人間像のもっとも汚辱にみちた存在―関係が、そのまま植民地の部市に転移され、そこでの生活は、そのような汚辱的関係を低いレベルで再生産しなければ生きてゆけないような状態に追い込まれるのです。土着的、伝統的なものの中にあったプラスの要素はガタガタに破壊され、西欧からマイナスのものが強制的に移植されます。そのうえに経済的困窮がかぶさってくるのです。アフリカへ行く日本人の旅行者はせいぜいそういう大都会へ行くだけですので、そこで汚辱的なものをいろいろ見てそのようなものとして、それらの国を固定的に評価して帰ってきます。「ああきたない」「スラムの集積だ」まったく「かなわんところだ」というようにしか、いわゆる第三世界を見ておりません。また、たんなる旅行ではなかなかそれ以上のものを見てとることはできないでしょう。そこだけを見て、インドやアフリカが、「どうしようもないほど遅れている」とか、「醜い、不衛生できたなくてみじめだ」とかいうのですが、なぜそうなったかを問うことなしに、現象面だけで判断するわけです。そのような感性は自らを省りみて根本から問い直される必要があります。

インドでも、アフリカでも、都市化されていない田舎の地方に行くと、まだまだ人間的で美しい共同体が残っております。『ルーツ』というテレビ映画が日本でも上映されました。あそこで描いているアフリカは、奴隷狩りでメタメタにやられる以前のアフリカでしたが、その風景はわれわれがとっくの昔に失った、非常に人間的な風景でした。あの作品は何世紀もの昔にまで遡って研究し、自分たちのもともとの社会を映像として再現したのでした。その風景を「遅れている」とか、「みじめ」としか感知しえない人間は、近代ブルジョア文明の毒にトコトンまで犯されているのです。ムダな消費欲求だけが異常にブクブクと肥大し、際限なき競争原理に包摂されて、他人より一歩でも先をこすことだけにキュウキュウとしている人間と、自然と共生しながら、仲間同士の関係を大切にして相互に助けあって生きてゆく人間と、いずれが「進んで」おり、また人間としての誇らしいあり方であるのでしょうか。

近代西洋文明の最も醜悪な姿の一つが、いまの日本に投影されているといってもよいでしょう。われわれの子どもたちにどんな未来が待ちうけているでしょうか。子どもは社会の鑑だといいますが、このまま推移すればわれわれの社会の未来は、実に殺ばつたるものでしかありません。このような社会を経過しなければ、新しい歴史的段階の新しい共同体の世界に移行できないのでしょうか。

私が行った範囲ですが、アジアにはわれわれの知らない所がたくさんあります。そこでは、人間は〈自然・内・存在〉としての枠をはみ出ることなく暮らしています。もちろん、そこへもたえず「資本の文明化作用」は浸透しつつあります。資本の毒は、もうほとんど完全に地球全体にまわりきっております。しかし、それにしても、われわれの文明はあまりにも乱開発、自然の生態系を無視するところが多すぎます。

人間は本源的に〈自然・内・存在〉としての動物の一員であるにもかかわらず、「万物の霊長」だといって他の生物の犠牲によって、無意味に自分たちだけの生を追求しようとしている。いまにこの地球上には、人間だけが生き残るべきかのような倒錯した「科学」だけが発達するでしょう。はたして、そんなことが本当のヒューマニズムなのでしょうか。そんなヒューマニズムは、あまりにも自分勝手な人間中心主義にしかすぎません。人間は地球上の一五〇万種の生物の中の、一つの種にすぎないのであって、それらとの共同的な生のつながりの中ではじめて生きられることをもっと自覚すべきです。

生産力と社会的交通の無限の広がりの中で、われわれは逆に、多くのものを失ってしまいました。ロボットとコンピューターと一部の特権エリートに支配され、動かされている、そのような生産力とはいったい何であるのか。それは人間の生にとって、どういう意味があるのか。何のために人間はたえず「便利さ」を追求しなければならないのか。

私が、ここで短絡的に、新しい文明体系はこうあるべきだと提起することはできません。できませんが、私がここで強調したいことは、人類史の発展のプロセスはけっしてヨーロッパ型の体系が唯一のものではないということです。非ヨーロッパの文明も含めて、単系でない複線の文明体系の共存の中から、次の歴史的段階を画する新しい文明体系が発展してくるのではないかということです。

今日のような人類史の大きい転換期にさいして、どうしても必要なのは、新しい自然観・人間観にもとづいて、これまでの〝未開から文明へ〟という単線的な発展史観を再検討することであります。多元的な文化の系のもとでの、これまでの《知》の体系の根本的な変革が必要です。とくに東アジアの一国としての日本には、独自の文化的伝統をもったアジア文明体系の全面的なとらえ直しという思想的責務があるように思われます。

明治維新後の近代化の過程では、〈脱亜入欧〉路線によってアジア文明体系が価値的にも否定されてきました。しかし、西洋近代文明への疑義がいろんな意味で声高にいわれている今日、西洋文明との対比のもとでアジアの文明系をもう一度根本から見直す必要があると思います。そこから何を汲みとることができるか。具体的にはさきほどのべた『アジアの聖と賤』の中のインド論でその問題にふれておりますので参照していただきたい。

ここ数年、インド、中国、東南アジアの各国を——とくにその底辺の社会を——毎年のように歩いて、いよいよその感を深くしています。そこには、人間の生き様についていろいろ考えさせられる問題が山積しています。西欧社会の一員のような恰好をしてきた日本こそ、自分が歩んできた〈脱亜入欧〉路線の総決算を、思想史的にも文化史的にも、世界に提出する責任があるのではないでしょうか。

Ⅲ　天皇制

第一章　神聖天皇劇と民衆――明治維新の舞台裏――

はじめに

一八六八年の明治維新から、一九九〇年の今日まで、ちょうど百二十二年が経過している。その百余年間に、東洋の〝半開〟の一国にすぎなかった日本は、幾多の紆余曲折《うよきょくせつ》を経ながら、ついに世界屈指のハイテク経済大国にのしあがった。

あの第二次大戦の、屍臭《ししゅう》の漂う硝煙もたくみに吸い取り、廃墟と化した焼跡も目に見えぬように巧妙に地均《じなら》しして、再び世界列強の仲間入りを果たしたのである。その百余年の過程は、〈近代化〉というような、恰好《かっこう》良いコトバでは言いつくすことのできぬ、世界史でも類を見ぬ世紀の大実験の連続であった。その世紀の大実験の中でも、その最《さい》たるものが、明治維新の有司専制グループによる神聖天皇制の復権、いわゆる〈王政復古〉であった。そしてそれに続く天皇制ナショナリズムの構築と、その軍隊による帝国主義的アジア侵略であった。この小論は、その世紀の大ドラマの舞台裏についての私なりのスケッチである。

さて、近世末期に至って、この日本列島も、〈近代・西欧・文明〉の巨大な波に洗われだした。そして、明治維新からの日本は、それまでの東アジア文明系から、西欧文明系に一挙に乗り移ることによって、大きい転換をなしとげた。アジアの辺境に位置していた日本が、西欧からの〈資本の文明化作用〉をもろに受け始めたとき、何がどのように変わっていったのか。滔々《とうとう》たる西欧文明の流入を前にして、民衆の風習・民俗・信仰・意識は、どのように変貌していったのか。

古層にあった東アジア文明系の上に、怒濤《どとう》のように西欧文明系の諸要素が、新層として雪崩《なだれ》込んできたのだ。そして、古層と新層との間で起こった文化摩擦は、稀にみる大きい熱量を発散し、多くの民衆をたじろがせた。この過程は、世界史的にみても注目すべき文化変動であり、社会変革としても世紀の実験であった。

それ以来、国家としての日本は、世界史にもあまり例を見ない急速な発展をとげた。それまでの日本は、長崎と対馬という窓口を残して、海外との交流を自分で閉ざしてきた極東の一小国であった。だが、開国に踏みきるや否や、半世紀を経ずして、たちまちアジア最強の資本主義国にのし上がった。その資本主義的発展の内容も、方法も、速さも、過去に類例を見ない特異なものであった。

もちろん、私は資本主義発展の一般法則から大きくはずれてしまったという意味で、日本資本主義生成の特異性を強調しているのではない。当時の日本の支配権力が、限定された社会的基盤と主体的条件のもとで、じつに巧妙に、独自の近代化のコースを選択したというほどの意味である。コースを選ぶ実権を持っていたのは、明治維新後の国家権力を握った少数の有司専制グループであった。民衆自身は、気がついてみたら、そのレールの上にうまく乗せられており、列車はその軌道をひたすら驀《ばく》進《しん》していたのであった。

それでは、「文明開化」「富国強兵」というスローガンに代表されるその発展の特異性とは、一体どのようなものであったか、とりあえず、おおづかみに言っておけば、次のようにまとめられるだろう。①植民地化の意図をもってアジアに入ってきた西洋列強の圧力に対抗しつつ、国家権力の一元化に成功し、上からの資本主義化を短期間に強行的になしとげたこと。②近代化の過程で、天皇制をはじめとする伝統的な残存物の再生利用を最大限に有効に行ない、それを国権的統治システムの中にたくみにはめこんだこと。③その新政治体制形成の初発から、アジアの諸国に対して、軍事力を背景とした帝国主義的発展の志向性をはっきりと示していたこと。④国家目標をいちはやく提示し、天皇制のもとでの海外侵略型ナショナリズム思想の形成によって、民衆の価値観の上からの組織化に成功したこと。

帝国主義の牙をむきだしにした欧米列強は、十八世紀に入るや虎視《こし》眈々《たんたん》と東アジアにおける市場を狙っていた。このような〈資本の文明化作用〉に否応なしに直面させられた日本が、選択しうる道はたしかに限定されていた。他のアジア諸国のように植民地化の危機に陥らぬためには、急いで国家体制の中央集権的一元化を果たして、上からの資本主義化を促進していくより手がないと当時の支配権力は判断したのであった。

明治維新の前夜

明治の新政府は、近世の胎内で主として民間レベルで自生しつつあった新しい文化形成への若芽を含めて、江戸時代の民衆文化や技術を、維新にふさわしくない古いものとして切り捨てようとした。そして外国産の文明体系を急いで移植したのである。長い時間をかけて草の根の民衆が日本の風土の中でつくりだしてきたさまざまの文化習俗や伝統的技能を、そこには正と負の両要素が混在していたにもかかわらず、〈近代化〉の名のもとに一掃しようとしたのである。

十九世紀はじめの文化文政段階を頂点として、下から広汎に自生しつつあった民衆文化をどう評価するかという問題は、今後の日本論を考えるうえでも、きわめて重要な課題として残るであろう。維新後の新政府にしても、近世内部で培われてきた文化的基盤がなければ、とうていあのように急激な近代化はなしえなかったのである。

一万五千を超えると推定されている都市・農村レベルでの寺子屋の発展、ベストセラーは数千冊を超えるほどの書籍の普及、江戸で五百、京・大坂でそれぞれ三百をこえる貸本屋、西洋近代絵画に大きい衝撃をあたえた浮世絵の発展、民衆意識の中に浸透していた実学奨励《しょうれい》・技術振興《しんこう》の気風、西洋には見られぬ庶民レベルでの旅行の普及と郵便制度に代表される情報流通のすばやさ――これらの数字を挙げてみても、識字率、文化の普及度は、当時の西欧の民衆の水準を抜いていたことが最近の研究で明らかにされつつある。政治権力に関与せぬ民衆が文化を担っていたという点では、十九世紀においてて世界第一級の水準にあったといっても過言ではなかったのである。

例えば、土地所有と雇用形態に大きい問題はあったとしても、家族労働力を主体とした技術レベルの高い集約農業。太陽・風・水・森林といった自然の巧妙なフローに依存し、最大限に地方の地理的特色を生かしたソフト・エネルギー・パスの開発。各地方の特産品にみられる伝統的技術を生かしたマニュファクチュア工業の発展……。

それになによりも特徴的なのは、近世文化を代表する歌舞伎・人形浄瑠璃にみられるように、それらが西欧の宮廷文化とは全く反対に、中世以来の賤民文化の系譜を引くものであったことだろう。河原者とさげすまれながら、度重なる幕藩権力の弾圧にもかかわらず、世界の芸能史に残る独自の芸術様式を民衆みずからの手で創造していったのであった。しかもその内容も、例えば紺屋の職人出の四世鶴屋南北に代表されるように、パロディーの中に支配体制批判の尖鋭な目がひそみ、登場する人間像も、旧来の儒教的倫理や封建的類型をはみでた新しい庶民的個性が造型されていたのであった。

もちろん、ここにあげたような正の要素ばかりだったわけではない。近世身分制にみられるような苛酷な差別と抑圧の体系など、除去さるべき負の要素も多かったことはたしかである。しかし、西洋文明をモデルとしてひたすら近代化路線を追求した明治新政府は、これらの、まさに日本の土壌そのものから自生してきた伝統的文化の系譜をここで断絶し、一挙に西洋流に衣更《ころもが》えしようとしたのだ。そしてそれ以降は、民衆自身の手による新しい文化創造の根を断ち切る方向で、国家による上からの文化管理と技術導入が新しい文明モデル創出の基軸に据えられていったのである。そのような身ぐるみの総衣裳替えの中でも、天皇制の全面的な復権とそれにともなう神道国教化政策だけは全く別であった。

明治維新は、未成熟な要素を多く残していたとしても、基本的には近世幕藩体制を廃し、新しい資本主義的な社会関係の確立を目ざした近代化革命であった。しからば、なぜ、新政府の権力を握った国権派が、本来ならば封建的遺制として廃止されるべき王制の再生強化を意図したのであろうか。フランス革命に典型的に見られるように、王制は近代化革命にさいしてはその障害物として打倒の対象となるべきものであった。ところが、その逆に、その天皇制を国家秩序のカナメとして残したにとどまらず、それにかつてない強大な政治的、軍事的権力と財産をあたえた。それどころか、アマテラスオオミカミ以来の神聖な皇統を継ぐ万世一系の王として、国民統合の価値的シンボルの中軸に据えたのである。

明治体制の初期段階では、民衆の眼からすれば、新生日本国家の進むべき方向は、まだはっきりしていなかった。奔流のように進んでゆく近代化の過程を、漠然とした不安感と危機意識でもって、ただ見守っているだけであった。国民の半数がまだ充分に字を読めず、新聞・雑誌を購入する経済的余裕もなく、不確かな伝聞的情報に頼るしかないという状態であった。大衆の思想も、どの方向に流れてゆくか、まだわからない状態であった。

尊皇論とナショナリズム

新しい社会の形成にさいして、もっとも重要な課題は、国民統合の理念をどのように設定するか、いかなる国家目標を掲げるか、またそれに向かってどのように大衆を馴致《じゅんち》してゆくか——言いかえれば、上からの新しい文明モデルの創出、国家規模での広汎な〈同意の大系〉の組織という課題である。これこそが、国権派のかかえていた最大の難問であった。すなわち、維新の諸改革を強行しつつあった新政府は、まず旧幕府勢力の社会的影響力を一掃し、新たな国家的理念=体制イデオロギーを打ち出して、国民大衆を思想的、道徳的にも統治していかねばならなかった。

その場合、その統治理念は、どのような社会思想といかなるイデオロギー体系に依拠すべきか——これは新政府権力にとっても、なかなかの難問であった。幕藩体制の支配的イデオロギーであった儒教倫理、あるいはまた、民衆の中に深く浸透してはいたが腐敗の極に達していた仏教思想に依拠して、新しい国民統合の理念を打ち出すことはとうてい不可能であった。むしろ旧幕藩権力の支柱となっていた仏教教団の権力をそぎ落とすことが、当面の急務であった。

さりとて、西欧の近代民主主義と一体となっているプロテスタンティズムや、ローマ教会の世界的ヒエラルヒーを背後にもっているカトリシズムを積極的に受け入れていくことは、いろんな点で危険であった。上からの中央集権的な政府権力の創出を意図していた新政府の構想からしても、とうてい容認できない路線であった。キリシタン禁制を解けば、すでに三百年前にその先例を見たように、民衆のあいだに急速に浸透していくだろう。しかし、そのような西洋風道徳倫理の流行は好ましくないと政府は判断したのである。

そして、民権派の主張するように、近代市民社会の編成原理である社会契約論的な民主主義思想をもち込むことは、国権派の支配体制を維持するためにはとうてい認められないことであった。

そこで選択されたのが、国家神道を再確立し、政教一致の天皇制によって国民教化を強行していくコースであった。新政府部内での尊王攘夷派の主導のもとに、一八六七年の〈王制復古〉の大号令の直後からその路線が実行に移された。神祇官・太政官制を復活し、古神道の姿に復元すべく神仏分離の令を発した。新帝即位後は、この神道国教政策はさらに強化された。近代社格制のもとに行政による神社の掌握が徹底すると、〝宗門人別帳〟にかわって〝神社氏子制度〟による近代的戸籍の編成をもくろんだ。一八七二（明治五）年には神祇省を廃止して教部省を設け、その教導職に対して、「敬神愛国」「天理人道」「皇上奉戴・朝旨遵守」の三ヶ条の教憲を国民教化の原則として提示した。

このようにして、幕府打倒のための対抗理念としてもちだされていた〝尊皇論〟をそのままいただき、それを新たなナショナリズム生成の核に据える路線がとられた。天皇を家長とし臣民を赤子《せきし》とする〈家〉の原理に、文明開化という衣裳を着せ、それを統治体系の基軸におこうと考えたのである。

水戸学を中心とした尊皇論は、『記』『紀』神話を歴史的事実として認め、万世一系の天皇制をいただく日本の国体を「万邦無比《ばんぽうむひ》」のものとしてその優越性を説いていた。そして、皇祖神アマテラス以来の血統を保持した天皇こそ、この豊葦原中国《とよあしはらのなかつくに》を統《す》べるべき君主であると主張した。この尊皇論は、幕府打倒に決起した一部の武士の間では広がりつつあったが、権力闘争の埒外《らちがい》におかれていた一般民衆の社会意識の中までは浸透していなかった。

ところが、西欧列強による軍事的侵略の危機がはっきり見えてくるにつれて、攘夷論が急速に高まっていった。西欧の勢力のみならずその思想や文物の上陸を阻止して日本を守ろうという攘夷の主張は、しだいに尊皇論と結びついていった。そして、その危機に十分に対応することのできぬ幕府にとってかわる、強力な国家権力が必要であるという認識がしだいに広がっていったのである。それは新しい国家意識の形成という方向に動き、いわゆる「尊皇攘夷」派として急速に組織されていった。

開国維新の過程で、蒙昧《もうまい》で時代遅れのイデオロギーであった攘夷論は、しだいにその影響を失っていったが、尊皇論は生き残った。つまり、アヘン戦争(一八四〇~四二年)の衝撃をきっかけとして、しだいに広まっていったナショナリズム意識が、他に有力な対抗理念がないままに、そのまま尊皇論に横滑りしていったのである。そして急転直下、〈王政復古〉という形で明治新国家が誕生すると、尊皇論がたくみに換骨奪胎されて新国家の中枢理念としてよみがえったのである。

神聖天皇の復活劇

明治天皇(一八五二~一九一二年)は十六歳で即位したが、その晩年には大帝と呼ばれるようになった。外に向かっては日清戦役・日露戦役・韓国併合と帝国主義的膨脹をなしとげ、内にあっては日の神アマテラスオオミカミの皇統をひく〝聖なる王〟として国民統合のシンボルとなり、ついに大帝と呼ばれるようになったのである。その在位期間四十五年——この短い期間で、アジア最大の強国、「万邦無比の国体」を自称する大日本帝国の大帝となった。

たしかに明治天皇は、王個人の英雄的カリスマ性と、「神武創業以来」の皇統という世襲的カリスマ性を見事にドッキングさせて〈大帝〉と呼ばれるようになった。

カリスマ（charisma）とは、神から授けられた呪術的な霊力、あるいはそのような異常な霊力《マナ》を身におびた超自然的存在のことである。そして世襲的カリスマ性とは、そのような超自然的霊力がずっと受け継がれて、世俗とは隔絶された至高かつ神聖なモノとして存在していることをいう。

ヤマト王権は、改めていうまでもなくこの列島の先住民族を制圧して君臨した征服王に外ならなかったが、支配下の民衆に対しては、自らが皇祖霊を受け継ぎそれを祀る祭祀王として登場していたのである。血にまみれた国土奪取と悲惨な先住民族征服の記録は、民衆の目から隠されていた。先住民族抑圧の歴史は、『記』『紀』においては、神代篇の「天孫降臨」神話、「神武東征」神話として巧みに粉飾されていたが、この近代化革命のさなかに再び恭々《うやうや》しく語り出されたのであった。

カリスマ的支配の大きい特徴は、そのような神聖な王権の持つ霊力に対して、支配されている民衆が情緒的に帰依し、あたかも神に服するかのように心服するところにある。そのためには、外からこの国土にやってきて武力でもって王座に着いた征服王であるという歴史的事実は、どこまでも隠蔽《いんぺい》しておかねばならなかった。

もちろん、そのようにして世襲的カリスマ性をずっと持続していくことはなかなかむずかしい。そのためには、いろいろの道具立て、パフォーマンスが必要である。すなわち、先にみたような天孫降臨神話の創出、それをうらづけるための神秘的儀礼やカリスマを象徴するシンボル（三種の神器）、さまざまの禁忌《タブー》——そういったもので麗々しく王権の実体を粉飾していかねばならない。

　このようにして古代国家における天皇は、聖なる皇孫《すめみま》として君臨したのであるが、〈王政復古〉にさいして、再び神話にもとづく儀礼やパフォーマンスを大々的に再構築していかねばならなかった。

　そのようなカリスマ性を継承するためには、皇祖以来の霊力《マナ》を身につけること、すなわち、死んだ旧帝から即位する新帝への《天皇霊》の転移がもっとも重要な儀式となる。そういうモノモノしい儀礼のもとで、新帝がタカミクラに鎮座してオオミタカラに新たに皇統を継いだ天皇であることを宣言するのだ。代替りごとにそういう儀式を行なわないと、民衆の前に顕示《けんじ》されるべきカリスマ性はしだいに失墜してしまうのだ。戦前の「登極令」でいえば、践祚の儀、即位の礼、大嘗祭、改元——以上の四つである。なかでも天孫降臨神話に出てくる眞床覆衾《まとこおうふすま》によって天皇霊の転移がたしかめられる秘儀である大嘗祭が、もっとも重要な皇位継承儀礼となる。これを執り行なえなかった新帝は、古くから〝半帝〟であるとみなされたのである。

　明治天皇は、一八六八年八月に即位式を行なう。そのさい地球儀を紫宸殿の高御座の前におき、天皇が王座を離れて日本国の部分に三度沓《くつ》をあてた。誰が考案したのか知らぬが、新時代にふさわしい秘儀として演出したのであろう。そして大嘗祭は、一八七一年十一月に挙行された。明治天皇は、かくして古式にのっとって、天皇霊＝神威を身に帯びて維新の舞台に登場してきた。そして、黒船以来の「神国受難」の苦しい時代をなんとか乗りきることに成功した。

　かくしてこの天皇は、「万邦無比の国体」を全世界に宣揚した《現人神《あらひと》》として崇《あが》められるようになり、ついに大帝と称せられるようになった。このような大帝の突然の出現、その手による「大日本帝国」の形成が、アジア史上のみならず、世界史上でもあまり例を見ない歴史的大ドラマであり、世紀の大芝居であったことはたしかであろう。神聖天皇の復古劇は、かくして当初の予想をこえた大成功裡にその第一幕を閉じたのであった。

「王政復古」と「文明開化」の二刀流使い

だが、歴史の表層を一皮剝《は》げば、この大ドラマ、大芝居の楽屋裏がすぐ見えてくる、改めて言うまでもなく、日本だけではなくアジア各地の多くの民衆の膏血《こうけつ》を絞り、その汗と血の上で明治天皇紀の四十五年にわたる大ドラマが演じられたのである。

ところで、世紀のビック・イベントであったこの一大《天皇劇》の製作者は、一体だれであったのか。一口で言えば、この大芝居のプロデューサーは、「有司専制」と呼ばれた薩長藩閥を中心に、明治新政府の実権を掌握した一にぎりのグループであった。そして、この大ドラマの憲法制定前後からの総監督《ディレクター》が、伊藤博文（一八四一〜一九〇九年）であったことはだれでも知っている。

だが、その舞台のカゲには、いろんな道具立てによってこの大芝居を進行させた本当の演出者がひとりいたのである。それは、だれであったか。すなわち、伊藤の指揮下で動いた実際の舞台監督、それは井上毅《こわし》（一八四四〜九五年）であった。

井上は熊本藩士の出で、一八七〇年に大学南校中舎長となり、七二〜七三年にフランスに留学して司法制度を学んだ。当時としては西洋事情にもよく通じている数少ない研究者肌の官僚であったが、同時にまた漢籍や日本の歴史・古俗にも詳しかった。頭の乾涸《ひから》びた旧尊皇派とは違って、西洋社会に通じた開明派であり、同時に中国律令制の思想的基礎を築いた韓非子の統治術を規範と考える能吏であった。法制局長官、枢密院書記官長、枢密顧問官を歴任して、大転形期の新政府の実質上の舵《かじ》取りとなった。

オモテでは古代律令国家の新版と見まがうような神聖天皇劇を進行させながら、そのウラ側では着々と「文明開化」「富国強兵」という近代化路線を推進しえたのは、彼の采配によることが大きかった。明治十四年の政変ではカゲで参謀として大活躍し、憲法制定にさいしては立案起草のリーダーとなった。そして、「大日本帝国ハ万世一系ノ天皇之ヲ統治ス」（第一条）、「天皇ハ神聖ニシテ侵スヘカラス」（第三条）といった近代民主主義に逆行する憲法を、民権派の発言を封じ込めて抜打《ぬきう》ち的に制定してしまった。

井上毅の二刀流使いとでもいえる懸命の演出によって、はじめてこの世紀の大芝居が進行しえたのである。（『大日本帝国憲法』、『皇室典範』の実質的起草者は井上毅である。その国民的啓蒙版であり実践的道徳書ともいうべき『教育勅語』も、元田永孚《ながざね》と井上の合作であるが、元田の儒教的君主論を抑えて実際に主導したのは井上であった。）井上は、新国家の統治体系として律令的皇統観念を基軸とする国家神道体系を構築し、そのもとで〈脱亜入欧〉という独特の近代化路線を構想したのだ。緊迫する極東情勢をにらみつつ、新しい政策を次々と積極的に打ち出していった。

新しい政策とは何か。地租改正など一連の経済政策による上からの強行的な資本主義化、学校制度を整備し近代的労働力を確保していくこと、徴兵令によって軍事力をたくわえ、きたるべき海外進出にそなえること、等々であった。

このような両面作戦を巧みに主導したのが伊藤博文・井上毅のラインであった。ゴチゴチの尊皇派では、とうていこのような戦略構想のもとでの大芝居を打つことはできない。つまり、明治維新の当初は、《現人神》を上にいただく国家の統治形態と、急速な近代化を計ろうとするその国家政策の内容とは、一見したところ相容《あいい》れないほど矛盾していたのだ。しかし、そのことは、新政府首脳もよく承知していた。その真の狙いは、あとでみるように天皇の神威を借りて、当然噴き出てくるであろう反政府運動を未然に叩き潰し新路線を強行するところにあった。その決め手として用いたのが「不敬罪」「大逆罪」という刑法規定であった。「天皇ハ神聖ニシテ侵スヘカラス」という時代錯誤的な憲法条項が、この刑法を支える決め手として第三条におかれたのはそのためである。

一口に言えば、近代化の社会的過程で、天皇制という伝統的な統治システムの活性化、つまり、その再生利用を最大限に有効に行ない、新生天皇を国民統合のシンボルとして新しい国権的統治システムの中にはめこんだのであった。

江戸時代では、多くの民衆は天皇の名を知らなかった。その時の将軍や有名大名の名は知っていただろうが、現存の天皇が何天皇であるかを知っていたのはせいぜい地元の京都であって、ダイリ（内裏）が何者であるかを知っていた民衆はごく少数であろう。

一にぎりの上層身分や公儀《こうぎ》とかかわりのある特別の職能を持つ者を除いては、一般民衆は、天皇とはなんのかかわりもなかった。辺境の地に住む人びとは、天皇の名はもちろん、その存在すら知らなかったであろう。営々と働きなんとか生き抜いていかねばならぬ下積みの民衆にとって、天皇の存在は必要事でもなければ必然事でもなかった。天皇を〝有難き神様〟として崇《あが》めねばならぬ根拠は、なにひとつなかったのだ。

ましてやアマテラスオオミカミ、ニニギノミコト、ジンムといってみたところで、民衆にはなんの因縁《いんねん》も所縁《ゆかり》もなかった。江戸時代の「伊勢まいり」にしても、農業神である外宮のトヨウケノカミに手をあわせることはしても、内宮のアマテラスオオミカミ、その御神体である八咫鏡《やたのかがみ》を拝まねばならぬ理由はどこにもなかったのだ。そもそも室町時代まで、一般庶民は伊勢神宮に詣でることすら禁じられていたのである。

この「伊勢まいり」は、民衆のホンネのところでは上方めぐりをかねた一生一代の大旅行であった。その最大の楽しみは、伊勢古市の遊廓での大散財と芝居見物であった。伊勢まいりの宣伝のために全国を走り回ってオルグした伊勢の御師《おし》たちにしても、いちおうは神道という宗教的な外衣をまとってはいたが、その実態は、今流にいえば観光業《ツーリズム》の草分けであった。伊勢信仰にしてもそのような実態であったから、アマテラスオオミカミの皇統を霊験あらたかな有難き神様と仰ぐというような慣習は、民衆の間にはなかった。

天皇は、江戸時代ではダイリ（内裏）、キンリ（禁裏）と呼ばれたが、外向けにはミカド（帝）と呼ぶこともあった。明治維新後でも、皇上・皇帝・聖上・至尊・主上などさまざまで、民衆向けには天子・天子様という用語がおもに用いられた。さまざまの呼称が混用されたということは、新政府の実権を握った有司専制グループにしても、最初の間は新しい王権の性格について、はっきりしたイメージを持っていなかったことを物語っている。

討幕派の志士たちが、天皇を《玉》という陰語で呼んだことはよく知られている。木戸孝允より品川弥二郎あての書簡では、次のようにはっきり玉と書いている。「甘《うま》く玉を我方へ抱き候御儀、千載《せんざい》の一大事にて、自然万々一も彼手に奪れ候ては、たとへいか様の覚悟仕候とも、現場の処、四方志士壮士の心も乱れ、芝居大崩れと相成……」（慶応三年十月二十二日）。玉は「ギョク」とも「タマ」とも読める。「ギョク」は、邪悪を払う霊力、生成の呪具《じゅぐ》として用いられた光沢の美しい石である。「タマ」は、術策の手段、計略の道具をあらわす俗語である。この両方の意味を含んで天皇を《玉》と呼んだのであろう。それにしても、「芝居大崩れ」という表現が興味深い。《玉》としての天皇をいかにうまく担《かつ》ぎこなしていくかが、この大芝居の成功の秘訣であると考えていたのだ。もちろんこの場合の「こなす」は、「自分の思うようにうまくあつかう」ということである。

天皇という呼称が確立していくのは、一八八〇年代に入ってからである。元田永孚の『国憲大綱』(一八八〇年)がそれを示唆し、『帝国憲法』によって、「大日本帝国ハ万世一系ノ天皇之ヲ統治ス」と、正式に天皇という呼称が定められた。

この『帝国憲法』と『皇室典範』の規定(一八八九年)によって、《王政復古》の大号令が目ざしたものがようやく実現したのである。その間、約二十二年が経過した。自由民権運動をはじめとするさまざまの反政府運動があったが、一八八〇年に公布した刑法ではじめて不敬罪を法文化し、天皇の神権についての批判を禁じたのが大きい決め手になった。

近世における西洋人の天皇観

戦国時代から江戸時代にかけて、西洋からはじめて外国人がやってきた。戦国時代はおもにカトリック系の司祭たちであったが、鎖国以後はプロテスタントであるオランダ系がとってかわった。彼らの多くが興味深い紀行文や報告書を残している。彼らのレポートは、いま読んでみても当時の〝異人〟の日本論としてきわめて興味深い。さまざまの日本論がみられるが、彼らにとってもよくわからなかったのが天皇の存在である。天皇なるものは、まことに不可解な存在に見えたようだ。

十七世紀に来日したドイツ人医師E・ケンペルの『日本誌』にみられるように、彼らのほとんどは日本には二人の元首がいると考えている。すなわち、徳川将軍を世俗的皇帝、天皇《ミカド》を宗教的皇帝としてとらえている。しかし、すべての実権は将軍にあって、実質上の「日本国王」は将軍であるというのが彼らの共通認識であった。

生身《なまみ》の人間である天皇が、宗教的に神聖な存在であるということは、西洋の合理主義や一神教のキリスト教思想では、どうにも理解できぬものであったようだ。アマテラスオオミカミ以来の皇統であるがゆえに〝聖なる王〟なのだと教えられても、彼らには珍紛漢紛《ちんぷんかんぷん》であったろう。

日本人の説明するところでは、天皇が君臨する正当性の根拠は、ただアマテラス・ジンム直系の、血統の至高性にあるだけである。それ以外には、その神性な宗教性を具体的に実証する属性はなにもないのだ。そもそも天皇は身分制を超越しているところの、証明可能の論理に先立つところの、生得的《アプリオリ》な聖性の保有者であり、生き神様とみなされているのである。

こういう理屈が近代の西洋人に通じるわけはない。西洋では王権神授説はすでに消えつつあり、すべての国王は自らの武力でその国土を簒奪《さんだつ》した征服王であった。王権もまたそれを自認していた。その強大な軍事支配力によって、身分制の上に君臨していたのである。ところが日本では、神聖な王権の由来がまず「天孫降臨」神話から説明される。彼らは面食《めんくら》ったであろうが、ともかく、極東の小国ジパングからの情報として、その神話をかなり忠実に紹介している。

彼らは、客観的かつ冷静に天皇の存在を観察している。一五七九年から一六〇三年まで、三たび来日し合計で七年ほど在日したイエズス会司祭A・ヴァリニャーノは、その日本巡察報告書で、次のように内裏《だいり》、つまり天皇について言及している。

「内裏は諸領主や武将に位階を与えるので、表面では、領主はもとより公方《くぼう》（＝将軍）でさえも内裏に敬意を表しているが、実際には服従もせず、援助も俸禄も与えず、ただ公方、あるいは公方に代わって天下――日本国――を統治する者が僅少のものを彼に給するのみであり、内裏はある意味ではこの実力者に従属していると言える。」(『日本巡察記』松田毅一訳、東洋文庫版)

それからおよそ二百年後、江戸時代も後期に入ってくると、西洋人の天皇観も、その分析の目が鋭くなってくる。一八二〇年から二九年まで、九年も長崎に滞在したオランダ商館の下級職員F・O・フィッセルの天皇についての観察は深い。彼は将軍の権力と比較しつつ、次のように天皇の神聖性の実体を分析する。

「ミカドの宮廷は主として公方《クボー》から支出される費用によって賄《まかな》われている。この公方からの支出は非常にけちなもので、ある位の高い内裏の役人が、もし何らかの使節として派遣される際に、その人に対して衣類やまたはそれに類する品物が贈られることがあれば、それは大へんな幸運とされたものである。内裏《ダイリ》は、どんな人でも、収入、品位、または生まれに応じて、神聖なものの数に加え、あるいはまたその人にある宗教的地位を与えてその名を永く伝える権限を持っている。ミカドはこの権限をしばしば行使するが、それに対して返礼として高価な贈物が贈られるので、それはミカドの収入の一部分をなしている。しかしこの特別の栄典にはまずもって公方の助言または承認が必要で、それなしでは与えられない。公方はミカドの行動の全般にわたり、またあらゆる点について監視する。また内裏の城内に将軍の軍隊を駐留させている。この軍隊は危急のミカドを護衛するための親衛兵のごときものとされているが、実は、ミカドの神聖なる人格をいついかなる時でも自由に支配しようとする意図によるものなのである」。

この考察は鋭い。このあたりの叙述は日本人の友人から聞いた話ではなく、彼自身の考えにもとづいているのだろう。幕府はミカドの「神聖な人格」を心底から信仰しているのではなく、「いついかなる時でも自由に支配しようとしている」と喝破《かっぱ》している。そして、ただ国民統治のために便宜上ミカドを存続させているにすぎないと、次のように結論している。

「この措置から考えて、政府はこのミカドという神聖な人格を必ずしも信頼しているわけではなく、また主として人民は国家および社会に忠実に奉仕せねばならないという原理に基づいている古い神道の教えの支柱としておくために、ミカドを単に存続させておくものと推測せねばならぬように思われる。その他の点についても、内裏の権力は本来きわめて小さいものである。したがって、ミカド、すなわち内裏という語句の翻訳としてこれまで与えられてきた宗教的皇帝という称号は、きわめて不適当なものである」(『日本風俗備考』I、庄司三男・沼田次郎訳、東洋文庫)。

シーボルトの日本民族源流論

一八二三年から二九年まで滞在し、例のシーボルト事件で日本御構《おかまい》(入国禁止)となって長崎を去ったF・V・シーボルトは、禁止令が解けて一八五九年に再来日し、一八六二年まで滞往する。足かけ九年は滞在したので、もっともよく日本を見た外国人と言える。彼は日本に関する西洋人としては最初の体系的な研究書を著《あらわ》して、さまざまの角度から日本の歴史、社会、文化、民俗をリアルに捉えようと努力した。

彼の畢生《ひっせい》の大作『日本』を読むと、アマテラスオオノカミ(ママ)やジンムなどについても難解な古書を学んでいたことがわかる。おそらく必死に勉強したのだろう。その勉強したところを、そのままかなり忠実に記録している。

外国人でもこれほど知っていたのだから、当時の日本人がみなこれほどの知識はあったのだろうと即断してはならない。なぜなら、シーボルトが親しく接触し日本事情を学んだ日本人は、当時としてはきわめて限られた文人・武士の知識層であったからだ。そして居住区も長崎居留地に限定されて、下層の社会に住む庶民とは自由につきあうことはできなかったのであるから、「草の根」の民の声は彼にはあまりとどいていないのだ。

医学者・博物学者でありながら、人類学・民俗学にも造詣が深かったシーボルトは、日本人の民族的起源についても深い関心を抱いていた。彼は日本列島に最初の王朝をたてた神武天皇が実在したかどうか、実在したとしたらどこからやってきたのかと考えたのだろうが、あまり深く突っ込むこともなく天孫降臨神話を紹介しているだけである。

数年間の滞日では、日本古代史の深層まで分析の手がまわらなかったのは当然であろう。彼の本意は日本民族形成史研究にあるのであって、彼の古代史記述を深読みしてはならない。その江戸への参府紀行を読んでも、天皇の存在についてきわめて冷淡で、ほとんどページを割いていない。京都に寄ったさいの記述も簡単で、やはり人心がもはや天皇にはないことをいちはやく見抜いていたのだろう。

ところが、江戸の将軍については、それに十数倍する関心を示している。

やはり特筆しておかねばならないのは、彼の日本民族形成史論であろう。彼は、日本人の祖先は、①大陸からやってきた中国人なのか、②同じモンゴロイドである韃靼《だったん》人なのか、③それとも多くのアジア人種の混合によって形成された複合民族なのか――この三通りを考えていた。彼なりにいろいろ考え調査したが、とうとう明確な結論を得ないままに日本を去っていった。だが、①ではなくて、たぶん③であろうという見通しだけはたてていたようである。

彼がもっとも深い関心を抱いたのは、北辺に住むアイヌの民であった。彼は日本考古学の先駆者である木内石亭（一七二四～一八〇八年）の石器研究からいろいろ学んだ。木内は、おもに奥州から出土した石鏃や石斧を千点以上も集めて丹念に比較研究し、それらの出土品の年代を、七、八千年前であると推定していた。そして、それを使用したのは王化に浴さない〝化外の民〟として差別され賤視されていた蝦夷《えみし》であるとみた。蝦夷がアイヌとどうかかわるのかは木内にとっては解明困難な課題であったが、このことは日本列島の先住民、つまり原日本人はだれであるかを考える上で重要な問題提起であった。

この話をうけてシーボルトは、アイヌこそ縄文時代からの先住民ではないかと考えた。アイス民族が日本民族生成史の重要なカギを握るとみたのであるが、それはまさしく正しい洞察であった。こういう科学的な話になると、「天孫降臨」神話の類はミエミエの虚構であることがはっきりわかってくる。今日の自然人類学の到達水準からみても、このようなアイヌ先住民説は画期的な新知見であり、それは明治以降の日本の人類学研究にとって大きい刺激となった。（この項については、「日本人の起源について」『日本』第六巻所収、雄松堂版を参照。なお一言付言しておくと、今日では、アイヌは縄文時代からこの列島に住んでいた古モンゴロイド系の末裔であり、この列島に住んだ原日本人の子孫とみなすべきだという見解が、自然人類学者の多数意見である。例えば、埴原和郎篇『日本人はどこからきたか』一九八四年、小学館。同篇『日本人の起源』一九八四年、朝日新聞社などを参照されたい。）

「君臣ノ大義」を説く人民告諭書

このような有様であったから、幕末の頃の四千万民衆の多くは天皇の存在を知らなかった。下々《しもじも》の民衆で、内裏《だいり》の存在を知っていたのは、せいぜい京・大坂を中心とした畿内の住民であろう。その存在を知っていても、それを自分にひきつけて意識したことはなかったといえよう。

ところが、明治維新の大動乱のさなかに、天から降ったか地から湧いたか、突如として《天子様》が民衆の前に現れたのである。下々の地下《じげ》にとっては、殿上人の動きは雲の上の出来事であった。その事情もよくのみこめないままに、天子様の存在を告げる新政府の「人民告諭書」なるものが各地で出されたのだ。今でも各地に残されているこの告諭書は、社会思想史の視点からみてもきわめて興味深いものだ。これを書いた官側も、いかにしてこの歴史的大転換期を乗りきっていくかと苦渋している様がはっきりとみてとれる。

この「人民告諭書」は、新政府が、天皇支配の正統性を説いていちはやく天皇像を人民に浸透させるために各府・藩・県に出させたものである。その最初の告諭は、一八六八（明治元）年十月に出された『京都府下人民告諭大意』であるが、それをモデルにして行政官は翌年二月に全国的に普及させる措置をとった。その中で次のように述べている。

「開闢《カイビャク》以来動《ユル》ギナキ皇統、開闢以来カハラザル下民ノ血統ナレバ、上下ノ恩義弥《イヨイヨ》厚ク益《マスマス》深シ。是即《コレスナワチ》万国ニ勝《スグ》レシ風儀ニテ、天孫立置《タテオキ》給フ御教、君臣ノ大義ト申モ此事ナリ。外国度々カワル君臣ニテモ、此大義ハ重キ事ニ言伝タリ。況斯迄《マシテカクマデ》久シキ御恩沢、飽《アク》マデ報ヒ奉ル志ナクテハ叶《カナ》フベカラズ。斯《カク》申セバ一銭ノ御救ニ預《アヅカ》リシ事モナク、一点ノ御厄介《ヤッカイ》ニ成《ナリ》シ事モナク、我働《ワガハタラキ》ニテ我世ヲ渡リ、更ニ御国恩ヲ蒙《コウム》リタル覚《オボエ》ナシト思フ者モアランカナレドモ、ソレハ大ナル心得違《ココロエチガイ》ニテ、諺ニ云、挑燈《チョウチン》カリシ恩ハ知レドモ月日ノ照シ給フ恩ハシラヌ、トイフニ同ジ。御国恩ハ広大ニシテ極《キワマ》リナシ。能々《ヨクヨク》考へ見ヨ。天孫闢《ヒラ》キ給フ国ナレバ、此国ニアルトアラユル物、悉《コトゴト》ク天子様ノ物ニアラザルハナシ。生レ落レバ天子様ノ水ニテ洗ヒ上ラレ、死スレバ天子様ノ土地ニ葬ラレ、食フ米モ衣《キ》ル衣類モ笠モ杖モ、皆天子様ノ御土地ニ出来タル物ニテ、尚《ナオ》世渡リノナシ易《ヤス》キヤウニト、通用金銭造ラセラレ、儲《モウク》ル金モ遣《ツカ》フ銭モ、尽《コトゴト》ク天子様ノ御制度ニテ用弁叶《カナ》フナリ。」

(『法令全書』一八六九年二月三日)

なぜ、まず京都府から人民告諭を出させたのか。もちろん、京都には御所があって、ダイリの存在はみな知っているはずだから、なんとか受けいれられるだろうというヨミがあったのだろう。

さて、この文を冒頭からみてみよう。まず開闢とは、「天地の開けはじめ」の意である。この世の始まりから「動ギナキ皇統」があり、他方では「カハラザル下民ノ血統」があるというのだ。〈皇統〉と〈下民ノ血統〉――こういう対置をなんの論証もなしに頭において、それを「万国ニ勝レシ風儀」というのである。あまりにもフザけているではないか。

この文で興味深いのは、「国恩ヲ蒙《コウム》リタル覚ナシ」「一銭ノ御救ニ預《アヅカ》リシ事モナク」「一点ノ御厄介《ヤッカイ》ニ成《ナリ》シ事モナク」という文脈にみられるように、人民の側からの反発をあらかじめ予想していることである。皇統の御恩恵をおしつけがましく説教してみても、「我働《ワガハタラキ》ニテ我世ヲ渡リ、更ニ御国恩ヲ蒙リタル覚ナシ」と人民の多くが反論することをちゃんと計算していたのである。

そういう反論を予想して、自分の働きでこの世を生きてきたと思うのは、「大《オオイ》ナル心得違ニテ……御国恩ハ広大ニシテ極《キワマ》リナシ」と説教してみせるのだ。人民にとっては迷惑千万な話だ。なんの根拠もなしに、手前勝手な理屈を並べて天子様という《現人神》の出現を説くのだから、殿上人のことはあずかり知らぬ下々の民にとっては、まさに鳩が豆鉄砲を食ったようなものだ。米も衣類も笠も杖も「皆天使様ノ御土地ニ出来タル物ニテ」、お前たちが世渡りしやすいように「金銭」も造られたというのである。そして、その御恩に「報《ムク》ヒ奉《タテマツ》ル志」を持てと勝手にのたまうのである。まったく無茶苦茶な話である。

ところで翌年に各地方で一斉に出された告諭書を読むと、冒頭の部分に次のような一節が入っている揚合が多い。「動《ユル》ギナキ皇統」という文句だけでは不十分であると考えたのであろう。

「天子様ハ、天照皇大神宮様ノ御子孫様ニテ、此世ノ始ヨリ日本ノ主ニマシマシ、神様ノ御位正一位ナド国々ニアルモ、ミナ天子様ヨリ御ユルシ被《アソバ》レ遊《サレ》候ワケニテ、誠ニ神サマヨリ尊ク、一尺ノ地一人ノ民モ、ミナ天子様ノモノニテ、日本国ノ父母ニマシセバ……」(『奥羽人民告諭』『法令全書』一八六九年二月二十日)

これは奥羽で戊辰戦争が終わった直後に出されたものであるが、この動乱期に農民一揆が激発するのにさいして、天皇の「御慈悲」を説いてなんとか鎮静させようとしたのである。このあとのくだりで、「会津ノ如キ賊魁《ゾッカイ》スラ命ヲ助ケタマウ」ほどの寛大な叡慮《えいりょ》を天皇は示しているのに、「百姓ドモ何ノ弁別モナク彼是《カレコレ》騒動イタシ……」ときびしくたしなめている。そして「蝦夷《エゾ》松前ノハテマデモ御撫恤《ブジュツ》」行きとどくようにと「日夜叡慮ヲ労セラレ」ているとおしつけがましく説教する。こうなると、これはもうほとんどおどかしである。

それから四年後、廃藩置県のあとで出された告諭類はもうすこし丁寧になっている、新潟県の戸長に対する告諭書では、今上皇帝が比類なき皇統の継承者であることをもったいぶって説明する。頭ごなしに天孫のかたじけなさを説いても、人民に通ぜぬことがわかったので、いくらか論法を変えたのであろう。

「今上皇帝、御諱ハ睦仁、宝算二十歳ニ坐《マシマ》シ、希世ノ聖明ニ渡ラセラル。抑《ソモソモ》天祖国常立ノ尊《クニノトコタチミコト》初テ統ヲ建テ玉モ、天孫瓊々杵尊《ニニギノミコト》日向国高千穂峰ニ天降リ坐シテヨリ百二十四代、神武天皇御即位紀元ヨリ二千五百三十三年ノ久《ヒサシ》キ、万国ニ比類ナキ皇統ナリ。然《シカリ》ト雖ドモ、数千年ノ間、世ニ汚隆ナキ能ハズ。今ヲ距ル七百年計《バカ》リ、源頼朝覇府ヲ鎌倉ニ開キ、政権永ク武門ニ移リシヲ、皇帝陛下ノ御宇ニ当リ王政復古シ、恐多クモ、日々太政官ニ臨幸マシ〳〵、政事ニ宸襟《シンキン》ヲ悩マシ、万機御裁定ノ上、之ヲ天下ニ布キ、以テ衆庶ヲ文明ニ導キ、職業ヲ励マサシメ、又地方ノ官ヲ置レ、猶《ナオ》懇諭訓誡ヲ加ヒ、速ニ御趣意ニ基カシメント欲セラルヽナリ。」(『新潟県史』資料編14)

このようになんらの論証もなしに、天子様は「希世の聖明」と断言するのだから、ずいぶん無茶なだ。よほど民衆を愚弄《ぐろう》してかかっていたのだろう。

新政府は、「告諭書」の線に沿って、〝聖なる天子〟イメージをあまねく浸透させるために着々と手を打った。そもそも一八六八年一月の〈王政復古〉は、「神武創業」の偉業ぶりをふりかえり、古代天皇王政への復帰を理念として「祭政一致」の新時代の建設を目ざすことを謳《うた》っていた。その基本路線に則って、一八六九(明治二)年八月二十六日に天長節を制定布告、翌日に即位大礼式、九月八日には「明治」と改元、同時に一世一元を永制として布告したのである。

新政府としては、古代の律令王政を模して、新たな統治体系を創り出すことが急務であった。もちろん、千年以上も前の律令国家をそのまま再現することはありえない。〈王政復古〉の大号令が出された三カ月後の「五箇条の誓文」では、公議興論の尊重、人材登用、広く知識を世界に求めるなど、のちの「文明開化」の基本路線をいちはやく内外に明らかにしていたのである。

欧米では君主制の廃止が着々と現実化し、ラディカルな共和制を要求する革命的動きが全般化しつつある時に、古色蒼然たる「天皇神権」論や「尊皇」論を丸裸で出してみても、西洋列強の物笑いになることは目に見えている。天皇をあるじとし臣民を赤子とする一君万民の思想は、儒教倫理にもとづく家父長制支配原理にそのまますっぽりとおさまる。それを新たなナショナリズム形成の核におくことは可能であるが、ただそれだけを国民統合の理念とするのでは、西洋列強の外圧に対抗する新しい思想を構築したことにはならない。そこで考え出されたのが、「文明開化」「富国強兵」「殖産興業」という一連のキャッチフレーズである。

かくして、この東洋の小さな国家は、《世界に冠たる神国》という古びた錦の御旗をふりかざし、《文明開化》という金銀刺繍の新しい衣裳を身にまとって、まっしぐらに走り出したのだ。

第二章　われわれにとって天皇とは何であったか——昭和天皇の終焉——

皇国史観復権の動き

波瀾万丈《はらんばんじょう》であった昭和天皇の終焉《しゅうえん》をむかえた。一つの時代が終わり、新しい時代がはじまろうとしている。もちろん、天皇の代替わり、新元号の制定で、歴史の流れが変わるわけではない。しかし、これからは、いわゆる昭和史が歴史の過去に算入されていくのである。

そのような転換期にあって、私たちは今こそ、《われわれにとって天皇とは何か》《何のために天皇が存在するのか》《日本史の中で天皇制はどういう役割を果たしてきたか》——このような根本問題をあらためて問い直していかねばならない。

だが、政府は、「国民の総意にもとづく」と規定された象徴天皇そのものの存否を問うこともなく、皇室の私事である皇位継承儀礼を国事行為として執り行おうとしている。民間でも、反天皇の動きを抑制し封殺しようとする不穏なムードが流れていた。すなわち、侵略と抑圧の歴史であった昭和史の真実を隠蔽《いんぺい》した天皇制賛美の一方的報道、「大喪《たいそう》」「諒闇《りょうあん》」の強制的押しつけ、践祚《せんそ》にまつわる神道儀式の国事行為化など、〈政教分離の原則〉を無視した違憲的行動が続出しているのである。

四十余年にわたるこの戦後民主主義社会において、まさに異常ともいうべき不穏で不気味なムードが醸《かも》し出されていた。それはまず、天皇の病状についてのマスコミの過剰報道、自粛の暗黙の強制からはじまった。それを煽《あお》った一部の新聞人の思想責任は重い。日本マスコミ史の消しえない疵《きず》として記録されるだろう。そして、長崎市長の天皇の戦争責任についての発言にたいする脅迫的干渉にみられるように、天皇の神聖性への批判をいっさい認めないという戦時中のファシズムに似た情況が一部で出てきていた。

昨年来、かつての皇国史観の復権を目ざしている一部のジャーナリスト・官僚・学者は、「象徴天皇制を考える会」の名によって、新帝の即位儀礼は「国民統合の象徴を新たに戴《いただ》く儀式」なのだから、堂々として国事行為として行えと、腰がフラついている政府にハッパをかけてきた。これらの儀式はけっして「皇室の私事・信仰的行事」ではなく全国民で祝福すべき伝統的儀礼であり、これを執り行わないと「皇室と国民の不幸になる」と、支離滅裂《しりめつれつ》な論理を手前勝手に展開しながら、声高に喚《わめ》いてきたのである（「皇位継承儀式　これでいいのか」グループ執筆・象徴天皇を考える会『文藝春秋』一九八八年十一月号）。

その主張は、簡単にまとめれば三点にしぼられる。

第一は、政府の計画した「大喪の礼」が、明治・大正両天皇のそれと比べて、あまりにも見劣《みおと》りしていて、これではまるで「薄葬《はくそう》」（葬儀の規模が小さく貧弱なこと）だと政府を非難攻撃する。

第二は、皇位のシンボルであるいわゆる三種の神器を新帝が承《う》ける儀式（＝剣璽《けんじ》渡御の儀）についてである。政府は一応国事行為とみなしているが、その根拠は、皇室経済法第七条「皇位とともに伝わるべき由緒ある物は、皇位とともに、皇嗣がこれを受ける」にあるとしている。つまり、政府は、剣と玉を皇室の文化財としてしか考えておらず、尊厳きわまりない三種の神器の継承儀礼を、たんに事ではないか、私事ではないかと、反天皇制勢力に追及されるのを怖れて」いるのだろうと批判する。

第三は、新帝擁立《ようりつ》にさいしての最重要儀式である「大嘗祭《だいじょうさい》」をやらないでいいのか、やるとすればどこでどういう形でやるのか、という先制攻撃である。

「大喪がきちんとした原則で行われないとなると、大嘗祭をけじめとする即位の礼がないがしろにされるおそれが十分あります。大嘗祭は、これをあげない天皇を〈半帝〉といって一人前扱いをしない——というほど皇室にとって大事な行為ですが、先述のように現皇室典範には、はっきりした規定が書かれていません。」

たしかに敗戦後、『大日本帝国憲法』は廃止され、新憲法制定とともに『皇室典範』も改正され、すべての皇室令は廃止された。

そして旧皇室典範の、

第一〇条　〈天皇崩ずるときは皇嗣即ち《ただ》に践祚し祖宗の神器を承く〉

第一一条　〈即位の礼及大嘗祭は京都に於てこれを行ふ〉

という箇条は、現皇室典範では、

第四条　〈天皇が崩じたときは、皇嗣が、直ちに即位する〉

第二四条　〈皇位の継承があったときは、即位の礼を行う〉

第二五条　〈天皇が崩じたときは、大喪の礼を行う〉

としか規定されていない。つまり、「祖宗の神器」である三種の神器を継承する剣璽渡御の儀と大嘗祭は完全に消えてしまっている。皇位のシンボル三種の神器の継承儀礼と、天皇霊が新帝に乗り移る重要な即位儀礼である大嘗祭――この二つが、なくなっているが、これを昔通りに復活せよというのである。

そういう新皇国史観派の煽りをうけて、政府や文化人の一部でも、きたるべき大嘗祭を国民全体の祝祭として大々的に行えという声が、天皇の死後、すぐさま表面に出てきたのである。

天皇の神聖性を規定した明治憲法

戦前では、天皇・天皇制について批判的に論じることはいっさい禁じられていた。天皇制を否定する反国家的言動はいうまでもなく、天皇の神格を疑う論文を発表しただけで刑法上の犯罪となった。万世一系の天皇をいただく日本の国柄《くにがら》（国家の成り立ちとその基本的性格）や、現人神《あらひとがみ》としての天皇が君臨するありがたき国体《こくたい》（国家の統治形態）を、思想的に論じることそのものがタブーとされていた。

一八八九年に制定された『大日本帝国憲法』では、「大日本帝国ハ万世一系ノ天皇之《コレ》ヲ統治ス」（第一条）、「天皇ハ神聖ニシテ侵《オカ》スヘカラス」（第三条）と定められていた。つまり、天照大神・神武天皇の皇統を受け継ぐ現人神として、その神聖性が憲法によって規定されていたのである。したがって、天皇の聖性を否定するものはただちに憲法違反になるのであって、一九〇七年の改正刑法では、それを根拠として《大逆罪》が定められ、その第七三条では、天皇ならびに皇位継承権のある皇族にたいして「危害ヲ加ヘ又ハ加ヘントシタ者ハ死刑ニ処ス」とされた。天皇制の転覆《てんぷく》を計る実行為だけではなく、それを意図しただけで死罪に処すというのである。しかも大審院（現在の最高裁）で裁かれるだけで、それも原則的に非公開である。世界の近代刑法史でも稀にみる暴虐《ぼうぎゃく》な悪法である。

さらに憲法では、「天皇ハ国ノ元首ニシテ統治権ヲ総攬《ソウラン》シ……」（第四条）、「天皇ハ陸海軍ヲ統帥《トウスイ》ス」（第一一条）とあり、世俗のレベルでも全権力を掌握する元首、国家の軍事権を統率する総指揮官とされたのである。かくして天皇は、〈聖〉と〈俗〉の全域にわたって国家を統御する全能の絶対者として国民に君臨していたのである。

《不敬罪》は、それよりも早く一八八〇（明治十三）年刑法でいちはやく定められていた。国体批判として有名な不敬事件は、一八九一（明治二十四）年の内村鑑三事件である。第一高等中学校での教育勅語奉読式において勅語の宸署《しんしょ》への敬礼を拒否したことで不敬とされ、内村は同校を追われた。その翌年には、東大国史科教授・久米邦武《くにたけ》の筆禍事件が起こった。彼は『神道は祭天の古俗』と題する論文で、三種の神器はもともと祭天の神座を飾るもので「韓土《かんど》にも似たる風俗あり」と、それが中国・朝鮮の祓除祭天の古俗に発するものであると説いた。それが神道家から不敬罪として告発され、政府はこれを転載した『史海』を発禁にし、久米は東大を追われた。

戦前の四つの大逆罪判決のうち、幸徳秋水らの大逆事件と朴烈《ぼくれつ》事件は、拡大解釈によってデッチ上げられた明らかな冤罪《えんざい》であった。この《大逆罪》が朝鮮の植民地化に反対して決起しようとした急進的な先駆者に適用されたことを私たちは忘れてはならない。

《不敬罪》は、明治初期の時代から第二次大戦まで、枚挙《まいきょ》にいとまがないほど乱発され、これによって思想信条の自由と言論の自由が完全に奪われた。このような刑法規定が、明治初期の自由民権運動の高揚、中期以降の社会主義運動の急展開に対応していたことは明らかである。つまり、反国家・反天皇制運動が大きく広がっていくまでに、未然に圧殺することが直接的な狙いであった。

一九〇七（明治四十）年十一月三日、天長節の日にサンフランシスコ日本領事館の壁に『ザ・テロリズム』と題する檄文《げきぶん》がだれかの手によってはりつけられてあった。そこには、明治天皇への公開状として次のように書かれていたのである。

「足下《ソツカ》知ルヤ。足下ノ祖先ナリト称スル神武天皇ハ何物ナルカヲ。日本ノ史学者、彼ヲ神ノ子ナリト雖《イエド》モ……虚構ナリ。自然法ノ許ササル所ナリ。……彼マタ吾人《ゴジン》ト等シク猿類ヨリ進化セル者ニシテ、特別ナル権能を有セサルコト……。」

さらに社会進化論的な自由主義の立場から、人間の自由と人権の平等を説いて、次のように結論する。

「吾人ハ実ニ人《ヒト》タラント欲スル也。故ニ奴隷ノ位置ヲ捨テ、自由ノ位置ヲ得サルヘカラス。（中略）ココニ於テ吾人ハ断言ス。足下ハ吾人ノ敵ナルヲ。自由の敵ナルヲ。……吾人徒《イタズ》ラニ暴ヲ好ムモノニアラス。然《シカ》レ共《ドモ》、暴ヲ以テ圧制スル時ニハ、暴ヲ以テ反抗スヘシ。然リ、吾人ハ最後ノ血滴ヲソソカンマテモ足下ニ反抗シ、現在ノ秩序ニ逆《サカラ》ヒテ反抗スヘシ。」

この小さな公開状は、それだけでは海外からの遠吠《とおぼ》えにすぎなかった。巨大な国家権力に一握りの革命派では、手も足も出せぬというあせりから、この筆者はテロリズムにもいくばくかの思想的共感を持っていたのであろう。もちろん、テロリズム云々《うんぬん》は、実際は鬼面《きめん》人を威《おど》す域を出ないものであることも承知していたであろう。領事館の報告では、ビラを書いたのは在米移民労働者の竹内鉄五郎と小成田恒郎であると推定している。両名はキリスト教系の東北学院の出身であり、その頃渡米した幸徳秋水の思想的影響もあって在米日本人の社会主義運動に参加していたのだ。

このパンフは、「睦仁《むつひと》君足下」と明治天皇を同じ人間として対等の立場から君《くん》呼ばわりしている。これを読んだ当時の若者たちは、おそらくギクリとするような、かつて味わったことのない新鮮な思想的ショックを覚えたであろう。このパンフはかなりの枚数が日本へ送られていたのであった。それを所持していただけで、不敬罪で懲役五年に処せられた岩崎松元の例もある。このパンフは、その内容が社会的に知られることをおそれて官憲がすべて処分してしまったので、なかなか実物が見つからないので幻の文書とされてきた。だが、戦後十余年たって、大逆事件再審請求の新証拠を探しているさいに、栃木県足利郡の製紙業・和田陽三の土蔵から発見された。いずれにしても、人間平等の思想から天皇制を批判し、天皇の神聖性を正面から否定したわが国最初の文章として記憶されるべきであろう。

天孫降臨神話の虚構

天皇が国家の全権を一身にあつめた絶対君主である正当性は、いったいどこにあるのか。何ゆえに現人神なのか。その根拠は、何に求められるのか。そしてその神聖性はいったい何によって保証されているのか。

戦時中の国史や修身では、それはアマテラスオオミカミが皇孫ニニギノミコトに下したいわゆる〈天壌無窮の神勅〉にあると私たちは教えられた。その神勅を承《う》けた至高の血筋であるがゆえに、その皇統を受け継ぐ代々の天皇が日本を統治するというのである。その神勅なるものは、『日本書紀』神代下天孫降臨段の第一の一書に載っている。何回も暗記させられたので、一九二〇年代以前の生まれならば、たぶん今でも覚えているだろう。

「葦原《あしはら》の千五百秋《ちいほあき》の瑞穂《みずほ》の国は、是《これ》、吾《あ》が子孫《うみのこ》の王《きみ》たるべき地《くに》なり、爾皇孫《いましすめみま》、就《い》でまして治《しら》せ。行矣《さきくませ》。宝祚《あまつひつぎ》の隆《さか》えまさむこと、当《まさ》に天壌《あめつち》と窮《きわま》り無けむ。」

この文が、古来天皇支配の正当性の歴史的証文とされてきたのだ。しかしこの文は、旧辞《くじ》をもとにした『古事記』の「此の豊葦原の水穂の国は、汝《いまし》知らさむ国ぞ」という部分の改作であり、天壌無窮云々《うんぬん》は書記編纂者があとで勝手につけ加えたものとみられている。この神勅文は本文には見えず、補説ともいうべき第一の一書にだけ出ていることからも、編者のだれかの造作であることは明らかだ。

皇統連綿・万世一系と自称している天皇史も、書紀をはじめとする朝廷の正史を一皮剝《は》げば、さまざまの造作、虚構、偽証が隠されていることはよく知られている。その実証的史料批判だけで何冊もの本ができるだろう。天皇正統史といっても〈王〉〈大王〉と呼ばれていた時代から、王権の簒奪《さんだつ》をめぐって血で血を洗う確執《かくしつ》・騒乱がくり返されてきたことは今日では高校のテキストにもちゃんと出ている。(もちろん、戦前の教科書では、皇統史をめぐる紛争は、壬申《じんしん》の乱をはじめとしてすべて隠されていた。)

戦前、アマテラス以来の皇統史に実証主義的文献批判で科学的なメスを入れたのは、当時の古代史研究の第一人者・津田左右吉《そうきち》であった。『神代史の研究』『古事記及日本書紀の研究』(いずれも一九二四年)などで神話のウラに隠されている歴史的事実を精力的に追求した。彼はけっして革新派ではなかったのだが、結果的に天孫降臨や神武天皇の実在を否認するなど、神代史に潜むさまざまの疑惑を暴《あば》きだすことになって、とうとう当局にやられた。

この天孫降臨神話にしても、喜田貞吉、三品彰英、岡正雄らが指摘しているように、古朝鮮の檀君神話とよく似ている。駕落《から》国の開国神話も同様で、王の始祖はいずれも聖峰とされる山の頂に天降る。檀君神話の天神の子は、三種の神器とそっくりの三種の宝器を持参している。西村真次の研究では、ブリヤート・モンゴル族の英雄叙事詩にも、やはり天孫降臨が出てくる。圀下大慧によれば、アルタイのテュルク族にも同様の神話がある。いずれも北方系神話である(これらの問題については大林太良『神話の系譜——日本神話の源流を探る——』青土社を参照)。

天孫降臨神話や三種の神器については、すでに戦前において、かなり核心に迫る論議が展開されていたが、不敬罪を怖れてかんじんなところは口ごもった。たとえば喜田貞吉は、朝鮮半島から数次にわたってこの日本列島にやってきた民族の、古い伝承にもとづいてつくられたものだろうとズバリと指摘している。

戦後に入って、歴史学・考古学・人類学・民族学・宗教学・神話学の諸成果を批判的に総合しながら、この喜田説をさらに江上波夫がかの有名な《騎馬民族征服王朝》論を展開した。一九四八年に発表されたその学説は、今日まで修正発展の三段階をへているが、戦前の皇国史観を根底から破砕する衝撃力をもっていた。

その学説を一口でいえば、天皇をいただく神権国家である大和《やまと》王朝の起源は、東北アジアのツングース系の夫余《ふよ》族による日本列島の征服にあったというのである。つまり、数万年前に大陸から列島へ渡ってきた原日本人ともいうべき人びとによって、すでに旧石器時代および新石器時代(縄文時代)の文化が形成されていた。その縄文時代末期頃から、稲作をもってやってきた中国江南系である倭人によって、九州を中心に西日本に弥生時代の文化が築かれていた。さらにそのあとに朝鮮半島の任那《みまな》を拠点に九州へ攻め込んできたのが、北方系騎馬民族である。彼らははやくから騎馬民族王朝の高句麗を建国し、その一部はさらに南下して加羅(任那)、百済などを建国したが、それが辰王朝である。その王朝と深い関係にある勢力が日本に入ってきて、すでに先住している諸民族を征服して大和王朝を建てたというのである。(この学説は、当初はなかなか実証できなかった部分も、考古学上の新発見でしだいに埋められて、今や日本民族の形成史と大和王朝の成立を体系的に明らかにするもっとも有力な学説となった。この学説を正面から批判しきった体系的反論はこれまでにあらわれていない（詳しくは昨年「解放新聞」一三七〇号～に連載した「列島の先住民と天皇制国家」、ならびに『アジアの聖と賤』〈人文書院〉の第四章を参照）。

ここでとくにつけ加えておきたいのは、皇位継承はアマテラス・神武の血統に限るという万世一系の原則が、騎馬民族特有のものであるという江上波夫の指摘である。

「大陸の騎馬民族国家では、王朝はほとんどすべて一系であり、国家の存続と王朝の存続とが終始しており、中国におけるような禅譲放伐《ぜんじょうほうばつ》による王朝の交替はないということである。日本皇室のいわゆる万世一系は、まさに大陸騎馬民族国家のそれであって、中国・エジプトなどの農耕民国家には、このような王朝のあり方はたえて見ない」（『騎馬民族国家』第二章、中公新書）。

天皇制の基礎を固めた天武

天皇史にも、浮沈にかかわる大きい節目が何回かあった。最大の高揚期を迎えたのは古い時代では第四十代の天武朝であり、南北朝以後の時代では第百二十二代の明治朝であった。

皇《おおきみ》は　神にしませば　赤駒の
　腹這ふ田居を　都と成しつ
大王《おおきみ》は　神にしませば　水鳥の
　すだく水沼を　都と成しつ

これは万葉集の第十九に出てくるが（四二六〇、四二六一）「おおきみは神にしませば……」という有名な成句は、年代的に遡《さかのぼ》りうる最古の歌がこの二つである。ここで、神と崇《あが》められているのは天武天皇である。私たちも中学校の頃、習字の時間にこの歌を何回か浄書させられた。南北朝以降の天皇で「おおきみは神にしませば」とうたわれた天皇がいたかどうか、まだ調べていないのでなんともいえないが、あってもわずかであろう。それがいろんな歌集で一挙に多出するのが明治天皇である。もちろん昭和天皇もしかりで、戦争中さかんに作られた。

あえていえば、万世一系の皇統による天皇制の制度的な基礎を固めたのがこの天武である。皇統の内部で血で血を洗う争いとなった壬申《じんしん》の乱で大友皇子を倒すと、飛鳥浄御原宮《あすかきよみはら》で即位した。大海人皇子《おおあまのおうじ》が天武になったのだ。国名も「日本」とし、それまでの大王《おおきみ》をあらためて「天皇」と名乗るようになったのも天武からだ。大伴氏の一部が味方についただけで正規の軍隊ももたずに武力戦で近江朝を倒したとき、この皇子には稀にみる神威＝霊力が身についているとまわりは感じたのであろう。

天武は、矢継ぎ早に新政策を打ち出して律令国家の大本《おおもと》を定めた。「八色の姓《やくさのかばね》」や「四十八階位階制」によって新官制を実施し、「凡《およ》そ政の要は軍《いくさ》の事なり」と詔して天皇が統率する恒常的軍事体制を固めた。

壬申の乱で吉野を脱出して東国へ向かうさいに、伊勢国迹太川《とほ》のほとりで伊勢神宮の天照大神を遙拝し、その祈りに応えた大神のおかげで大海人皇子が勝ったとされる。長く途絶えていた斎宮を復活し、式年遷宮の制を定めて伊勢神宮を国家祭祇の中心にする神祇体制をつくった。冬至《とうじ》の頃に天皇が天照大神と初穂を共食して穀霊神として賦活《ふかつ》させられる儀式である新嘗祭《にいなめ》を国家的祭礼とし、天皇即位の年のそれをとくに大嘗祭として盛大に行うようにしたのも、この天武とその皇后であった持統天皇の時代からである。そして、アマテラス以来の神裔《しんえい》であることを跡づける皇統譜の作成のために、『古事記』を編纂《へんさん》し国史（『日本書紀』）の編修を命じた。天孫降臨神話なども、このさいに皇統のはじまりとして正史に書き入れられたのである。

いわゆる〝鎮護国家貴族仏教〟として、仏教が朝廷に取り入れられて、天皇による国家支配の一翼を担うようになったのも天武朝からである。国立寺院として大官大寺を造営し、帝王のための護国教の色彩の強い、したがって「四姓平等」「一切衆生悉有仏性《しつう》」を説いたブッダの教えとはまったく異質の、金光明経や仁王経などを諸国に広めた。天皇史で唯一ともいえる武力革命で天下を握った天武は、軍事力による覇者であることを十分に意識していたであろう。自らを漢の高祖に擬している。そこで神道のみならず、仏教や道教をも総動員して、天皇としての神威、天命を承け皇統を継ぐ大王であることを見せようとしたのである。

この天武によって、同四（六七五）年四月十七日に、仏教の殺生戒にもとづいて、わが国初の「殺生禁断令」が出された。これ以降何回も、歴代天皇によって「殺生禁断令」が勅として出された。何回も出されたのは、民衆がいうことをきかなかったからである。この「殺生禁断令」によって、猟をやる山の民、漁をやる海の民は、殺生戒を犯す者としてますます卑賤視されるようになった。彼らが仏の救いのない堕地獄とされたありさまは、世阿弥の名曲三卑賤（『鵜飼』『善知鳥《うとう》』『阿漕』）などによってうかがい知ることができる。とくに河原で生物《いきもの》の皮を剝いだり、牛馬などの死体を片付ける者は、仏の慈悲の及ばぬ穢《けが》れ多き民とされ、以後ながいあいだ宗教的抑圧と社会的差別に苦しむことになった。

ここで明治天皇について詳しくふれる余裕はないが、維新の〈王政復古〉は何をめざしての復古だったのか。当時「神武創造以来」という言葉が合言葉のように多用されたが、実際はこの天武天皇が実現した王政がモデルになっていたのではないか、と私は考える。

維新のリーダーたちがそれを意識していたかどうかは別にして、天武朝で実現した強力な中央集権的天皇国家を、緊迫する世界情勢を睨《にら》みながら、新たな次元で再生することが目的だったのである。すなわち、内では伊勢神宮を頂点とする国家神道を再構築して聖なる天皇を前面に押し出し、日の御子である天皇を国民統合の新たなシンボルに仕立て上げる。外に向かっては、「文明開化」「富国強兵」のスローガンのもとに〈脱亜入欧〉の新路線を突っ走る。そして新政府を握った有司専制グループは、天皇を「玉《タマ》」と隠語で呼び、国家を「器械」にたとえていたのである。つまり〈王政復古〉そのものが目的ではなく、それはあくまで国民統合の路線を自派で専制するための方便であったのだ。

GHQの二つの指令

さて、話を最初に戻そう。皇位のシンボルである三種の神器の継承儀礼と、天皇霊が新帝に転移する即位儀礼である大嘗祭——この二つが戦後の改革でなぜ消えたのか。

戦後の占領初期の数カ月間に、日本の国家体制——戦前では国体といった——にとって、その根本的な変革をせまる重要な二つの指令が、連合国軍最高司令官によって発布された。

その第一は、信教の自由と思想信条の自由の原則に関する《人権指令》である。それは、戦争遂行のための宗教統制の道具となった「宗教団体法」と、思想の自由を抑圧し多くの民衆を弾圧する武器となった「治安維持法」の廃止を指示し、獄中にある思想犯の解放を命じたものであった。

その第二は、信教の自由の原則にもとづいて政教分離の原則を指示した《神道指令》である。具体的には、「神社神道を国教とする制度を廃止し、政教分離の原則を確立し、宗教と教育から軍国主義と超国家主義を除去すること」を命じたのである。

これらの指令を、当時の日本国民は当然の措置として受け入れた。それは占領軍の指令であるからやむをえず是認したという性質のものではなく、人民主権のもとにすべての人間の自由と平等を目ざす民主主義社会にとって、まさに普遍的な理念であると受けとられたのであった。

一九四五年八月の敗戦、それにひきつづく戦後の動乱期は、新生日本にとってまさに混沌《カオス》の時代であった。十八歳で敗戦をむかえた私たちの世代は、戦前に激しく展開された反戦平和の運動、労働者・農民・水平社そして学生運動を中心にくりひろげられたさまざまの反体制運動について、まったく何も知らなかった。いや、知らされなかったのだ。物心のついたときには、これらの思想や運動はすべて地上から抹殺され、本を読む自由、ものを考える自由すら奪われていたのである。

小学校教育から国定教科書によって徹底的に皇国史観が叩き込まれ、天皇制ファシズムによる完全な教育管理のもとに少年期をむかえたのであった。そして事あるごとに奉安殿に安置してある〝聖なる天皇〟の御真影《ごしんえい》を拝《おが》まされ、校長の読む「教育勅語」を頭をたれたまま直立不動の姿勢で何千回と聞かされたのである。やがて戦争に突入し、多くの民衆が「歓呼《かんこ》の声」に送られて死出《しで》の旅に出ていった。そのうち三〇〇万が戦場の露《つゆ》と消えた。「天皇陛下万歳」と叫んで最後の突撃をやった兵士も少なくなかった。そして、アジアの各地で、戦争に何の関係もない女や子どもを含めて数百万の民衆が殺されたのである。やがて空襲がはじまり、多くの市民が家を焼かれ、親をなくした子どもたちは飢餓の末に倒れていった。そして二発の原爆で三〇万人が殺されて戦争が終わった。

多くの青年たちが特攻隊として散っていった。学徒兵の最後の手記『きけわだつみのこえ』（岩波文庫）を読んでも、彼らは死にさいしてひじょうに苦悩している。祖国のためとはいいながら、目前に迫った死におののいていたのだ。自分の死について、つきつめて考えるにはまだあまりに若過ぎた人間としては当然であろう。戦争の終わった日、何人かの年老いた将官が自ら特攻機に飛び乗って南溟《なんめい》の空に消えていった。自分の部下である若者を殺しておいて、むざむざと生きては帰れぬと決意したのだろう。大臣高官の何人かは自決した。自分でやったことの責任は自分でとるのが武士道だと、くどいほど教え込まれてきた私たちは、天皇も責任をとって自決するのだろうと思っていた。

私の高校のクラスでも、三〇人のうち最後まで残ったのは五人だった。やがて戦場から順次引き揚げてきた。永久に帰らなかった戦死者の席は、そのまま空席だった。ジャーナリズムも一八〇度転換して、戦争責任の問題と戦後民主主義について激しい論陣をはった。出獄してきた思想犯も活動を再開し、発禁本もドッと古本屋に出回った。私たちはそれを貪《むさぼ》るように読み、眩《まぶ》しいような目差《まなざ》しであの戦争の暗い谷間を生きのびた戦前派の激論に耳をそばだてた。アジア各地を侵略し、多くの民を塗《と》炭《たん》の苦しみに追い込み、多くの人命を奪い、その大地を荒廃させた——この戦争の根本原因はどこにあったのか。だれがそれを引き起こし、その責任はどこにあるのか……。

そういう議論があちこちから噴出しているときに先の《人権指令》《神道指令》が出されたのだ。それは日本の天皇制ファシズム・軍国主義の「精神的源泉」を解体するために真っ先に必要な措置であった。これらの過程については、最近刊のW・P・ウッダードの回顧録『天皇と神道』(サイマル出版)に詳しい。彼は戦前一七年にわたって宣教師として日本にいたが、戦後再来日して総司令部の宗教課の調査スタッフとして活躍した。

その回顧録によれば、これらの指令の最大の狙いは、天皇からの神聖性の除去であった。「日本の天皇、国民および国家の起源の神聖性が、生得の国家的優越性の源泉であり、政府の権力の基礎であり、あるいは軍事的、政治的、経済的拡大を正当化する」根拠になっていたと、当時の連合軍の草案ではっきり指摘している。

そういう意向も作用したのであろう、敗戦から半年経過した一九四六年一月一日、きわめて異例の「年頭、国運振興の勅書」を出した。いわゆる天皇の「人間宣言」である。その冒頭で五箇条の御誓文を引用して、次のように述べている。

「朕《ちん》となんじら国民との間の紐帯は、終始相互の信頼と敬愛とによりて結ばれ、たんなる神話と伝説によりて生せるものにあらず。天皇をもって現御神《あきつみかみ》とし、かつ日本国民をもって他の民族に優越せる民族にして、ひいて世界を支配すべき運命を有すとの架空なる観念にもとづくものにあらず。」

この言葉が天皇自身の本意から発したものであるかどうか。なぜならその半年前の太平洋戦争の終結を告げる詔勅では、これ以上戦いを継続すれば民族の滅亡を招くが、そうなれば「朕、何をもってか億兆の赤子を保《やす》んじ、皇祖皇宗の神霊に謝せむや」と述べ、「かたく神州の不滅を信じ」といっていたのである。

これ以上の多言は必要ないだろう。今、新帝即位後の焦点は「大嘗祭」にある。皇室の伝統儀礼であることはたしかだが、あくまでも天皇家の私事である。これを全国民が国をあげて奉祝する国事行為にせよという声が政府内からも上がっている。そういう時代錯誤《アナクロニズム》の発言が堂々とまかり通っているところに戦後民主主義の大きい危機がある。

大嘗祭では、床に八重畳を敷き神を衾《ふすま》で覆って臥《ふ》させ、天皇も衾をかぶって臥し、一時間ほどモノイミに入る。その間にアマテラス以来の神霊が天皇に身につく。すなわち、天皇霊が付着するのである。そこではじめて天皇は神威を帯び、〈俗〉から〈聖〉への転換を遂げる。この天皇がかぶる衾は、神話にみえる「真床覆衾《まとこおうふすま》」に由来するものだが、この衾こそ人間から神を転化するための聖なる呪物とされているのである。東北アジアの騎馬民族国家の王の即位儀礼で用いられる氈《フェルト》は、まさにこの衾に相当するものであった。そしてこの氈は、シャーマンの成巫《せいふ》式で用いられてきた聖具であった（護雅夫『遊牧騎馬民族国家』講談社。佐々木宏幹『憑霊とシャーマン』東京大学出版会。吉野裕子『大嘗祭』弘文堂などを参照されたい）。

このような儀式は、民主主義と科学技術の時代に育った若い現代っ子にとっては、もはや意味不明の奇怪な伝統行事であろう。政府はこれを国事行為として強行するかどうか、大いに注目されるところである。それをやすやすと許すようでは、はたして戦後民主主義とは何であったのかと言わざるをえない。

天皇の死後、新聞の論調もいくらか変化してきた。七日・八日のあのくだらぬＴＶ番組が国民全体から総スカンをくったせいかもしれぬ。天皇の戦争責任を追及する投書が何通も掲載された。「天皇・元号、文化人に聞く」（『朝日新聞』一月十日夕刊）はおもに若い文化人の声を集めていたが、その中で若いポスト・モダン派の旗手・浅田彰が、「日本人は前天皇を許すことで自分を許し、戦争を起こした国家的責任さえ忘れようとしているが、それは世界に通用するはずがない」と、はっきり天皇制廃止を唱えているのが目についた。また「女性から見た昭和」（『毎日新聞』同日夕刊）で、在日朝鮮人二世の宗秋月が、「象徴天皇制は、かつて巻添えにした数多くのアジアの人々、日本の人々に対して〈無責任の象徴〉になっているのではないか」と問うていた。昭和史の真実を明らかにするためにも、今こそ若い世代も発言していくべきときではないか。

第三章　大嘗祭の起源とその思想——収奪・服属・聖別の呪術儀礼——

一　大嘗祭は「日本文化の精粋」なのか

天皇制論の流行

この数年、昭和天皇の死とそれに引き続く新天皇の即位が近いことを予測して、天皇および天皇制に関連する著作や特集誌があいついで出された。日本民族の源流論やヤマト王朝の形成史をはじめとして、その関連する領域を広くとるならば、おそらく数百冊になるだろう。七〇年代に入ってからの、考古学・神話学・人類学・民俗学・宗教学などの領域をも含めた歴史学ブームも作用して、これらの本はよく読まれたようである。

もう一つ、昨今はやりの日本学《ジャパノロジー》ブームも、この天皇制論の流行の一つのきっかけとなった。〈日本人とは何か〉〈日本民族はどこから来たのか〉〈日本民族にとって天皇とはいかなる存在であったのか〉〈アジアの中で日本文化はどういう位置を占めるのか〉——そういった歴史の根のところを改めて掘り起こそうとする日本研究ブームもあって、天皇の存在そのもの、天皇制の歴史が改めて注目されたのである。

しかし、天皇制の歴史をまるごと讃美して、かつて《現人神《あらひとがみ》》として臣民に君臨した天皇を、俗世を超越した神聖な存在として強調するような国粋主義的な著作はほとんど読まれなかった。時代の潮流に逆行するこういう時代錯誤《アナクロニズム》の手合いは、天孫降臨神話や神武天皇東征譚も知らぬ戦後生まれの若い世代からは見向きもされなかったのだ。また、民族や国家の壁を乗りこえた、新しい国際化と人権の時代に入ろうとしている今日にあって、天皇制ナショナリズムという血塗られた古装束《しょうぞく》そのままでは、この時勢に通じないことは目に見えていた。

前面に出てきた「伝統的祭儀」論

天皇制論の一環として、大嘗祭《だいじょうさい》についての著作もあいついで公刊された。しかし、神聖天皇制護持の思想を丸出しにして、憲法を無視しても国民全体が参加する国事行為として行えというような主張は、キワモノ的企画は別として、表立ってはあまり出てこなかった。国土豊饒を保証する新天皇が、神としての霊力を皇祖神から受け継ぐ一代一度の大祭典であるから、国民あげての奉祝行事にせよと、政府や宮内庁の肩入れをするような発言は、ごく一部の神道学者を除いては目立たなかった。

そのかわりと言うべきか、かなり前面に出てきたのが、次のような一見ソフトに見える発言であった。すなわち、千余年にわたる日本文化の精髄を集めた伝統的祭儀なのだから、古式どおり執り行ってみんなで祝えばよいではないか。国事行為にするとかしないとかそう目くじら立てないで、日本文化を代表する伝統的なマツリとして行えばよい——大雑把に言えばそういう見解である。

つまり、「天皇の戦争責任」や「国民主権と世襲天皇制」といった政治論議の舞台にあがることをたくみにはぐらかす。「天皇制の存続にどういう意味があるのか」「人間平等の民主主義社会で天皇がどうして必要なのか」——そういった肝心要の根本問題を避けながら、「日本の伝統的文化」「日本民族の歴史と精神を表す壮大な祭礼」といったキャッチフレーズで、大嘗祭の歴史的意義を見直して民族の祭典として現代に再現しようと言うのである。

ようするにこのような論者は、「千余年の宗教的伝統」「日本文化の精髄」といった迂回路を設けることによって、大嘗祭のもつ政治的本質から目を逸らそうとする。つまり、この王権継承儀礼を民族をあげての荘厳なマツリと規定することによって、この祭儀の政治的作為性と宗教的虚妄性を隠蔽するのだ。そして、王権そのものの成り立ちとその政治的本質を問うことなく、天皇制の支配構造から目を逸らしてしまうのだ。

「日本文化の精粋」か

例えば、神道学と文化人類学を考究する一研究者は、大嘗祭の宗教的意義について次のようにまとめている。

「大嘗祭は、神道儀礼中、最高の礼式を結集し、即位後の天皇に真の天皇としての特質を賦与する、全国的版図の大典であった。ここには民族の伝統的世界観・人間観・神観が渾然一体となり、あたかも日本文化の精粋を見るが如し、といって過言ではない。……」（平野孝国『大嘗祭の構造』第二版、ぺりかん社、一九八七年）。

この文章を引用したのは、この簡明な定義が、大嘗祭の本質を解明するためのまさに恰好の素材となるからである。もっとはっきり言えば、著者の意図とはかかわりなしに、千三百余年前にこの国家的大祭儀の創始者が意図した政治的な狙いが、この文中でズバリと語られているからである。

この著者に問う形で、私の問題意識のいくつかを提出しながら論を進めていくことにしよう。「真の天皇としての特質」というが、それは一体どういう特質なのか。そもそも天皇とは何なのか。特質を賦与するというが、誰が何を新天皇に分け与えるのか。次に「全国的版図の大典」というが、本当にそうなのか。ヤマト王権と果敢に抗争しつつあった蝦夷の地・東北日本は完全に外《はず》されていたのではないか。

「民族の伝統的世界観」とは、具体的にはどういう思想体系を指すのか。この場合の民族は、〈日本単一民族〉論という虚妄の論理を踏まえての日本民族の総体を指しているのではないか。単一民族論と万世一系の天皇論とは相即不離の深い関係にあるが、それはいずれも特定の虚偽意識《イデオロギー》で仮構された共同幻想ではないのか。「日本文化の精粋」というが、精粋とは〝清くて混じり気のないこと〟を意味する。そういうケガレのない清純な文化とは、一体どういう文化を指すのか。

二　天皇史の画期としての天武・持統朝

大嘗祭を最初に考案したのは、一体誰であったのか。結論を先に言えば、第四十代を称する天武天皇（?～六八六）である。この天武こそ、あとで述べるように今日に至る千三百余年の天皇制支配の体制的基盤を築いた天皇であった。つまり、天武天皇論を外しては、天皇制論は成り立たないのだ。

皇祖アマテラスの神威を受け継いだ、「神武天皇以来」の万世一系の至高の血統——このような世襲的カリスマにもとづく天皇王権の絶対的な神聖性を、政治的支配体制のみならず、宗教的イデオロギーとして築きあげたのがこの天武であった。大嘗祭も、そのような天皇制支配の一環として天武によって構想されたのである。

天皇制の体制的基盤を築いた天武

私は天武について、「天皇と賤民」と題する論文で次のように書いた。「天皇のカリスマ性を、国家祭祀のみならず社会秩序や政治体制として体系的に構築したのが天武であった。夫婦一体としての天武・持統朝といったほうが正確かもしれぬ。この時代は天皇史の大きな画期であった。制度としての天皇制国家体制を全体的な統治システム、支配の構造として考案し実現したのは、まさしくこの天武であった」(沖浦和光『天皇の国・賤民の国』弘文堂、一九九〇年)。

よく知られているように、六七二年の壬申《じんしん》の乱は、天皇史でも唯一といえる大規模な武力闘争によって皇位継承が争われた内乱であった。天智天皇の子・大友皇子と同天皇の実弟・大海人皇子《おおあまのおうじ》が争い、大友皇子を自害に追い込んで大海人皇子が王権を簒奪《さんだつ》した。翌年正月、飛鳥浄御原宮《あすかきよみはら》で即位して天武天皇となった。

『日本書紀』では、全三十巻のうち巻二十八を「壬申紀」として異常なほど壬申の乱を詳しく述べ、大海人皇子=天武天皇の正統性を強調している。アマテラスや神武の加護によって天武が制覇したことまで丹念に記されている。ついでに言っておくと、戦前の国定教科書では壬申の乱は記載されず国民の目から隠されていた。ここで触れる余裕はないが、天武が天智の実弟かどうか史料に記されている年齢からみても多くの疑問がある。生まれた年も不明である。学界でもその出自についていろんな異論が出され、百済《くだら》系渡来人の子孫説も有力になってきている。兄の天智があれほど活躍しているのに、その弟の名が白村江の戦いまで記録に出てこないのも大きな謎である（これらの問題については、大和岩雄『天武天皇論』㈠（大和書房、一九八七年）がこれまでの全史料の検証を含めて詳細に論じているので参照されたい）。

「卑姓」の妃

天武は十人の后妃を後宮にいれて計十七人の子女をもうけたが、その后妃のうちの二人は皇統と関係のない女であった。天武の長子・高市《たけちの》皇子《みこ》を産んだ胸形君《むなかたのきみ》徳善の女・尼子娘《あまこのいらつめ》と、忍壁《おさかべの》皇子《みこ》と磯城《しきの》皇子《みこ》を産んだ宍人臣大麻呂《ししひとのおみおおまろ》の女・榖媛娘《かじひめのいらつめ》である。胸形（宗像）氏は、安曇《あずみ》氏とともに九州を本拠にしていた海民の雄である。宍人臣は、大和の宇陀の猟民たちを統《す》べていた伴造《とものみやつこ》である。彼らはいずれもその支配下の部《べ》を率いて朝廷に奉仕していた。『紀』の雄略天皇二年十月条に宍人部の創設についての説話が出てくるが、彼らは猟で獲った獣を解体し鱠《なます》にして天皇の食膳に出す膳夫《かしわで》であった。

天武の長子であった高市皇子は、壬申の乱では全軍の指揮官の役割を果たしたが、母が「卑姓《ひせい》」であるがゆえに皇統を継ぐことなく、皇子としての序列も下位におかれた。忍壁皇子は高市皇子とともに「吉野の盟約」にも参加して天皇に重用され、天武十年に開始された「帝記及上古諸事」の記定、すなわちのちに『日本書紀』として成った国史編纂事業に加わっているが、彼もまた卑母の産んだ皇子ゆえに序列は下位におかれた。

このように身分の卑しいとされていた海民や山民の娘が、どうして後宮に入って皇子を産むようになったのか。ヤマト王権の基礎が固まった五世紀の雄略朝の頃から、朝廷への服属の過程で、忠誠を誓う証として地方豪族の娘が貢進された。おそらく胸形氏や宍人臣の娘たちも、そのようにして朝廷に貢上されたのであろうか。

彼女らは後宮の下級女官として天皇に近侍《きんじ》し食膳の奉仕などにたずさわったが、これがのちに令制で采女《うねめ》として制度化された。采女は国司が選定して郡単位で貢進された。郡少領以上の娘や特に形容のすぐれた女が指名された。定員は、最初は水司に六人、膳司に六〇人の計六六人であった。宮廷での地位は高くはなかったが、神事や節会の際には采女は欠くことのできぬ存在であった。もちろん、大嘗祭にも采女は出てくる。

自らを漢の高祖に擬す

ヤマト王権の直属軍ではなく、むしろ山民系や海民系の組織を動かして武力革命で政権を奪った天武は、自分が覇者であることを意識してか、自らを漢の高祖に擬したと言われている。大海人皇子の軍団は、高祖の軍隊の軍旗を真似て赤旗を掲げて進軍した。漢を建国した劉邦《りゅうほう》は、名もない農民の出で、若い頃は任俠の徒《と》であったと言われている。秦を倒して漢の高祖となったが、律令制を整備して郡国制にもとづく中央集権の支配体制を確立し、漢王朝四百年の基礎を固めた。秦の始皇帝にならって皇帝中心の専制政治を目ざし、「劉氏にあらざる者は王たるべからず」と異姓の諸侯王を排除して、皇帝を中心に一族による独裁体制をとった。

興亡恒《つね》なき中国の歴代王朝の中では、漢は珍しく四百年余も持続した長期政権であった。学術文化も栄え、内政も安定し、対外的にも国威を高めた。漢帝国に関する史料や記録は、七世紀に入る頃からの遣隋使・遣唐使によってヤマト王朝に持ち帰られ、少なくとも朝廷の上級官僚はそれに目を通していたであろう。

天智と〈大化改新〉

ところで、六一八年に隋が亡び、より強大な唐が興《おこ》るに及んで、東アジアの政治情勢は緊迫した。唐が朝鮮半島を狙って圧力をかけ始めた頃は、ヤマト王権はまさに内憂外患こもごも至る一大危機の時代であった。

それを乗り切る立て役者となったのが、中大兄皇子《なかのおおえのおうじ》、のちの天智天皇（六二六〜六七一）であった。六四五年のクーデター（乙巳《いっし》の変）で蘇我氏本宗家を倒すと、公地公民制や国郡里の行政制度、戸籍・班田収授の制や租税の制など、中国の律令制をモデルとした改革に着手した。いわゆる〈大化改新〉である。大化改新の詔は、たしかにのちの大宝令を下敷きに書かれたと思われるのでそのまま信じることはできない。しかし、ヤマト王権に政治権力を集中し、強力な統一的官制支配を確立する方向で国内改革が推し進められていったことはたしかである。

孝徳天皇の没後、女帝であった皇極が再び即位し斉明天皇となり都は難波から飛鳥に帰った。だが、実権を握っていたのは、皇太子のままであえて皇位に就かなかった中大兄皇子であった。阿倍比羅夫《あべのひらふ》を派遣して蝦夷地へ攻め入り版図の拡大に努めていたが、その頃から朝鮮三国の政治情況がにわかに緊迫し、斉明天皇自ら大軍を率いて大宰府に前線基地を構えた。まもなく六六一年に斉明は没したが、百済の情勢はますます急を告げるに至った。『紀』によれば二万七千の救援軍を九州から派遣したが、六六三年に白村江で大敗した。

もしも大海人皇子が中大兄皇子の実弟であるならば、当然大化改新の激動の時代から政局のオモテに現れてしかるべきであるが、このあたりまでまったく登場しない。いずれにしてもその後半生においては、天皇史の一大画期を築いた力量の持ち主であるから、後景に退いていたのはよほど複雑な事情があったのだろう。おそらく、その出自にかかわる何かがあったのだろう。活躍する機会を窺い雌《し》伏《ふく》しながら、漢の高祖の建国史などを読んで、若い血を燃えたぎらせていたのであろう。

三　大嘗祭はいつから始まったか

ところで、宮廷の秋の収穫祭として毎年行われていた新嘗祭《にいなめさい》が、新帝即位の際に一代一度の大嘗祭として大々的に行われるようになったのは天武・持統朝からである。

先住民族の儀礼・神話の収奪

有史以前から、穀物の収穫を祝う新嘗祭は農耕共同体で広く行われていた。ニヒナヘはニヒノアへの約で、とりたての新穀を指す。それで神酒と神饌《しんせん》を作って、稲魂《いなだま》をつかわした神に供えて共に食べるのである。このようなマツリは、霊魂の存在を信じるアニミズム思想にもとづく呪術儀礼であった。そのマツリは、小さなクニを形成していた豪族の長によって執り行われていた。

ところが、六世紀に入ってヤマト王朝が強大になってくると、古来からの農耕儀礼がしだいに宮廷に取り込まれるようになった。皇祖神の霊力と稲魂の呪力とを結びつけて、宮廷儀礼として毎年秋に盛大に催すようになったのである。

征服王であるだけではなく、祭祀《さいし》王としても権力を握るようになったヤマト王朝の〈大君《おおきみ》〉は、諸氏族や地方の諸勢力の持っていた祭祀伝承や祭祀権を奪い取る形で、それらを宮廷儀礼としてしだいに統合していった。それと同時に、彼らが古くから伝えていた先祖の創世神話や系譜伝承も、巧妙に剽窃《ひょうせつ》しながらヤマト王朝の王権神話の中に取り込んでいった。先住民族系の神話や伝承なども、彼らが〈大君〉に服属するとたちまち掠《かす》め取られ、都合のよいように改作されて王権神話の中に組み込まれたのである。

例えば、南方系海洋民であった南九州の隼人《はやと》に伝わっていた〈海幸・山幸〉伝承は、実に見事に改作されて、隼人の服属譚と神武の祖父誕生譚に作り変えられてしまったのである。そのようにして、〈国生み神話〉〈高天原《たかまのはら》神話〉〈出雲神話〉〈日向神話〉など、いわゆる一連の記紀神話の体系にしだいにまとめられていったのである。ただし、ヤマト王権の圧力に屈せず、縄文時代以来の独自の文化圏を最後まで固守した東北の蝦夷の神話・伝承は、王権神話の中にはいっさい採り入れられていないのだ。

民間儀礼であった新嘗祭の宮廷儀礼への取り込みと国家の祭祀王としての〈大君〉の権威の確立、そして各地の神話・伝承の皇統譜への組み入れと〈天孫降臨神話〉の体系化――すでに進行していたその二つの作業が天武朝において急速に結実していくのである。もちろん、それは天武自身の差し金であろう。そして、この二つの作業の結節点において、新帝即位の国家儀礼としての大嘗祭の構想が初めて具体化してきたのである。

天武の大嘗祭

大嘗祭についての最古の記録は、『日本書紀』天武二年十二月の記事である。そこには次のように記されている。

「十二月《しはす》の壬午《みづのえうま》の朔丙戌《ひのえいぬのひ》に、大嘗《おほにへ》に侍奉《つかへまつ》れる中臣《なかとみ》・忌部《いむべ》及び神官《かむつかさ》の人等《ひとども》、并《あはせ》て播磨《はりま》・丹波《たには》、二《ふた》つの國《くに》の郡司《こほりのみやつこ》、亦以下《またしもつかた》の人夫等《おほみたからども》に、悉《ことごとく》に祿《もの》賜《たま》ふ。因《よ》りて郡司等《たち》に、各《おのおの》爵《かうぶり》一級《ひとしな》賜ふ。」

（日本古典文学大系『日本書紀』下巻、岩波書店）

ここでは、播磨と丹波が「悠紀《ゆき》」「主基《すき》」二つの国郡に指定されている。亀の甲を焼き、その生じた割れ目の模様で吉凶を判断して事を定めることを亀卜《きぼく》というが、大嘗祭でユキ・スキ両国を定めるのはこの亀卜によった。この記事ではいかなる方法によったのかは記されていないが、依然として呪術的思考の優勢な時代であったから亀卜に違いない。しかし、それ以外には何も言及されていないので、どの程度の規模で執り行われたのかはっきりしない。ところが天武五年九月条にも「新嘗の為に国郡《くにこほり》を卜《うらな》はしむ」とあって、ユキ・スキ両国として尾張の山田郡と丹波の訶沙郡《かさのこほり》を選定している。今回は卜定《ぼくしょう》によるとはっきり記されている。同じ天武朝にすくなくとも二回行われていることがわかるので、これでは一代一度の即位儀礼とは言えなくなる。しかし、ユキ・スキ両国を卜定して斎田から初穂を供献させるのは、これまでの新嘗祭にはなかった新しい祭儀形式である。

持続の大嘗祭

のちに律令制で定められた大嘗祭の形式を踏んで行われた初見は、天武のあとをついだ第四十一代持統天皇即位の翌年、持統五年十一月に挙行された次の記録である。

「十一月《しもつき》の戊辰《つちのえたつのひ》に、大嘗《おほにへ》す。神祇伯《かむつかさのかみ》中臣朝臣《なかとみのあそみ》大嶋《おほしま》、天神壽詞《あまつかみのよごと》を讀《よ》む。壬辰《みづのえたつのひ》に、公卿《まへつきみ》に食衾《おもののおほみふすま》賜《たま》ふ。乙未《きのとのひつじのひ》に、公卿より以下《しもつかた》主典《ふびと》に至るまでに饗《あへ》たまふ。幷《あはせ》て絹等《きぬら》賜《たま》ふこと、各差《おのおのしな》有《あ》り。丁酉《ひのとのとりのひ》に、神祇官《かむづかさ》の長上《ながつかへ》より以下《しもつかた》、神部等《かむとものをら》に至るまで、及び供奉《そのことにつかへまつ》れる播磨・因幡の國の郡司《こほりのみこともち》より以下《しもつかた》、百姓《おほみたから》の男女《をのこめのこ》に至るまでに饗《あへ》たまひ、幷《あはせ》て絹等賜ふこと、各差《しな》有り。」

これも簡明な記事なので詳細はわからないが、四日間にわたるなど、ほぼのちの令に記載されている儀式どおりに行われたと推測できる。日本の律令の原型は、天武十（六八一）年に編纂に着手し、持統三（六八九）年に施行されたと『紀』が伝える飛鳥浄御原令である。全二十二巻から成るこの日本最初の法典は、残念ながら散逸してしまって今日に伝わらない。ただこの浄御原令にもとづいて、七〇一年に大宝令、さらにこれを改修して七一八年頃に養老令ができたことは明らかである。その養老令には朝廷が挙行する宮中祭儀について詳しく記されているので、浄御原令にも大嘗祭についての規定があったと推定できる。それにもとづいて、浄御原令が施行された二年後の持統五年秋に大嘗祭を挙行したのであろう。ちなみに持統天皇が即位したのは同四年正月であった。

このようにみてくると、法令どおりに正式に行われた第一回の大嘗祭は持続朝からということになる。それに先立つ天武朝の大嘗祭は、令に規定される完成形態に至るまでの試行時代の産物であったと言えるだろう。しかしながら、毎年の新嘗祭と区別して、一代一度の国家の大祭典としての大嘗祭の構想を練り上げていったのは、やはり天武だったのではないか。なぜ、そのように言えるのか。

四　天武天皇による大嘗祭の構想

天武は王位に就くと、それまで温めていた構想を着々と実現していった。まず官制の整備をはかり、親王・諸王十二階、諸臣四十八階の新冠位制を施行し、八色《やくさ》の姓《かばね》を制定した。その狙いは、氏族制度に依っていた旧豪族の権力を削いで、壬申の乱の功臣を中心に実力のある新官僚層の登用にあった。それによって天皇を中心とした自称皇統一族の独裁体制、いわゆる皇親制の基礎を固めていった。

天皇教神道の体制化

そのような天皇中心の強力な支配体制を安定させるためには、皇統の至高性・絶対性を支える神祇《じんぎ》体制を整備し、《現人神》としての神威を万民の前に誇示して見せねばならなかった。一口で言うならば、天皇教神道とでも名付けるべき国家宗教の体制化であった。

伊勢神宮を中心に神祇体制を整え、壬申の乱の際に神武の神霊の加護があったとして神武天皇を大々的に押し出した。王権の神聖観を定着させるために『仁王経』『金光明経』などの護国経典を広め、天武・持統朝の白鳳時代には、蝦夷や隼人の地を除いて寺院建立は全国的に拡大した。また道教的な天命思想や、陰陽五行説にもとづいて吉凶・災異を説明する陰陽道をも広く活用している。古来からのアニミズム的呪術儀礼を下敷きにしながら、天皇教神道は結局は寄せ集めの教義の上に成立した諸教混交《シンクレティズム》であった。そのような混交的要素は、大嘗祭にも投影している。

さらに天武十年三月条には「帝紀《すめらみこのふみ》及び上古《いにしえ》の諸事《もろもろのこと》を記《しる》し定めしめたまふ」とあって、大規模な国家的修史事業の開始を命じている。これを『古事記』撰修の始まりとする説もあるが、『日本書紀』成立の第一歩であったとみるべきであろう。皇祖神アマテラスの血を受け継ぐ万世一系の皇統譜を作成することが主たる目標であった。諸豪族の祖先伝承や各地の民俗伝承などを潤色加筆しながら、「天壌無窮」の永遠の将来にわたるべき〝天皇の国家〟の形成史のデッチアゲを意図したものであった。

のちの律令制にみられるような、《貴・良・賤》の区別にもとづく身分差別の体制化をはかったのも天武・持統朝であった。清浄かつ神聖な天皇の存在を際立たせるためには、身分制度としてツミ・ケガレを背負わされた賤民の存在を制度化することが必要であった。天武四年四月には、わが国初の〈殺生禁断令〉が天皇の詔《みことのり》として諸国に布告された。以後歴代の天皇が次々に殺生禁断令を出しているが、米などは口に入らない多くの民、特に肉や魚を常食にしている山民・海民系の人びとが殺生戒を犯す者として賤視されるきっかけとなった。天武十年七月の「大解除《おおはらえ》」では、諸国の国造《くにのみやつこ》から、「祓柱《はらえつもの》」として奴婢《ぬひ》一人ずつをさし出させている。災害・疫病などの異変にさいして、ケガレやツミをはらう行事に、その罪科のあがないとしてさし出す物が祓柱である。普通は動物が供物となるが、ここでは人間である。いうならば人身《ひとみ》御供《ごくう》である。彼ら奴婢は、一体どうされたのであろうか。

〈化外の民〉の内属化

天武・持統朝で目立つのは、ヤマト王権に最後まで抵抗した蝦夷や隼人に関する記事が多出することである。彼らを「王化に染《したが》はぬ」者と呼び、抵抗する〈化外の民〉には徹底的なせん滅作戦をとった。そして、朝廷に帰順してその支配下に入った俘囚（俘人）に対しては、恩賞や位勲を与えて慰撫する懐柔策をとった。辺境の地に対する朝廷の関心と探索が強まり、〈化外の民〉の内属化が急速に推進された。

縄文時代以来の伝統的文化と固有の民俗的基盤を持つ蝦夷は、頑強に抵抗して王化に従わず、服属したのは一部の俘囚にすぎなかった。隼人は、蝦夷よりは人口も少なく、民俗的基盤もそう強くはなかった。五世紀頃からその一部は朝貢していたが、天武朝に入ると、大隅隼人・阿多隼人の一部が畿内へ移住させられた。『紀』によれば、天武が亡くなったときには、殯宮《もがりのみや》で誄《しのびごと》をさせられている。死者の霊に向かって、生前の功徳などを述べる儀式に参列させられたのである。

律令制のもとでは、畿内隼人は隼人司に隷属し、歌舞教習と竹細工が役として課せられていた。九二七年に完成し律令政治の基本法となった『延喜式』の隼人司条では、㈠「元日即位及蕃客入朝等」の儀式への参列、㈡「践祚大嘗祭」における吠声《はいせい》と歌舞上奏、㈢天皇の行幸に供奉し「国界及山川道路之曲」において吠声を行う、㈣油絹・竹器の製作にあたる——以上が畿内隼人の役務として定められている。吠声は、犬の鳴き声のような発声をして、邪神をはらう隼人独特の呪術である。記録には出ていないが、たぶん持統五年の最初の大嘗祭においても、隼人舞が上奏され吠声でもって奉仕させられたのではないか。

天皇＝神の観念の確立

このようにして王権を着々と固めていった天武は、自らをアマテラスの神霊を受け継ぎ神武の血を引く神聖君主であるとして、遂に〈天皇〉を称するようになった。つまり、天皇＝神とする観念を打ち立て、それを「邦家の經緯《けいい》、王化の鴻基《こうき》」、すなわち国家統治の根本原理、王化の基本にしようとしたのだ。これは天皇史における一大思想革命であり、天皇教神道による一連の宗教改革の総仕上げであった。忠実な宮廷詩人であった柿本人麿呂も、天武を指して「皇《おおきみ》は神にしませば……」（『万葉集』巻第十九）と歌うようになった。そうなってくると、天武朝を基点にして、神代に遡る皇統譜を新たに作成せねばならなかった。それが「天孫降臨神話」に始まり、「神武天皇東征譚」に至る一連の皇祖神物語の創作であり、それを原基とする国家的修史事業の開始であった。太朝臣安万侶《おおのあそみやすまろ》が書いたという『古事記』序文には、天武の意志が次のように伝えられている。

「是《ここ》に天皇詔《の》りたまひしく、「朕《われ》聞く、諸家の賷《もた》る帝紀及び本辭、既に正實に違《たが》ひ、多く虚僞を加ふ」と。今の時に當りて、其の失《あやまり》を改めずば、未だ幾年をも經ずして其の旨《むね》滅びなむとす。斯《こ》れ乃ち、邦家の經緯、王化の鴻基《こうき》なり。故惟《かれこ》れ、帝紀を撰錄し、舊辭を討覈《とうかく》して、僞《いつは》りを削り實《まこと》を定めて、後葉《のちのよ》に流《つた》へむと欲《おも》ふ。」

これまで伝わってきた神話・伝承・系譜は正実ではなくてウソが多いから、「偽りを削って真実を定めよ」と詔《みことのり》したと言うのだ。実際はまったく逆であった。かくして、天武の命令一下、潤色・改作・虚構が見え見えの、壮大な仮構《フィクション》である記紀神話が捏《でっ》ち上げられたのだ。

五　呪術儀礼としての大嘗祭の構造

儀礼に具現された神話体系

その捏造神話体系を、新王即位の際の一大国家儀礼として具現したものが大嘗祭であった。これは世界のどこの地方でも一般的に言えるのだが、アニミズムとシャーマニズムが基底にある祭政一致の呪術時代にあっては、宇宙創造やクニの創成は神話として語り継がれ、それはまた必ずマツリの中で繰り返し具現される。とくに王の即位式においては、その神話が呪術的秘儀として形象化され、その祭司をつとめる王がその呪儀によって聖別されて、神聖な王権の化身《けしん》として現れる。聖別《せいべつ》とは、人や物を儀礼によって清め、ケガレを取り除いて世俗から区別された神聖なモノにすることである。

そのようにみてみると、王権の正統性を物語る神話と、それを形で表す宮廷儀礼とは、不即不離の深い関係にあることがわかる。おそらくヤマト王朝においても、記紀神話と大嘗祭とは、天武の宮廷で同時に構想されたのであろう。天武の晩年にはほぼ固まり、そして持統即位にさいして第一回大嘗祭として挙行されたのであろう。

大嘗祭の構想

しからば大嘗祭は、どのようなマツリとして構想されたのであろうか。部分的にはすでに言及してきたのだが、改めてまとめて言えば、次の四項になる。

（一）民間のマツリとして古くから行われていた秋の収穫祭の本義を掠め取って朝廷の新嘗祭に作り変え、皇祖神以来、天皇があたかも農耕の守護神であったかのごとく振る舞ってみせる農耕儀礼である。

（二）先住の諸民族と諸豪族を征服して強力な国家権力を手中にしたヤマト王朝が、その国土支配を象徴するために諸国から初穂・贄《にえ》を貢進させ、群臣の前で忠誠を誓わせる服属儀礼である。

（三）王権神話にもとづく死と再生の儀礼であり、新帝が皇祖神と初穂を共食し、呪衣の中に籠って物忌《ものい》みすることによって、国土に豊饒をもたらす霊力《マナ》を身につける呪術儀礼である。

（四）内外の群官を招いて万世一系の「日の御子《みこ》」の誕生を宣言し、諸国から奉納される芸能を演じさせ贄を賞味させて、改めて皇統の至高性を誇示し皇威を宣揚する大披露宴である。

一口で言えば、民間の農耕儀礼の収奪であり、「王化」に服属した諸勢力が新帝に改めて忠誠を誓う儀式であり、呪儀によって聖別された新帝が自らカミであることを内外に示すパフォーマンスである。

大嘗祭の大略

次に簡単に大嘗祭の大略をみてみよう。奈良朝時代までの行事の詳細はよくわからないが、『貞観《じょうがん》儀式』『延喜式』『江家次第《ごうけしだい》』などによって平安朝の大嘗祭の構造の大要がわかる。

（一）悠紀・主基の両斎国の卜定（四月）

（二）大祓使《おおはらえ》を五畿七道に派遣する。奉幣使《ほうべい》を伊勢神宮はじめ五畿七道の社に奉る（八月）

（三）悠紀・主基両国の斎田からの抜穂（九月）
（四）白酒《しろき》・黒酒《くろき》の醸造、御贄の調備、神服の調整、大嘗宮建設の準備（九〜十月）
（五）天皇が川上に臨幸してミソギを行う御禊《ごけい》の行事、文武百官が供奉する（十月）
（六）大嘗宮の悠紀・主基殿造営（十一月上旬）
（七）鎮魂祭（祭日前夜）
（八）卯の日の夜から翌朝まで大嘗宮の儀
（九）悠紀の節会《せちえ》（辰日）
（十）主基の節会（巳日）
（十一）豊明節会《とよのあかりのせちえ》（午日）

この中で一番重要な秘儀が（八）である。このマツリが夜に行われるのは、混沌たる闇こそ神話的時間にふさわしく、夜に神霊が来訪するという古俗にもとづく。光が闇から生まれるように、死から再生への呪儀は、夜でなければならなかったのだ。

夜に入ると、天皇はまず廻立殿《かいりゅうでん》で沐浴して身を清め、斎服を着て悠紀殿に入る。吉野の国栖《くず》、悠紀国の国風《くにぶり》、語部《かたりべ》による古詞《ふるごと》、隼人による歌舞が奏上される。内膳司の高橋・安曇両氏と采女一〇人による「神饍行立《ぎょうりゅう》」があって、いよいよ本儀である「神饌親供《しんぐ》」となる。天皇が神饌を供え自らも箸をつける。この間は悠紀殿の内陣には天皇のほかは采女がいるだけで、天皇が何をしているのか公式記録では言及していない。つまり、俗からは遮断された公開されない聖なる儀式なのだ。内陣の図面を見ると、神座として「八重畳」があり、その上に衾《ふすま》（かけ布団）と褥《しとね》（敷き布団）と坂枕がおかれ、沓《くつ》と扇と櫛《くし》が備えられている。これはどう見ても寝具である。

折口信夫の論点

この一連の秘儀を解明するために、正面から初めて論究したのが、一九二八年に発表された折口信夫の『大嘗祭の本義』（『折口信夫全集』第三巻、中央公論社所収）であった。不敬罪でやられなかったのが不思議に思えるほどの核心をついた論文であるが、折口はここで重要な論点を三つ出している。第一は、この寝具はホノニニギが降臨する際にかぶっていた真床追衾《まとこおうふすま》であって、天皇はそれをかぶって物忌みに入るが、その間に天皇の身体に天皇霊が這入るという指摘である。天皇の身体は、「一代毎に変るが、魂は不変である」と、霊魂崇拝《アニミズム》にもとづくタマシズメ儀礼であると説く。

第二は、廻立殿において「或る任務を果たすための」巫女《みこ》的な采女の存在について、これは聖婚儀礼ではないかと示唆していることである。「此湯の中の行事の、一切の御用をつとめるのが、処女である。天の羽衣をおぬがせ申し上げるのが、處女の為事《しごと》なのである。そして羽衣をおとりのけなさると、ほんとうの霊力を具《そな》へた、尊いお方となる」。聖婚とは、豊穣を祈る農耕儀礼にはつきものである類感呪術としての性行為を指す。

第三は、ゆき・すき二国からの風俗歌の上奏であるが、「国ふりの歌を奉るといふ事は、天子様に其国の魂を差し上げて、天寿《てんじゅ》を祝福し、合せて服従を誓う所以である」と指摘する。そして東歌《あずまうた》が参加していないが、それは東が日本の国とまだ考えられていなかったからだ。先住民族系の「吉野の国栖や薩摩の隼人が歌を奏するのに、東だけがやらぬといふのは、東が新しく領土となったといふ証拠である」と、王化に従わず孤立奮闘しつつあった古代蝦夷の地へ思いを馳せる。この三点は、あの天皇制ファシズム下の発言としては、実に大胆な発言であった。

六　万世一系の皇統と騎馬民族国家

二本立て即位儀礼の謎

新天皇の即位儀礼では、即位儀と大嘗祭の二つが行われる。なぜ即位儀のほかに、わざわざ大嘗祭が挙行されるのか。即位儀は、もともとは唐礼に準拠して行われていた元日朝賀式を準用した儀式であった。律令制に入っても基本は変わらなかった。つまり、中国の皇帝の即位式をモデルにした唐風の儀式であった。

中国の王朝では、皇位は世襲ではなく徳のある者に譲る〈禅譲《ぜんじょう》〉、あるいは徳を失った君主は武力で王位を奪われてもやむなしとする〈放伐《ほうばつ》〉——この形での王朝交替があたりまえであった。そのような国家理念の根本にあったのが、孟子以来の〈易姓革命《えきせいかくめい》〉の思想である。仁徳のない君主は、天から見放されて王位を奪われるのは当然だとみる。すなわち、人民の主権、革命権を認める思想である。したがって中国歴代王朝の即位儀は、そのほとんどが武力で前王権を倒して天下を奪った覇王の就任式なのだ。新王朝を組織した新皇帝の武威と徳威を内外に宣揚する儀式なのだ。

中国の王朝では、皇帝が皇祖神の血を引く現人神であるとか、万世一系の至高の皇統であるとか——そんな思想は一切通用しない。即位儀が新帝にとって最大の政治的なハレの儀式であっても、その子孫が王位を継げるかどうか、その王朝がいつまで続くかは、まったく保証されていないのである。

記紀神話に出てくる「天壌無窮《てんじょうむきゅう》の詔勅」にもとづく万世一系の皇統、その血を引いた現人神による天皇位の世襲——そういう天皇観の制度化を目ざした天武・持統朝にとっては、唐礼にもとづく即位儀だけではダメであることはわかっていた。それは武力で天下を奪った覇王の即位式であっても、皇祖神からの天皇霊を身に帯びた新しい〈現人神〉の生誕式にはならなかった。隋・唐にはないヤマト王朝独自の皇位継承儀礼にするためには、「天孫降臨神話」にもとづく呪術的儀礼をどうしても執り行う必要があった。その呪儀を通過しないと、新帝が天皇霊を身につけたカリスマになり得ないのだ。

騎馬民族特有の儀礼

なぜこのような手のこんだ皇位継承儀礼をやらねばならなかったのか。その第一の理由は以上のように考えることができる。

第二の理由は、神話上の天上他界である高天原《たかまのはら》から降臨してきたと自称する天孫族の出自にかかわっている。その問題についてはすでに詳論しているので（「日本民族の五つの源流」『天皇の国・賤民の国』所収）、ここでは結論だけ述べる。私は、天孫族の出自は北方系騎馬民族であるとする江上波夫の主張に大筋では賛成である。「日本皇室のいわゆる万世一系は、まさに大陸騎馬民族国家のそれであって、中国・エジプトなどの農耕民国家には、このような王朝のあり方はたえて見ない。」「神にして人、人にして神という天子の観念」は、まさに北方ユーラシア騎馬民族の神観に根ざしていると江波は指摘する（「第二章　日本における征服王朝」『騎馬民族国家』中公新書）。

記紀神話の基底にあるこの列島の原神話体系の中には、南方海洋民系の神話、中国江南系の神話とともに、北方系騎馬民族の神話も入ってきていることはよく知られている。その中の遊牧騎馬民族特有のシャーマニズム的神観にもとづく儀礼が大嘗祭の中で具現されているのだ。それが呪衣をかぶることによる神霊、すなわち天皇霊の付着による新帝の誕生という折口信夫が指摘した大嘗祭の核心にある呪儀である。

農耕諸民族の古俗の取り込み

第三は、なぜ有史以前からの古俗を積極的に取り込んで複雑な構造のマツリにしているのかという問題である。それは、自分たちがもともと騎馬民族の出自であることをオモテに出さず、先住の農耕諸民族との文化的・民俗的な差異や縫い目をできるだけ目立たなくしようとしたからである。そして、天孫族の皇祖が、あたかもこの列島の始祖であるように見せかけるために、記紀神話を作為しその筋書きを大嘗祭において演出して見せたのである。たとえば大嘗宮は皮を剝がない黒木の柱を用い、地上に草を敷き竹の簀子《すのこ》を並べその上に菰《こも》を敷くなど原始的とも言える造りにしているのは、このマツリが高天原で行われていることを暗示するためである。式後に直ちに壊されるのは、聖から俗への空間と時間の転換を意味する。現人神となった天皇は、この俗界におけるカリスマ王として立ち現れるのだ。

このような起源と歴史をもつ大嘗祭が、「日本文化の精粋」であり、「民族の伝統的世界観」を表しているとどうして言えようか。抑圧と差別と搾取の上に形成された〈万世一系の皇統〉という擬制、それと不即不離のものとして捏造された〈日本単一民族〉論——それが生み出した虚妄の思想であると言わねばならない。

一度は萎《な》えていた天皇のカリスマ性は、明治維新における〈王政復古〉として甦った。それから百年足らずの間に、天皇制ファシズムとして急速に肥大化し、あの太平洋戦争を引き起こしたことをわれわれは忘れてはいない。今、新たな次元での天皇制護持のキャンペーンのなかで大嘗祭を迎えようとしている。かつて見た巨大な暗いカゲが再び見えかくれしつつある今日、われわれは何をなすべきなのか。

初出一覧

Ⅰ　思い出・ルポ

第一章　一九四五年・八月十五日前後――ダイハツ工場での一年有半（講演録「他人事でなく政治を考える会」〈於大阪〉に加筆・修正したものである。一九八八年一二月一四日）
第二章　ルポ・乾いた街――戦争が遺したもの『改造』一九五三年一〇月号
第三章　全学連結成の心と力（上）激動の大学・戦後の証言⑥『朝日ジャーナル』561号　一九六九年一一月九日号、（下）激動の大学・戦後の証言⑦『同』562号　一一月一六日号　朝日新聞社
第四章　戦後民主主義と戦後世代の思想『現代の理論』20号　現代の理論社（発売・河出書房新社、以下同）一九六五年九月号
第五章　戦後世代から見た河上肇『河上肇全集』21巻　月報24　岩波書店　一九八四年二月
第六章　追悼・野間宏さん――戦後の出会いから四十余年『部落解放』323号　解放出版社　一九九一年三月号
第七章　安東仁兵衛の想い出（原題「創刊のころの想い出」）『現代の理論』268号　現代の理論社　一九八九年一二月号

Ⅱ　近代主義とマルクス主義

第一章　激動の時代・作家の死――太宰治論ノート『文学』岩波書店　一九四九年二月号
第二章　戦後世代の思想と文学――戦後派ナショナリスト大江健三郎『講座・現代のイデオロギー』5巻　三一書房　一九六二年三月

第三章　戦後近代主義論争の周辺――『近代文学』・荒正人のことなど、わが回想記　季刊『クライシス』2号　社会評論社　一九八〇年冬号

第四章　近代主義とマルクス主義――『近代文学』が提起したもの『現代の理論』10号　現代の理論社　一九六四年一一月号

第五章　戦後マルクス主義思想の出発――荒正人と吉本隆明の所説にふれて『現代の理論』80号　現代の理論社　一九七〇年九月号

第六章　マルクスの歴史認識――その西欧中心史観の限界（社会主義理論政策センター定例研究会における報告に加筆・修正したものである。一九八三年六月）『社会主義と労働運動』社会主義理論政策センター　一九八三年七月号

Ⅲ　天皇制

第一章　神聖天皇劇と民衆――明治維新の舞台裏（原題・「天皇聖劇と民衆――大芝居の楽屋裏」に加筆・修正したものである）『現代の理論』258号　現代の理論社　一九八九年二月号

第二章　われわれにとって天皇とは何であったのか――昭和天皇の終息『部落解放』289号　解放出版社　一九八九年二月号

第三章　大嘗祭の起源とその思想――収奪・服属・聖別の呪術儀礼『部落解放』316号　解放出版社　一九九〇年一〇月号

解題　わが青春の時代

笠松明広

一人の人間が生を受け、その後、世界とどう格闘しながら生きていくのか。格闘の原点は何か。原点が大きく鮮明なほど、その後の生はそれに規定されていく。

アプレゲールという言葉がある。もともとは第一次世界大戦後に既成の規範などにとらわれない文化・芸術運動の意味で使われた。しかし、日本の一九四五年の敗戦という事態に照らすと、敗戦前の旧体制の価値観や権威を乗り超え、民主主義、あるいはそれを超える社会を創る人びとをアプレゲール（戦後派）とよべるだろう。沖浦先生の世代は、ちょうど敗戦と自己形成をはかる青春時代が重なり、思いっきり動き回れた世代だった。

第二次世界大戦での日本の敗戦が、そのまま沖浦先生の原点につながる。

一九二七年に生まれ、一九四五年、大阪府立浪速高校二年生のときに敗戦を迎えた。しかし、実際には高校入学後、すぐに大阪の池田市のダイハツへ勤労動員され、敗戦までの一年三カ月間、上陸用舟艇を作っていた。私の父親は、沖浦先生より二歳年上で、徴兵され内地で上陸用舟艇を使った演習にかり出されたという。この時点で、沖浦先生とは、見えない縁を感じてしまった。

それはともかく、戦時下でもヨーロッパ映画の鑑賞、文学に親しんでいたが、空襲もはじまり、学友が機銃掃射で目の前で殺されるという体験もした。そして迎えた敗戦の日、二上山に登った沖浦青年は、「日本は、自分たちはこれからどうなるのだろうか」としばし考え込んだ。そして、九月からの学校再開。二週間ほどたつと、自分たちが知らなかった本、焚書にされたはずのものが、どっと手に入るようになる。その瞬間、「世界がいっぺんに開けてきた」。それは「オドロキの連続」だった。十月からは社会科学研究会もでき、手はじめに読んだのが『ドイツ・イデオロギー』だった。

最大の衝撃は、十月二十六日の大阪中之島公会堂での、獄中で非転向を貫いた戦士をむかえての講演会への参加だった。そこで中学が一緒だった在日朝鮮人の高君に会い、「赤色防衛隊」との腕章から、彼の固い意志を見る。講演会でのやりとりやできごとが、十八歳の青年に、あらゆる思想的揺さぶりをかけたことは、想像に難くない。

その後、沖浦青年は、日本青年共産同盟に「一生をかける気持ち」で入り、高校生時代から学生運動に身を投じ活動を積み上げていく。

第一巻『わが青春の時代』で通奏低音をなすのは、この原点である。

同じように敗戦を原点にしても、その受容や生の方向は、実にさまざまである。

たとえば、後に桃山学院大学の講師となる小田実は、天皇制護持のためだけに敗戦の日が引き延ばされ、八月十四日に多くの人びとが空襲で殺されたことに、日本とアメリカの国家の本質を知るうえで特別の意味がある、と言いつづけ、反権力の姿勢を生涯貫いた。それと同時に、中学入試の前日に大阪が空襲をうけ、試験問題が燃え、出願者全員が入学できたことから、「私はすべての秩序は、いつか崩壊する、という度しがたい信念の持ち主になった」ことを告白している。

反原発裁判のさきがけであった伊方訴訟弁護団の団長を務め、狭山弁護団の一員でもあった藤田一良弁護士（浪速高校で沖浦先生の一年後輩）は、「大阪大空襲の翌日……硝煙の中で見た、死に方の展示会のような光景、さまざまな様相のおびただしい数の焼死体は、その後何度も思い返すたびに、未来に希望を仮託するような甘い考え方を、その都度断念させるのに役立ったような気がする」と回想している。どこか突き抜けたかのような藤田の姿勢の根底に、こうした体験があることを知ったのは、かなりあとだった。

アプレゲールたる沖浦青年は、敗戦を契機に、世界をどう切り拓き格闘し生きていくかという未来へのベクトルとともに、自分自身が生を受けてきた戦前の世界のなかで、何がどう、どのように展開されてきたのかということを知り、理解したいという過去へのベクトルも強かった。沖浦先生の場合、その過去と未来を貫くものがマルクス思想だった。

最初に置かれた「想い出・ルポ」の章では、沖浦先生の原点とともに、そこからの半生が語られる。「ルポ・乾いた街——戦争の残したもの——」は、一九五三年、つまり東大卒業後、東京・大田の工場地帯の中学の教員になったころ、東大の大学院にも籍を置いていた時期と重なる時に書かれたものである。おもに、故郷である大阪市の南部を舞台にしたものである。

余談になるが、中学校教員時代（大森第八中学校）の教え子のひとりにタレントのなべおさみがおり、沖浦先生が野球部監督として東京都大会の準優勝までなべをふくめ指導した。このなべは、父親が若き日、全国水平社の委員長だった松本治一郎の秘書でもあったことを知り、自分の芸能の源流を求めて沖浦先生の教えを乞い、研究を重ね、一書（『やくざと芸能と——私の愛した日本人』イースト・プレス　二〇一四年。のち、講談社＋α文庫）をものにした。

それはともかく、このルポでは、敗戦後の少年犯罪要因の根底に「すべて戦争が大きな底流となってながれている」こと、大阪の釜ヶ崎の過去と現状、とりわけ遺棄児童の現実、奈良にある公立中等少年院の現状が書かれている。子どもたちへの愛情あふれる視点で描かれたこのルポは、沖浦先生の中学での生徒に注がれる目とも共通し、何をして子どもたちをこのような現状におとさしめているのか、という社会派としての視点が貫かれている。沖浦先生の記念すべき最初のこのルポは、当時の『改造』誌に掲載された。

一九四七年、移籍というかたちで東京大学に入学した沖浦先生は、すでに大阪で二・一スト支援行動を体験していた。東大では「暗い谷間」というじめじめしたものからふっきれたアプレゲールの行動派、最左派として活動する。当時の日本共産党は、三二テーゼの延長線上に戦後をとらえ、学生運動でもサークル主義・文化主義の方針しかなかった。「全国レベルでの教育闘争を軸とした対政府政治闘争にありとし、革命の中心課題を学生戦線独自の任務の中に位置づけて、そこへの結集のために細胞は全力を注がなければならない」として、四八年に高校・大学自治会を中心にした六・二六ゼネストを成功させ、その年の九月に全学連結成を勝ち取ったころについて週刊『朝日ジャーナル』誌のインタビューに答えたのが、「全学連結成の心と力」だ。

敗戦直後の一過性が強かった大衆的流動化は、前衛を称する人びとの「家父長的非民主制と自立思想性のない権威主義に裏打ちされることにより」解体・分裂させられたという総括をもとに、若い世代の保守化現象を分析し、「戦後民主主義は、一九五〇年代以降から、独占のヘゲモニー機能として体制化していくとともに、より高次のレベルでの矛盾をたえまなくうみだし、それはまた自己の支配をほり崩す構造的要因に転化してゆく」ことを指摘しながら、当時（一九六五年）の閉塞化した状況を打ち破ることを訴えたのが「戦後民主主義と戦後世代の思想」。

「戦後世代から見た河上肇」は、『河上肇全集』（岩波書店）第二一巻の月報におさめられた。「宗教的真理と見まがうほどのコミンテルン＝〈党〉の物神崇拝者に陥った」河上の「転向者であるとの自己規定」のなかでの敗戦後の生き方を描いている。

「当時から大食漢の野間さんは、血気盛んに論議を吹っかける私たちを尻目に、ゆっくり嚙みしめながらうまそうにドンブリを平らげる。そして大きい目できっと見据えて、相手の言葉を見定めながら、やおら口を開いて自分の言葉を一つひとつ確かめるようにしゃべる。表情はいつも穏やかだが、納得がいかない時はけっして譲らなかった」。目の前に野間宏がいるかと思わせる見事な描写だ。東大の学生大会で、大学近くに住み、傍聴に来ていた野間の『暗い絵』を引き合いに出しながら「大演説をブッタ」想い出をのべ、ちょうど一回り年齢が違うにもかかわらず、長い期間にわたって結んだ友情と交流を「追悼・野間宏さん」では書いている。学生時代の野間との論議は文学論、革命論だった。だが、野間には「部落問題がすべての人間論、日本論の根底」にあった。一九七五年に結成された「差別とたたかう文化会議」の議長として野間が就任したことを契機に、敗戦直後とは異なった、部落問題を軸にした、沖浦先生との新たな関係が構築された。

日本共産党を除名され、雌伏の時代を過ごしていた五〇年代末の光景をもとに、生涯にわたる盟友、安東仁兵衛との交友を綴ったのが「安東仁兵衛の想い出」。「あの闘争でさらけだされた《パルタイ》のみじめな非前衛性・非大衆性は、新しい左翼的潮流の結成を引き出す決定的な契機となった」。それはパルタイから決別し（そのときに東大での師であった中野好夫は、戦前の「文学報国会外国文学部会」幹事長をしていたことを責められていた。しかし、戦後、反戦・平和運動のさまざまな役職に就き自費で活動した。その中野が、せっかく割るなら、今度は党内の上下の序列がそのままであるような割り方はつまらんとアドバイスした）、「構造改革派」の新潮流の形成に踏み切る道への発進だった。その潮流の機関誌役を果たしたのが月刊『現代の理論』（第一次は一九五九年に日本共産党から中止させられる。ここでは第二次刊行──一九六四年〜一九八九年のことをのべている）だった。安東仁兵衛は一貫して編集実務の責任者だった。沖浦先生にとっても、『現代の理論』の持続は、激動期の青春の情念の持続でもあった。ちなみに『現代の理論』は、その後も第三次として復刊され、現在はデジタル版で発行されている。

つぎの章の「近代主義とマルクス主義」は、本来は文芸評論家になりたかったという言葉どおり、太宰治、大江健三郎、荒正人、吉本隆明が取りあげられている。しかも本文中では、さらに多くの文学者や文芸評論家が俎上に載せられている。

最初の「激動の時代・作家の死──太宰治論ノート──」は、一九四九年二月、二十二歳の時に雑誌『文学』（岩波書店）の「新人特集」に掲載された記念碑的作品。太宰が生きた時代・対決した社会との対比で太宰の文学を見ていく視点が明示されている。『文学』誌に掲載されるやいなや、日本共産党幹部の宮本顕治が「沖浦はいるか」と東大に出向き、喫茶店で批評した。

太宰の作品を四期に分け、ファシズムと戦争、敗戦という時代と太宰の自我と分裂を軸に考察をすすめている。敗戦という「自己喪失の亡者の群れ」のなかに自分自身を重ねながら、「私たちは、彼の屍に、「グッド・バイ」することによってのみ、「苦しくとも、生きていける」であろう」との結論を導いている。

大江健三郎論は、『講座・現代のイデオロギー』第五巻に一九六二年におさめられた作品。『講座・現代のイデオロギー』は、三一書房から一九六一〜六二年にかけて全六巻が発行された。日本共産党主流派と意見を異にする党内外の人びとにより、執筆、発行された。日本のマルクス主義、構造改革論の形成、現代日本の思想と行動をテーマにした。のちに、長洲一二の「正統的で体系的なマルクス主義のトータルな姿を提示」したいとの意思を汲み、構造改革派の人びとにより、『講座・マルクス主義』全一二巻が一九六九〜七〇年にかけて日本評論社から発行された。沖浦先生は、「マルクスにおける人間の問題」「マルクス主義世界観の形成」「情報革命と現代資本主義」「芸術論」と、四巻で基調的論文を力を込めて書いた。

大江は、東大在学中に小説を発表し、最年少で芥川賞をうけた。自分よりあとの大江などの戦後世代の文学・エッセイを題材に、安保闘争の現実を対比しながら、江藤淳批判も書き込まれている。

当時の大江作品のキーワードとなる〈性的人間〉に対しては、現在の袋小路からの脱出方法の研究と実践を、すべての戦後世代が直面せざるを得ない歴史的な課題であることを自覚せず、困難な日常的な行動を回避し、低俗なニヒリズムにひたり、精神的自慰にふける性的人間の大量生産に拍車をかけている、と批判している。

「戦後近代主義論争の周辺」「近代主義とマルクス主義」「戦後マルクス主義思想の出発」は、発表時期に一六年間の隔たりがあるものの、中心的に取りあげられているのは荒正人。「戦後思想の開拓線は、この荒をペース・メーカーとして切りひらかれていったといっても過言でない」と高く評価し、『第二の青春』などの著作を通じて、「戦争の暗い谷間において民衆から完全に孤立したインテリゲンチャ」の無力感にふれた。多くの先輩や仲間たちの裏切り・屈辱・退廃によって生みだされた暗い〈実存の湿地帯〉についてふれ、戦争中の自我・エゴイズムについては一切語ることをさけつつ再び〈民衆の権威〉の名において政治的復権を急ぐ戦前左翼の実態にふれながら、「革命運動の内部に深く巣くっている偽善の徒を痛烈に告発した」「その戦前左翼批判のところは、今日、なお戦後思想としての生命力をもっている」と沖浦先生はいう。しかし「理論レベルでその革命論（戦前の日本共産党の─引用者注）を承諾しながら、思想レベルでは、主として自分たちの実感的素材に依拠しつつ、〈党〉の思想体質を批判するという二正面作戦を余儀なくされた」ところに限界がある、と批判する。

ところで、こうした回想と論考の中で、沖浦先生は「はっきりいえば、この書（高橋貞樹著『特殊部落一千年史』のこと─引用者注）は、当時（一九六〇年代─引用者注）まだ自分の座標軸を明確に定めかねていた私にとって、決定的な衝撃を与えた」「私の精神の深部に鋭く突き刺さったのだ」と正直な告白をおこなっている。高橋の思想的軌跡を問うなかで（「日本マルクス主義の一つの里程標──高橋貞樹の思想的軌跡」──雑誌『思想』に連載された。本「著作集」の第三巻に収められる）既成マルクス主義の近代的限界についての自覚にいたったことも示されている。この論文を読んだという荒から電話があり、初めて言葉を交わしたことも、うれしい想い出として記されている。

「マルクスの歴史認識」は、当時大阪にあった社会主義理論政策センター（一九七七〜一九八七年）の講座で話したもの（同センターの機関誌『社会主義と労働運動』一九八三年七月号に掲載）。この理論政策センターは、時どきの先端の問題を鋭い切り口であつかい、広く問題提起をしてきたユニークな団体だった。

ここでは、マルクスの近代日本での受容の仕方を枕に、「資本の文明化作用」を説くマルクスと、のちにロシアのミール共同体を評価するマルクスとの対比、「アジア的生産様式論」が少なくともインドにはあてはまらないこと、日本でも大規模灌漑工事が朝廷や時の権力がおこなったとするには疑問があることなどをあげ、マルクスの限界や誤りを指摘する。アジア的生産様式論争の進展をまつしかないが、あくまでマルクスの思想をベースに、大転換期の中で新しい思考の枠組みが必要なことを訴えている。

最後の章は「天皇制」である。つねに天皇制とその対極にある被差別部落、被差別民を念頭において説くところに、沖浦先生の特徴がある。天皇制の問題については、第六巻に論文が掲載されているので、詳しくはそこでの解題に譲りたい。

「神聖天皇劇と民衆」(一九八九年に『現代の理論』に掲載)では、明治維新の王政復古と天皇制ナショナリズムの構築、その軍隊による帝国主義的アジア侵略ということの舞台裏——天皇制がいかに虚構され、民衆に根付かされたか、のスケッチを試みている。天皇代替わりの時点での大論文である。

「われわれにとって天皇とは何であったのか」も、一九八九年に『部落解放』誌に掲載されている。大逆罪が、社会主義理論が未分化であったにしても、そうした自覚を持った先駆者に一番最初に適用されたことを忘れてはならないとし、天皇の葬儀・代替わりの儀式をつうじて、これらを国事行為にし天皇の権威を高める策動・元首化の動きに対して天皇制の秘密を暴くことで、警鐘を鳴らしている。

「大嘗祭の起源とその思想」も、一九八九年の昭和天皇の死を契機にした、さまざまな動きを批判するものとして書かれている。

大嘗祭は日本文化の精髄と説かれることによって、王権の成り立ちや政治的本質が問われることがない。天皇制による支配構造から目をそらすことなく、その真偽を問おう、ということが趣旨となっている。もちろん、ここでも古代天皇制の成立と先住民族への侵略を通じ、隷属させることで統合をはかってきた天皇制の歴史が語られる。折口信夫による大嘗祭研究の紹介を通じて、その呪術的儀式の構造が解明され、いま再びの天皇制の前で、歴史を顧みて、私たちは、いま、何をなすべきかが、ここでも問われている。


『解放新聞』前編集長(二〇一六年十一月三十日死去)

沖浦和光《おきうらかずてる》略歴

1927年1月1日	大阪府豊能郡箕面村半丁（現箕面市）に生まれる。 先祖の本貫地は広島県沼隈郡鞆町（現福山市）。父の代に大阪府に移住。出身地の平之浦は、屋島落ちの平家落人が住み着いたという伝説の残る浜である。実際は、瀬戸内村上水軍の末裔が住み着いた漁村と言われている。祖父の代まで船に乗っていた。
1933年4月	箕面村牧落小学校入学。大阪市阿倍野区晴明丘小学校へ転校。さらに住吉区田辺小学校に転校。
1939年4月	私立桃山中学校（大阪市）へ入学。
1944年4月	大阪府立浪速高等学校文科甲類（旧制）入学。
1944年6月	大阪府池田のダイハツ工場へ工場動員される。
1947年4月	東京大学文学部文学科英文学専攻（旧制）入学。アメリカ文学を研究。
1948年9月	全学連結成に主要メンバーとして参加。
1953年4月	東京大学文学部大学院（旧制）入学。そのかたわら東京都大森第八中学校で英語を教える。
1961年4月	桃山学院大学専任講師。
1964年4月	桃山学院大学助教授。
1969年4月	桃山学院大学教授。
1973年度	イギリス留学。帰路、インドに立ち寄る。
1982年4月	桃山学院大学学長に就任（1986年3月まで）。
1983年7月	全国大学同和教育研究協議会結成と同時に副会長に就任（1992年3月まで）。
1983年6月	インドネシアへの探索の旅が始まる（以降30数回に及ぶ）。
1992年3月	全国大学同和教育研究協議会会長に就任（1999年6月まで）。
1997年3月	桃山学院大学を定年退職。同年4月、桃山学院大学名誉教授の称号を受ける。
1999年6月	全国大学同和教育研究協議会顧問に就任。
2012年3月	松本治一郎賞（部落解放同盟）を受賞。
2015年7月8日	死去。

「沖浦和光先生を偲ぶ」 編集・発行 沖浦和光先生を偲ぶ会実行委員会 2015年11月3日発行を基に一部省略、追加を行った。

沖浦和光著作集《おきうらかずてるちょさくしゅう》 第一巻《だいいっかん》 わが青春《せいしゅん》の時代《じだい》

2017年1月25日 第1版第1刷発行

著　者　沖浦和光
発行者　菊地泰博
組　版　デザイン・編集室エディット
印　刷　平河工業社（本文）
　　　　東光印刷所（カバー）
製　本　積信堂
装　丁　中山銀士＋金子暁仁

発行所 株式会社 現代書館
〒102-0072 東京都千代田区飯田橋3-2-5
電　話 03(3221)1321 振替00120-3-83725
FAX 03(3262)5906

校正協力・岩田純子／迎田睦子

ISBN978-4-7684-7011-4